학부들의 다툼

한국어 칸트전집 13
The Korean Edition of
the Works of Immanuel Kant

학부들의 다툼

Der Streit der Fakultäten

임마누엘 칸트 | 백종현 옮김

아카넷

고틀립 되플러가 그린 칸트 초상화(1791)

칼리닌그라드의 임마누엘 칸트 대학 정원에 있는 칸트 동상

칸트의 묘소(쾨니히스베르크 교회 후면)

칸트의 석곽묘(쾨니히스베르크 교회 특별 묘소 내부)

쾨니히스베르크(칼리닌그라드) 성곽 모서리에 있는 칸트의 기념 동판. "그에 대해서 자주 그리고 계속해서 숙고하면 할수록, 점점 더 큰 감탄과 외경으로 마음을 채우는 두 가지 것이 있다. 그것은 내 위의 별이 빛나는 하늘과 내 안의 도덕 법칙이다."라는 『실천이성비판』 맺음말의 첫 구절이 새겨져 있다.

《한국어 칸트전집》 간행에 부쳐

칸트(Immanuel Kant, 1724~1804)의 철학에 대한 한국인의 연구 효시를 이정직(李定稷, 1841~1910)의 「康氏哲學說大略」(1903~1910년경)으로 본다면, 한국에서의 칸트 연구는 칸트 사후 100년쯤부터 시작된 것인데, 그 시점은 대략 서양철학이 한국에 유입된 시점과 같다. 서양철학 사상 중에서도 칸트철학에 대한 한국인의 관심은 이렇게 시기적으로 가장 빨랐을 뿐만 아니라 가장 많은 연구 논저의 결실로도 나타났다. 그 일차적인 이유는 19세기 말에서 20세기 초의 동아시아 정치 상황에서 찾을 수 있겠지만, 사상 교류의 특성상 칸트철학의 한국인과의 친화성 또한 그 몫이 적지 않을 것이다.

칸트는 생전 57년(1746~1803)에 걸쳐 70편의 논저를 발표하였고, 그 외에 다대한 서간문, 조각글, 미출판 원고, 강의록을 남겨 그의 저작 모음은 독일 베를린 학술원판 전집을 기준으로 현재까지 발간된 것만 해도 총 29권 37책이다. 《한국어 칸트전집》은 이 중에서 그가 생전에 발표한 전체 저술과 이 저술들을 발간하는 중에 지인들과 나눈 서간들, 그리고 미발간 원고 중 그의 말년 사상을 포괄적으로 담고 있는 유작(Opus postumum)을 포함한다. 칸트 논저들의 번역 대본은 칸트 생전 원본이고, 서간과 유작은 베를린 학술원판 전집 중 제10~12권과 제21~22권이다. (이 한국어 번역의 베를린 학술원판 대본에 관해서는 저작권자인 출판사 Walter de Gruyter 에서 한국어번역판권을 취득하였다.)

한 철학적 저작은 저자가 일정한 문화 환경 안에서 그에게 다가온 문제를 보편적 시각으로 통찰한 결실을 담고 있되, 그가 사용하는 언어로 기술한 것이다. 이러한 저작을 번역한다는 것은 그것을 다른 언어로 옮긴다는 것이고, 언어가 한 문화의 응축인 한에서 번역은 두 문화를 소통시키는 일이다. 그래서 좋은 번역을 위해서는 번역자가 원저자의 사상 및 원저의 기저를 이루고 있는 문화 배경에 대해 충분한 이해를 가질 것과 아울러 원저의 언어와 번역 언어에 대한 상당한 구사력을 가질 것이 요구된다.

18세기 후반 독일에서 칸트는 독일어와 라틴어로 저술했거니와, 이러한 저작을 한국어로 옮김에 있어 그 전혀 다른 언어 구조로 인해서 그리고 칸트가 저술한 반세기 동안의 독일어의 어휘 변화와 칸트 자신의 사상과 용어 사용법의 변화로 인해서 여러 번역자가 나서서 제아무리 애를 쓴다 해도 한국어로의 일대일 대응 번역은 어렵다. 심지어 핵심적인 용어조차도 문맥에 따라서는 일관되게 옮기기가 쉽지 않다. 게다가 한 저자의 저술을 여러 번역자가 나누어 옮기는 경우에는 번역자마다 가질 수밖에 없는 관점과 이해 정도의 차이에 따라 동일한 원어가 다소간에 상이한 번역어를 얻게 되는 것은 불가피한 일이다. 이러한 제한과 유보 아래서 이《한국어 칸트전집》을 간행한다.

당초에 대우재단과 한국학술협의회가 지원하고 출판사 아카넷이 발간한 '대우고전총서'의 일환으로 2002년부터 칸트 주요 저작들의 한국어 역주서가 원고 완성 순서대로 다른 사상가의 저술들과 섞여서 출간되었던바, 이것이 열 권에 이른 2014년에 이것들을 포함해서 전 24권의《한국어 칸트전집》을 새롭게 기획하여 속간하는 바이다. 이 전집 발간 초기에는 해당 각 권의 사사에서 표기하고 있듯이 이 작업을 위해 대우재단/한국학술협의회, 한국연구재단, 서울대학교 인문대학, 서울대학교 인문학연구원이 상당한 역주 연구비를 지원하였고, 대우재단/한국학술협의회는 출판비의 일부까지 지원하였다. 그러나 중반 이후 출판사 아카넷은 모든 과정을 독자적으로 수행하면서, 제책에 장인 정신과 미감 그리고 최고 학술서 발간의 자부심을 더해주었다. 권권에 배어 있는 여러 분들의 정성을 상기하면서, 여러 공익기관과 학술인들이 합심 협력하여 펴내는 이《한국어 칸트전집》이 한국어를 사용하는 이들의 지성 형성에 지속적인 자양분이 될 것을 기대한다.

《한국어 칸트전집》편찬자 백 종 현

칸트(Immanuel Kant, 1724~1804)의 마지막 친필 저술이라 할 수 있는 *Der Streit der Fakultäten in drey Abschnitten*(Königsberg, bey Friedrich Nicolovius 1798. XXX＋205 Seiten)을 역주하여, 『학부들의 다툼』이라는 제호 아래《한국어 칸트전집》제13권으로 펴낸다.

『학부들의 다툼』에서 '다툼(Streit)'이란 한갓된 '말다툼/논쟁(Debatte/Disput/Diskussion)'이 아니라, 대학의 학과 분야 및 영역별 역할을 둘러싼 전반적인 다툼, 충돌, 쟁투를 말한다. 그것은 기초학부이자 자유 학부인 철학부가 응용 학부로서 정부의 정책 수행의 도구이기도 한 신학부·법학부·의학부와 학문 성격 및 과제를 두고 벌이는 다툼이다. 표면상으로는 대학의 학부들 사이의 다툼이지만, 실상은 이성의 학문인 철학이 대학의 자율성과 학문의 자유를 위해 정부와 '상부 학부'라고 통칭되는 응용 학부들을 향해 내놓는 자기주장이다. 18세기 말 독일 대학의 현황일 뿐만 아니라, 21세기 한국 대학의 현실이기도 하다. 칸트의『학부들의 다툼』은 한낱 얇고 낡은 옛 책이 아니라 보편적이고 여전히 적실성이 있는 강고한 고전이다.

본문 역주는 칸트가 출간한 원전 외에 다음과 같은 근래의 판본을 함께 대조 참고하였다.

I. Kant, *Der Streit der Fakultäten*. Mit Einleitung, Bibliographie und Anmerkungen von Piero Giordanetti, herausgegeben von Horst D. Brandt und P. Giordanetti. Hamburg, Felix Meiner, 2005.[PhB 522]

_____, *Kant's gesammelte Schriften*[AA]. hrsg. v. der Kgl. Preußischen Akademie der Wissenschaft, Berlin 1917, Bd. 7, S. 1~116+337~353.

_____, *Werke in sechs Bänden*. Hrsg. v. Wilhelm Weischedel. Darmstadt, Wissenschaftliche Buchgesellschaft, 2005 (Nachdruck der Ausgabe Darmstadt 1954), Bd. VI, S. 261~393.

번역 작업에는 기존의 한국어 번역본은 물론, 최근의 영어 번역본과 우리와 같은 한자 문화권에 있는 일본어와 중국어 번역본도 참조하여 어휘를 선택하였다.

그런데 《성서》 인용 구절의 번역에 대해서는 이 자리를 빌려 특별히 독자의 양해를 먼저 구해야 할 것이 있다. 이 『학부들의 다툼』에는 곳곳에 《성서》 인용문이 있는바, 칸트의 인용문은 당시의 '루터(Luther)' 독일어 성서와 '불가타(Vulgata)' 라틴어 성서에 기초한 것으로 대개는 문자적 인용이 아니라, 전체 논의의 문맥에 맞춰 의미만 살린 축약 인용이므로 이를 옮길 때에 불가피하게 전체 문맥에 맞는 용어를 택할 수밖에 없었다는 점과, 특히 제1절은 밀접하게 관련되어 있는 앞서의 저술 『이성의 한계 안에서의 종교』의 연장 선상에서 그에 맞추어야 했다는 점이다. 또한 각주의 《성서》 인용문도 서로 어울리게 하다 보니 기존의 어떤 특정 종파나 성서학자의 한국어 번역문과도 똑같게 되지 않은 경우가 많이 생겄다. 특정 종파에 속해 있는 독자나 기존의 특정 성서의 번역문에 익숙한 독자에게는 이 점이 크게 불편하게 느껴질 것 같아 간곡하게 양해를 청한다.

그 밖에 번역과 각주의 문장 작성에서 어떤 독자에게는 불편을 끼친 점에 대해서도 양해를 구한다. 칸트 원문 중 그리스어나 라틴어 낱말은 상응하는 한자어가 있을 경우 각기 문화권의 고전어라는 유사성을 고려하여 한자어로 번역 표기했는데, 한자어를 전혀 사용하지 않는 독자에게는 무의미할 것이나, 독일어 독자 중 그리스어나 라틴어를 전혀 사용하지 않는 이에게는 칸트 원문 자체가 역시 그럴 것이므로, 그런 모양새를 유지해보려 한 것이다. 그리고 각주에서는 외국 인명, 지명, 저서명 등을 원문대로 쓴 것도 있는데, 관련 사항에 대한 각주를 필요로 하는 독자에게는 오히려 그렇게 하는 편이 번잡함을 피하고 좀 더 정확한 정보를 제공하는 방법으로 여겨져 그렇게 하였다.

칸트 원저의 역주에 참고한 국내외 역서는 아래와 같다.

오진석 옮김, 『학부들의 논쟁—세 편으로 이루어진 학부들의 논쟁』. 도서출판 b, 2012.

Mary J. Gregor and Robert Anchor(transl.), The conflict of the faculties. in: Allen W. Wood·George Di Giovanni(ed.), *Immanuel Kant, Religion and Rational Theology*. Cambridge University Press, 1996.

角 忍·竹山重光 譯, 『諸學部の 爭い』. 수록: 『カント全集 18』, 東京 岩波書店, 2002.

李秋零 譯, 『學科之爭』. 수록: 『康德著作全集 第7卷』, 北京 中國人民大學出版社, 2008.

또 역주에 참고한《성서》의 판본들은 다음과 같다.

Die Bibel oder Die Ganze Heilige Schrift des Alten und Neuen Testaments nach der Übersetzung Martin Luthers. Revidierter Text 1975, Deutsche Bibelgesellschaft, Stuttgart 1978.

Biblia Sacra iuxta vulgatam versionem. Deutsche Bibelgesellschaft, Stuttgart ⁴1994.

Die Bibel. Einheitsübersetzung, Katholische Bibelanstalt GmbH, Stuttgart 1980.

Die Heilige Schrift. Einheitsübersetzung, Verlag Katholisches Bibelwerk, Stuttgart 2003.

Greek-Englisch New Testament. Deutsche Bibelgesellschaft, Stuttgart ⁸1998.

『NIV 구약 원어대조성경』. 로고스, 1993.

『분해대조 로고스성경』. 장보응 편저, 로고스, 1992.

『200주년 신약성서 주해』. 분도출판사, 2001.

『공동번역 성서』. 대한성서공회, 1977.

『성경』. 한국 천주교 주교회의 성서위원회, 2005.

『貫珠 聖經全書』. 대한성서공회, 2009[개역개정판].

이상의 대본과 문헌들을 바탕으로 한 이 역주서는 엄밀한 학술번역을 지향하여, 칸트 원문을 축자적으로 정밀하게 번역하고 주해하면서 칸트를 한국어로 재현해보고자 했으며, 요약 해제와 비교적 상세한 개념 찾아보기 그리고 관련 주요 문헌 목록을 붙여, 독자들의 원전 접근을 용이하게 함과 아울러 뜻있는 이에게 심화 연구자료 정보를 제공하고자 했다.

무슨 일에서나 그러하듯이 이 책을 내는 데도 많은 분들의 도움이 있었다. 유상미 선생님은 자료 탐색을 보조해주었고, 김일수 부장님은 편집 책임 외에 참고문헌 자료 정리까지 기꺼이 맡아 해주셨으며, 정민선 선생님은 칸트전집의 일관성 있는 어휘 선택을 세심하게 살피면서 문장을 한결 읽기 좋게 다듬어주셨다. 이 전집의 완간을 위해 가중되어가는 출판 비용을 묵묵히 감당해주시는 김정호 아카넷 대표님께는 어떤 말로 감사를 표해도 부족하다.

이러한 큰 도움에도 불구하고 책에는 미흡한 점이 적지 않게 남아 있을 것이다. 이즈음은 혼자서 하는 공부라 스스로 착오를 바로잡기가 쉽지 않다. 틀림없이 결함이 있을 책을 세상에 내놓아 이렇게 부끄러움을 자초하는 것은, 다행히 너그러운 독자들을 만나 그릇된 점에 대한 지적과 함께 개선책을 제안받아 결함을 고쳐나가고 깨우침 또한 받고자 함이다. 따뜻한 독자들의 지도편달을 감히 소망한다.

2021년 6월
정경재(靜敬齋)에서 백 종 현

전체 목차

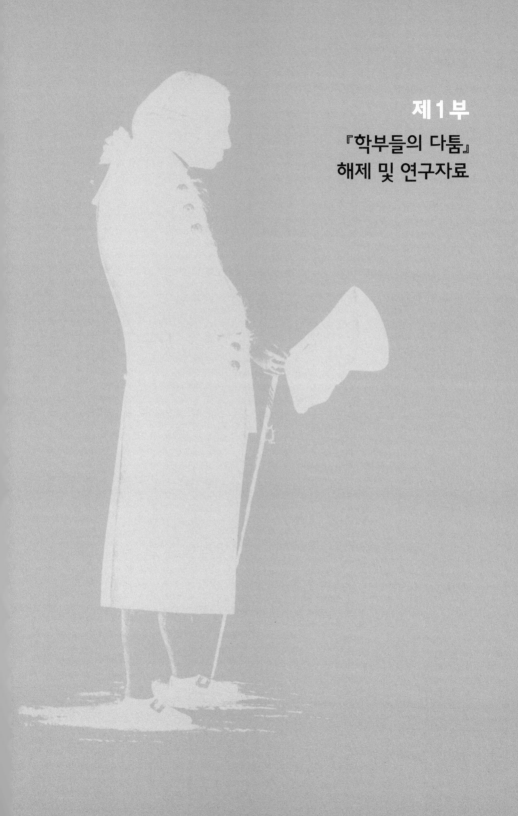

제1부

『학부들의 다툼』
해제 및 연구자료

『학부들의 다툼』 해제 및 해설

저술 배경과 의도

『학부들의 다툼(Der Streit der Fakultäten)』[SF]은 1798년 가을에 쾨니히스베르크(Königsberg, bei Friedrich Nicolovius)에서 연달아 2판이 출간되었고, 3판은 1799년 다른 소논문들과 함께 묶여 할레(Halle)에서 출간(편찬자: Johann Heinrich Tieftrunk)되었다. 이『학부들의 다툼』이 칸트가 생전에 자신의 이름으로 발간한 마지막 단행본으로, 전면에 세워진 주제 외에도 칸트 말년의 개인사와 대학의 자치 수준을 알려주는 귀한 자료를 포함하고 있다.

칸트는 1792년 2월《베를린 월보(Berlinische Monatschrift)》에「인간 자연본성에서의 근본악에 관하여」─ 이 논고는 1792년 4월호에 게재되고, 1793년『(순전한) 이성의 한계(들) 안에서의 종교』의 제1논고로 수록된다 ─ 를 투고하고, 신학부의 판정에 따라 게재 여부가 결정되는 현실에 직면한 후, 대학 내의 학부들의 관계에 대해 숙고하기 시작했다.

우여곡절 끝에 네 편의 논고를 묶은『이성의 한계 안에서의 종교』가 출간됐지만, 이 같은 종교 관련 강술이 국가질서를 위태롭게 하므로 더 이상 하지 말라는 프로이센 왕 프리드리히 빌헬름 2세(Friedrich Wilhelm II)의 1794년 10월 1일 자 명령서(*SF*, AIX이하=VII6이하 참조)를 받고, 칸트는 "향후에는 자연종교든 계시종교든 종교와 관련해서는 모든 공개적인 강술을, 강의에서뿐만 아니라 서책으로도, 전적으로 삼갈 것을 국왕 전하의 가장 충성스러운 신민으로서 가장 엄숙하게 선언"(*SF*, AXXII이하 =VII10: 참조 Friedrich Wilhelm II에게 보내는 서한 초고, XI527이하)했다. 이러한 사정으로 칸트는 괴팅겐 대학의 신학 교수로서 탁월한 성서 해석과 온후한 인품으로 큰 명성을 얻고 있던 슈토이들린(Carl Friedrich Stäudlin, 1761~1826)으로부터 그가 기획한 《종교학 잡지(*Journal für Religionswissenschaft und ihre Geschichte*)》에 기고해 달라는 청탁을 받았지만(1794. 6. 14 자 C. F. Stäudlin의 편지, XI508 참조), 그에 부응하지 못하였다. 그러나 프리드리히 빌헬름 2세 사후 칸트는 학술 활동의 제약에서 벗어났고, 이제 전후 사정에 대한 소회를 밝힘과 아울러, 하부 학부인 철학부와 상부의 3학부, 즉 신학부·법학부·의학부와의 관계에 대한 성찰을 담아『학부들의 다툼』을 발간하면서, 이를 슈토이들린에게 헌정하였다.

여기서 '다툼(Streit)'은 한갓된 '말다툼/논쟁(Debatte/Disput/Diskussion)'이 아니라, 학과 분야 및 분야별 과업을 둘러싼 전반적인 다툼, 충돌, 쟁투를 말한다. 그래서 영역본의 제목은 *The conflict of the faculties*이고, 일본어와 중국어의 번역본은 각기『諸學部の 爭い』와『學科之爭』으로 되어 있다.

칸트는 이 다툼을 "불화적 화합(concordia discors)"이자 "화합적 불화(discordia concors)"로서 "전쟁(Krieg)"이나 "반목(Zwietracht)"이 아니고, "하나의 공동체적 궁극목적을 위해 서로 통일된 양편"의 "대립(Entgegensetzung)"일 따름이라고 설명한다.(*SF*, A43=VII35이하 참조)

그런데 — 비록 칸트 자신은 "이 다툼[이] 학부들과 정부의 다툼이 아니라, 한 학부와 다른 학부와의 다툼"(*SF*, A38이하=VII34)일 뿐이라고 말하고 있지만 — 각 학부의 관할 사항과 학문의 기본성격은 대학의 규정과 기구를 통해 설정되므로, 이 다툼은 불가불 정부의 대학 정책과 법규 제정에 상관하고, 따라서 이 '다툼'은 표면적으로는 '학부들 사이의 다툼'일 수 있으나, 내면적으로는 대학의 자율성, 학문의 자유를 위한 대정부 투쟁의 성격 또한 갖고 있다. 이 저술을 펴낸 동기의 관점에서 보면, 이것은 칸트가 자신에게 일어났던 서책 발간의 검열 및 강의 금지에 대해 뒤늦게 내놓은 항의이자, 이를 계기로 한 대학 제도 개선 및 각 학부 교수들에 대한 자기성찰의 촉구이다.

책의 구성

『학부들의 다툼』은 서로 다른 시기에 작성된 세 편의 논고를 세 개의 절로 묶어놓은 것이다.

제1절은 대학의 이념과 철학부와 신학부의 관계를 다루고 있는데, 이 논고는 이미 1794년에 작성되어, 당시에 '학부들의 다툼'이라는 제목으로 출판하고자 했던 것이나(1794. 12. 4 자 C. F. Stäudlin에게 보낸 편지, XI533 참조), 정부의 규제로 묵혀져 있다가 비로소 4년 후에 인쇄에 부쳐진 것이다. 당초의 의도도 그랬거니와 이 제1절의 내용이 이 책의 근간을 이룬다. 그런데 이 1절에는 자신의 글이 아닌 그를 추종하는 학도의 글 한 편이 재정리되어 '부록'으로 붙어 있는데, 이 부록은 본서의 요지 파악뿐만 아니라 칸트 당대 그의 철학에 대한 대학생들 또는 일반 지성인들의 이해 수준을 가늠할 수 있는 좋은 자료이기도 하다.

제2절은 철학부와 법학부 사이의 다툼을 다루고 있는데, 주제는 과연 인류는 쉼 없이 개선을 향해 전진하고 있느냐 하는 것으로(*SF*, A131=VII79 참조), 이 논고는 제1절의 논고와 비슷한 시기에 초고가 작성되고

(VII338이하 참조), 1797년 10월경에 완성된 것으로 보인다.(1797. 10. 13 자 Johann Heinrich Tieftrunk에게 보낸 편지, XII206 참조) 그리고 칸트는 이 논고를 《베를린 시보(*Berlinische Blätter*)》를 통해 별도로 발표하려 했지만 검열로 인해 뜻을 이루지 못했다가(1798. 4. 5 자 Tieftrunk에게 보낸 편지, XII238 참조), 이 단행본의 일부로 편성하였다.

제3절은 철학부와 의학부의 다툼이라는 표제를 가지고 있으나, 원래는 이 주제와는 거의 상관없이 1795/96년간에 작성된 것으로 보인다.(1795. 8. 10 자 Samuel Thomas Soemmerring에게 보낸 편지 첨부, XII31 참조) 본래 「순전한 결단을 통해 병적인 감정들을 제어하는 마음의 힘에 대하여」라는 논고로 별도로 발표했던 것(I. Kant, "Von der Macht des Gemüths durch den blossen Vorsatz seiner krankhaften Gefühle Meister zu sein. Ein Antwortschreiben an Herrn Hofrath und Professor Hufeland". in: *Journal der practischen Arzneykunde und Wundarzneykunst*, hrsg. von C. W. Hufeland. V. Bd. 4. Stück. Jena: Akademische Buchhandlung, 1798. S. 701~751)으로, 이 논고를 『학부들의 다툼』의 한 절로 재편하려 구상한 것은 비로소 1798년 초로 보이며, 그것은 책의 제목에 맞게 철학부와 의학부와의 관계 서술이 또한 필요해서였을 것이다.(*SF*, AXXVI이하=VII11 참조)

주요 내용

학부들 사이의 관계

전통적으로 대학은 상부 학부 셋, 즉 신학부, 법학부, 의학부와 하나의 하부 학부 즉 철학부로 구성되어왔다. 상부 학부들은 "1. 정복[淨福]의 보존, 2. 자유와 재산의 보존, 3. 생명과 건강[의 보존]" 등 '현재의 상태

(esse)'의 유지를, 하부 학부는 '더 좋은 상태(melius esse)'의 모색을 위해 설치된 것이다.(V-Lo/Dohna, XXIV700 참조) 각 학부는 이러한 설치 목적에 따라 각기 고유한 과업을 가지므로, 그 과업 수행에 적합하도록 운영되어야 한다는 것이 학부들에 대한 칸트의 기본 개념이다.

학부들의 다툼은 한편의 상부 학부인 신학부·법학부·의학부와 다른 한편의 하부 학부인 철학부 사이의 관할 문제에 그 싹이 있다.(SF, A6이하=VII18이하 참조) 그러므로 이는 대학의 구조적인 문제이다.

상부 학부들은 그 활동과 교과가 실천적인 목적에 맞춰져 있고, 그 목적이 대학 밖에서, 특히 "정부"에 의해 지정된다.(SF, A7=VII19 참조) 정부는 상부의 세 학부를 "첫째는 [국민] 각자의 영원한 안녕, 그다음에는 사회 구성원으로서의 **시민적** 안녕, 끝으로 **육신의 안녕**(장수와 건강)"(SF, A12=VII21)을 실현하는 기관으로 이용한다. 이때 정부는 현재 상태의 유지 보존에 관심이 크기 때문에 상부 학부의 과제에 직접 관여한다. 그러나 더 좋은 것의 탐구는 늘 시행착오를 동반하고, 정부로서는 큰 투자를 한다 해도 상응하는 가시적 성과를 기대하기 어렵기 때문에 하부 학부의 연구는 학식 있는 국민의 이성에 맡겨두는 것이 보통이다.

이른바 상부 학부들이 교수하는 바는 영혼구제, 법질서, 보건과 같은 사회적 사안들에 기여하는 것이 마땅하다.(SF, A11이하=VII21이하 참조) 반면에 하부 학부인 철학부는 명칭 그대로 상부 학부들에 봉사하는 것이 당연하지만, "이성이 공적으로 발언할 권리를 가져야만 하는 곳에서, 학문적 관심사, 다시 말해 진리의 관심사를 다룰 자유를 갖는 하나의 학부" (SF, A9=VII20)로서 그 역할 또한 다해야 한다.

세 상부 학부는 교설의 준거를 인간 이성 바깥에 갖는 데에 반해, 하부 학부인 철학부는 그 준거를 인간 이성 안에 갖는다. "성서 신학자는 자기의 교설을 이성에서가 아니라, **성경**에서 길어내며, 법학자는 자연법에서가 아니라 **국법**에서, 의약학자는 **대중에게 적용되는 그의 치유방법**을 인간 신체의 물리학[자연학]에서가 아니라 **의료법규**에서 끌어낸다."(*SF*, A15=Ⅶ23) 이에 비해 철학은 이성의 학문이다. 그런데 이성이란 "자율적으로, 다시 말해 자유롭게(사고 일반의 원리들에 따라서) 판단하는 능력"(*SF*, A25=Ⅶ27)이다. 그러므로 용인하고 설파하는 교설의 진리의 편에 서 있어야 하는 철학부는 "오직 이성의 입법 아래에" 있고, "정부의 입법 아래에 서 있지 않은 것으로 생각할 수밖에 없다."(*SF*, A25=Ⅶ27) 그래서 철학부는 정부가 기대하고 약속하는 "유용성"은 아랑곳 않고, 오로지 이성에 따라서 교설을 세우며, 상부 학부들을 "검사"하고 오히려 그렇게 함으로써 상부 학부들에 봉사한다. "학식 일반의 본질적인 제일 조건"은 유용성이 아니라 "진리"이기 때문이다.(*SF*, A25=Ⅶ28 참조) 그런 의미에서 하부 학부인 철학부가 상부 학부들의, 예컨대 신학부의 시녀라는 말은 일리가 있다. 다만 이 시녀는 마님의 "뒤에서 치맛자락을 들고" 따라가는 것이 아니라, 마님의 "앞에서 횃불을 들고" 바른길을 안내하는 것을 소임으로 갖는다.(*SF*, A26=Ⅶ28 참조)

저러한 학부들의 구성과 성격은 어느 면 대중의 선호에 따른 것이다. 학부들의 다툼은 "국민/민중들에 대한 영향력을 둘러싸고" 벌어지는 것인데, 그 영향력은 대중의 안녕과 안전을 얼마만큼 촉진시킬 수 있는가를 대중에게 어떻게 믿게 만드는가에 달려 있다. 그런데 이미 대중은 "자기의 안전[구원]을 일차적으로 자유에 두지 않고, 오히려 자기의 자연적 목적들에, 그러므로 다음의 세 요소에 둔다. 즉 죽음 후의 **정복**[淨福], 삶에서 이웃 간에 공적인 법률에 의한 **자기의 것**의 보장, 끝으로 **삶** 자체의 물리적 향유(다시 말해, 건강과 장수)의 기대에 둔다."(*SF*, A30=Ⅶ30) 상부의 세 학부에 대한 선호는 바로 이러한 기대의 반영이다. 그 반면에 철학부는 대중에게 자기의 안전을 일차적으로 자율의 힘에 기초하여, "**성실**[정직]**하게** 살 것, 어떠한 **불의**도 행하지 말 것, 향유를 **절제**하고 질병에서 인내하며 그때 특히 자연의 자조력[自助力]을 헤아리는 자세를 가질 것"(*SF*, A30=VII30)을 촉구한다. 그런데 "자기노력인 이러한 것은 민중에게는 전혀 맞지 않"(*SF*, A31=VII30)으니, 철학부는 영향력은커녕, 자칫 민중의 반감을 사기 십상이다. — "나는 그대 **철학자들**이 무엇을 지껄이는지를 이미 오래전부터 알고 있었다. 그러나 나는 그대 학자들에게서 다음과 같은 것을 알고자 한다. 즉 설령 내가 **방자 무도하게** 살았다 할지라도, 어떻게 하면 마지막 순간에 천국에 드는 입장권을 마련할 수 있는지, 설령 내가 **부당하다**고 해도, 어떻게 하면 나의 소송에서 이길 수 있는지, 또 설령 내가 나의 체력을 마음껏 쓰고 **오용**했다 하더라도, 어떻게 하면 건강을 유지하고 장수할 수 있는지를 말이다."(*SF*, A31=VII30) — 그러니 누군가가 이러한 민중의 요구에 부응할 것 같은 태도를 보인다면 민중은 "그에게 빠질 것이고, 철학부 쪽을 경멸하면서 떠날 것이다."(*SF*, A32=VII30이하) (소크라테스는 인민재판에서 사형 선고를 받았다. 소크라테스의 죽임이 괜히 일어난 일이겠는가.) 그럼에도, 아니 그러하기 때문에, 철학부는 그럴듯한 변설로 민중을 오도하는 이들을 비판하고, 민중이 유혹에 빠지지 않도록 주의할 책무가 있다. 그래서 상부 학부들의 교설의 세세한 내용까지는 아니라 하더라도, 그 교설에서 "원칙이라고 제시된 **모든 것**이 진리이도록 유념해야 하는 것은 하부 학부의 권한일 뿐만 아니라 의무"(*SF*, A35=VII32)이다.

이제 그 역할 수행으로 인해 세 학부와 철학부 사이에 분쟁이 생기면, 철학부는 응당 이성에 의해 판단을 내리고 그렇게 함으로써 정치적인 영향을 배척하지 않으면 안 된다. 철학부와 신학부의 관할 다툼이 가장 심하고, 의학부는 나머지 두 상부 학부에 비하면 훨씬 자유로우며, 그 점에서 철학부와 크게 다툴 일도 없다. 의학적 지식은 인간의 생리학적 사실에 대한 경험적 인식에 근거하는 것이므로, 그 이론이 당국에 의해서 조정된다거나, 사변적인 철학이 개입한다는 것은 어불성설이기 때문이다.

하부 학부인 철학부의 상부 학부들에 대한 과제

경험 인식의 자연학 일반, 역사, 지리, 어문학, 인문학을 아우르는 **"역사적[자료적] 인식의 분과"**와 "순수 수학, 순수 철학, 자연 및 윤리 형이상학"을 포괄하는 **"순수한 이성인식들의 분과"**(*SF*, A26=VII28 참조)를 갖는 철학부는 각 분과의 소재에 맞게 정부의 지침에 따르는 상부 학부에 종사하면서, 혹시 있을지 모르는 착오의 검사에 소홀하거나 주저함이 없어야 한다.

사람에 의해 제정된 것은, 정부가 재가한 법규조차도 언제나 착오일 수 있고, 심지어 스스로 세운 목적에 위배될 수 있는 만큼, "철학부는 그 수호가 그에게 맡겨진 진리를 위협하는 위험에 대한 무장을 결코 해제할 수 없다."(*SF*, A38=VII33) "철학부의 엄밀한 검사와 이의 제기가 없으면" 상부 학부들이나 "정부는 무엇이 그 자신에게 유리한지 불리한지"조차도 "충분하게 알 수가 없을 것이기 때문이다."(*SF*, A41=VII35 참조) 정부가 철학부로 하여금 그 존립의 취지대로 오로지 자유로운 이성을 따라 학식 활동을 하도록 풀어주면 "정부는 자기 자신의 절대적 권위에서보다 철학부의 자유와 그로부터 성장하는 통찰에서 자기 목적들의 달성을 위한 더 좋은 수단을 발견하게 될 것"(*SF*, A42=VII35)이다.

철학부와 신학부의 다툼

성경은 "이종적인" 두 요소, 즉 "종교의 규준[規準]/전범[典範]"과 "종교의 기관[機關] 내지 수레[매체]"를 포함하고 있다. 전자는 종교신앙의 원천이고, 후자는 그것을 위한 제정 법규들이 더해져 교회신앙의 근거를 이룬다. 그런데 제정 법규들이 생활규정으로서 효력이 있으려면, 신성한 교설이 입혀져야 하는데, 그 교설의 틀을 이루는 것이 계시이다. 신학부는 이 "신의 계시들로서의 특정한 교설들의 총괄"(*SF*, A44=VII36)을 신학

22

으로 받아들이거니와, 그래서 신학은 계시신앙, 역사신앙, 교회신앙을 강론한다. 그러나 철학은 종교를 "신의 **지시명령[계명]**들로서의 우리의 모든 의무 일반의 총괄"(*SF*, A44이하=VII36 참조)로 받아들이며, 그것은 결코 어떠한 "규약/종규[宗規]들에 기초"할 수 있는 것이 아니라, "이성의 한 입법"(*SF*, A45=VII36)이다. 그래서 "신의 계시에 대한 여러 가지의 신앙방식들과 그것들의 제정 법규적인 교설들"이 가능하기에, 여러 가지 신학, 여러 가지 교회신앙이 있을 수 있지만, 종교는 도덕과 똑같이 이성의 입법에 기인하기 때문에 "오직 유일한 종교이고, 여러 가지 종교들이란 있지 않다."(*SF*, A45=VII36) 신학부와 철학부의 다툼의 근본 원인은 바로 이 같은 종교에 대한 개념의 차이라 할 수 있다.

그러나 칸트의 생각에 도덕법칙은 "최고선의 개념을 통해 종교에"(*KpV*, A233=V129) 이르는 것이니, 철학적 종교신앙이 인간 안에서 도덕의 발달을 실제로 촉진하기 위해서는 종교신앙의 가시적인 현시, 곧 성서가 가르치고 있는바, 교회공동체와 교회신앙을 필요로 한다. 다만 이때 철학은 신학의 뒷자락을 들고 따라가는 시녀가 아니라 이성의 힘으로 신학을 인도하는 역할을 해야 한다. 이 지점에서 완강한 다툼이 또다시 일어나거니와, 교회신앙은 순전한 이성에 의해 정초된 종교신앙에 다가서고, 한낱 제례의식에서 벗어나는 것이 마땅하다.

종교의 궁극적 의의는 "인간을 도덕적으로 개선하는 일"(*SF*, A78=VII52)에 있다. 그런데 이러한 의의를 실현하기 위한 "수단의 선택은 종파의 차이를 초래할 수 있다."(*SF*, A82=VII53) 그러나 "선한 품행 이외에, 인간이 신에게 흡족하게 되기 위해서, 또 무엇인가를 행할 수 있다고 생각하는 모든 것은 순전한 종교망상이고 신에 대한 거짓봉사"(*RGV*, B260이하=VI170)이기 때문에, 인간의 도덕적 개선이 자기 교화 외에 어떤 외적인 신비한 힘이나 은총에 의해서만 이루어질 것이라는 교설은 광신일 따름이다. 그래서 칸트는 『실천이성비판』(1788), 『순전한 이성의 한계들 안에서의 종교』(1793·1794)를 이어 일관된 "실천이성의 **비판주의** 위에 기초하는 참종교론"를 편다.

성경이 이성 대신에 이러한 혁명을 일으켰다는 초자연적인 경험과 광신적인 감정을 지시하고 있는 것이 아니고, 오히려 그리스도가 그의 정신을 그의 교설과 실례에서 증명했던 것처럼 그러한 그리스도의 정신을 우리의 것으로 만들기 위해서, 또는 더욱이나 그러한 정신은 근원적인 도덕적 소질과 함께 이미 우리 안에 놓여 있으므로, 그 정신에 단지 공간을 마련해주기 위해서 저 그리스도의 정신을 지시하는 것으로 보인다. 그리고 이렇게, 영혼 없는 **정통주의**와 이성을 살해한 **신비주의** 사이에서, 성경적 신앙교설은, 그것이 이성을 매개로 우리 자신으로부터 발전될 수 있듯이, 근본적인 개선을 위해 모든 인간의 마음에 신적인 힘으로 영향을 미치고, 모든 인간을 하나의 (비록 비가시적이[보이지 않]지만) 보편적인 교회 안에서 통합하는, 실천이성의 **비판주의** 위에 기초하는 참종교론이다.(*SF*, A93이하=VII59)

철학부와 신학부는 이미 설치 취지가 다르기 때문에, 이제 각 학부가 당초의 취지대로 과업을 수행하면, 양자 간의 다툼은 조정될 수 있고, 따라서 양자는 얼마든지 화친할 수 있다. "순수하면서도 실천적인 이성이 오로지 상관하는 다툼거리들에 있어서" 철학부는 "강론을 행할 특권"을 가지며, "실질내용에 관해서는" 신학부가 우선권을 갖는다.(*SF*, A97=VII61 참조) 이렇게 해서 신학자들은 "성서신앙을 올바르게 유지할 의무"와 "권한"을 갖는데, "철학자들이 저 성서신앙을 항상 이성의 비판에 부치는 자유를 침해하지는 않"(*SF*, A111=VII67 참조)음으로써 말이다.

제1절의 철학부의 신학부와의 다툼에서 어떤 독자는 '다툼'에 대한 관심보다는, 앞서의(1793·1794)『이성의 한계 안에서의 종교』에서 서술한 칸트의 철학적 종교론의 보완 설명에 더 많은 관심을 가질 수도 있겠다. 그러한 독자에게 이『다툼』은 저『종교』의 보론(補論)으로서의 의의를 가질 것이다.

철학부와 법학부의 다툼

「이론과 실천」(1793)에서부터 추궁하던 물음: "과연 인간종은 개선을 향해 끊임없이 진보하고 있는가?"(*SF*, A131=VII79; 참조 TP, BM271=VIII307)가 철학부와 법학부 사이의 주요 다툼거리이다. 과연 인류가 정치적—도덕적으로 진보의 과정에 있는가 하는 물음을 두고 이러한 다툼이 생긴 배경에는 당시 프랑스 대혁명(1789)에 대한 엇갈린 평가가 있다. 법학자들은 당대의 군주와 현행의 법률을 수호하는 데 지혜를 쓰지 않을 수 없는 반면에, 철학자는 도덕적인 요구가 비현실적인 것이 아님을 역설하면서 정치적—도덕적 진보의 실천적 가능성이 "공화적 헌정체제"(*SF*, A144=VII85)의 발달에 있음을 옹호할 것이니 말이다.

칸트는 프랑스 혁명을 "역사의 기호"(*SF*, A142=VII84)로 인식하여, 프랑스 혁명이야말로 인류 문명의 토대적이면서도 지속적으로 효력이 있을 정치적—도덕적 개선의 가능성을 보여주는 기호로 본다. 이 혁명은 도덕적인 것을 포함하고 있는 정치적 사건으로서, "자연법적 헌정체제의 진화(Evolution)"(*SF*, A148이하=VII87)라는 것이다. 프랑스 대혁명은 "이제까지의 사물의 행정[行程]으로부터 어떤 정치가도 생각해내지 못했을 인간의 자연본성 안에 있는 개선으로의 소질과 능력을 들추어내주었"고, 이 현상이 보여준 것은 "자연과 자유를 인간종에 있는 내적 법원리들에 따라 통일"(*SF*, A148=VII88)함이라는 것이 칸트의 관점이다. 이에서 다툼의 발단이 된 물음에 대해 칸트가 내놓은 답은 "인간종은 언제나 개선으로 진보하고 있었고, 그렇게 계속해서 전진하리라는 것이다."(*SF*, A151=VII88) 그러한 개선으로의 진보가 이르는 최선의 국가체제는 "법칙[법]에 복종하는 자들이 또한 동시에, 합일하여, 법칙을 수립[입법]"하는 "공화적으로 통치"하는 헌정체제이다.(*SF*, A154=VII90이하 참조)

"마음씨 안에 점점 커가는 **도덕성**의 분량이 아니라, [⋯] 의무에 맞는 행위들에서의 그 **적법성**의 산물의 증가가, 다시 말해 점점 수가 많아지고 개선되어가는 사람들의 선한 **행실**들에, 그러므로 인간종의 윤리적 성질의 현상들에만 인간종의 개선을 향한 노고의 수확(성과)이 자리할 수 있다."(*SF*, A156=VII91) 인간의 선한 행실을 북돋우고, "진정한 법원리들에 근거해 있어, 끊임없이 개선으로 진보할 수 있는 헌정체제의 길에 들어서기 위해서는, 도덕적 진보의 최대 장애물로서, 이 진보를 언제나 후퇴시키는 것, 곧 **전쟁**을 처음에는 차츰차츰 더 인간적으로, 그다음에는 더 드물게 하고, 마침내 침략전쟁으로서는 완전히 사라지게 할 필요가 있음을 인간이 알게 되는 일이다."(*SF*, A160=VII93) 이를 위한 최선의 체제는 이미 『영원한 평화』(1795)에서도 역설한 공화적 헌정체제이다.(*ZeF*, AB20=VIII349이하 참조) — 이러한 칸트의 역설이 군주국가 프로이센의 법학부의 교설 및 정부 당국과 조화하기란 쉽지 않고, 따라서 다툼의 소지가 될 것임은 거의 자명하다.

「이론과 실천」, 『영원한 평화』를 이어서 칸트는 여기서 철학부의 법학부와의 다툼 형식을 빌려서 그의 정치철학, 인류 문명론을 펴고 있다.

철학부와 의학부의 다툼

순전히, 자기의 감성적 감정들을 스스로 수립한[자율적인] 원칙을 통해 제어하는, 인간 안에 있는 이성의 위력[힘]이 생활방식을 규정한다면, 그 경우 이 의술은 **철학적**이다.(*SF*, A173=VII100이하)

철학부와 의학부의 다툼은, 과연 인간이 자신의 몸을 오로지 의사와 약사의 돌봄에 맡길 것인지, 아니면 "병에 든 감정들"을 "마음의 힘"으로 제어하고자 노력하는 것이 마땅한지 하는 문제에서 발단한다. 그런데 이 문제는 "질병을 **치유하는 치료법**"이라기보다는 "질병을 **예방하는 기술**"인 섭생법에 관한 것이기 때문에, 이 다툼은 앞서의 학부들 사이의 다툼과는 사뭇 달라서, 여기에는 당국과의 마찰이나 도덕적이거나 정치적인 쟁점이 개입할 소지가 거의 없다. 의견 차이는 신체 내지는 건강의 관리에서 이성의 경험적 사용을 어떻게 하는 것이 합당한지의 정도에 있다. 그러므로 그것은 학부들의 다툼이라기보다는 학자들 사이의 의견 다툼의 성격을 띤다.

후기(後記) – 칸트의 말

칸트 최후의 자필 저술인 이 『학부들의 다툼』에는 주제인 '학부들의 다툼' 외에도 철학자 칸트의 세상에 대한, 인생에 대한 통찰과 감회가 스며 있다. 아래 두 대목은 특기할 만하다.

명령할 수 있는 자는, 그가 설령 어떤 다른 이의 미천한 시종[侍從]일지라도, 자유롭지만 누구에게도 명령해서는 안 되는 어떤 다른 이보다는 자신이 고귀하다고 생각(*SF*, A10=VII20)한다.

인간의 생명을 연장하는 기술이 도달하는바, 사람들이 결국은 살아 있는 것들 중에서 오로지 그토록 견뎌내는데, 그것이 그렇게 아주 기쁘기만 한 상황은 아니다.
그러나 이 점에 대해서는 나 자신이 책임이 있다. 왜 나 또한 애쓰고 있는 젊은 세대에게 자리를 내주려 하지 않고, 살기 위해서 나에게 익숙한 삶의 향유를 축소하려 하는가? 왜 나는 쇠약한 삶을 단념들을 통해 이례적인 길로 늘리고, 태생적으로 허약 체질인 이들의 양상과 그들의 추정 수명이 함께 계산되어 있는 생사명부[生死名簿]를 나의 사례를 통해 혼란시키려 하며, 사람들이 보통 (겸허히 그리고 경건하게 복속하는) 운명이라 불렀던 모든 것을 자신의 확고한 결단에 복속시키고자 하는가? 이러한 결단이 이성이 직접적으로 치유력을 발휘하는 보편적 섭생 규칙으로 채택되고, 일

찍이 약국의 치료방식을 대체하기는 어려운 일인데 말이다.(*SF*, A201이하
=VII114)

※ 칸트 논저 약호(수록 베를린 학술원판 전집 권수)와 한국어 제목

AA   Akademie-Ausgabe
                 '학술원판 전집' / 《학술원판 전집》

Anth   Anthropologie in pragmatischer Hinsicht (VII)
                 『실용적 관점에서의 인간학』 / 『인간학』

AP   Aufsätze, das Philanthropin betreffend (II)

BDG   Der einzig mögliche Beweisgrund zu einer De-
                 monstration des Daseins Gottes (II)
                 『유일 가능한 신의 현존 증명근거』 / 『신의 현존 증명』

Br   Briefe (X~XIII)
                 편지

DfS   Die falsche Spitzfindigkeit der vier syllogistischen
                 Figuren erwiesen (II)

EAD   Das Ende aller Dinge (VIII)

EEKU   Erste Einleitung in die Kritik der Urteilskraft (XX)
                 「판단력비판 제1서론」

FM   Welches sind die wirklichen Fortschritte, die die
                 Metaphysik seit Leibnitzens und Wolf's Zeiten in
                 Deutschland gemacht hat? (XX)

「형이상학의 진보」

FRT   Fragment einer späteren Rationaltheologie (XXVIII)

GMS   Grundlegung zur Metaphysik der Sitten (IV)

『윤리형이상학 정초』

GSE   Beobachtungen über das Gefühl des Schönen und

Erhabenen (II)

『미와 숭고의 감정에 관한 고찰』

IaG   Idee zu einer allgemeinen Geschichte in weltbür-

gerlicher Absicht (VIII)

『보편사의 이념』

KpV   Kritik der praktischen Vernunft (V)

『실천이성비판』

KrV   Kritik der reinen Vernunft (제1판[A]: IV, 제2판[B]:

III)

『순수이성비판』

KU   Kritik der Urteilskraft (V)

『판단력비판』

Log   Logik (IX)

『논리학』

MAM   Muthmaßlicher Anfang der Menschengeschichte

(VIII)

MpVT   Über das Mißlingen aller philosophischen Versu-

che in der Theodicee (VIII)

MS   Die Metaphysik der Sitten (VI)

『윤리형이상학』

RL   Metaphysische Anfangsgründe der Rechtslehre (VI)

『법이론의 형이상학적 기초원리』 / 『법이론』

TL   Metaphysische Anfangsgründe der Tugendlehre

(VI)

	『덕이론의 형이상학적 기초원리』/『덕이론』
OP	Opus Postumum (XXI~XXII)
	『유작』
Päd	Pädagogik (IX)
	『교육학』/『칸트의 교육학』
PhilEnz	Philosophische Enzyklopädie (XXIX)
PND	Principiorum primorum cognitionis metaphysicae nova dilucidatio (I)
	「형이상학적 인식의 제1원리들에 대한 신해명」/「신해명」
Prol	Prolegomena zu einer jeden künftigen Metaphysik (IV)
	『형이상학 서설』
Refl	Reflexion (XIV~XIX)
	조각글
RGV	Die Religion innerhalb der Grenzen der bloßen Vernunft (VI)
	『이성의 한계 안에서의 종교』/『순전한 이성의 한계들 안에서의 종교』
SF	Der Streit der Fakultäten (VII)
	『학부들의 다툼』
TG	Träume eines Geistersehers, erläutert durch die Träume der Metaphysik (II)
	『시령자의 꿈』/『형이상학의 꿈에 의해 해명된 시령자의 꿈』
TP	Über den Gemeinspruch: Das mag in der Theorie richtig sein, taugt aber nicht für die Praxis (VIII)
	「이론과 실천」
UD	Untersuchung über die Deutlichkeit der Grundsät-

	ze der natürlichen Theologie und der Moral (II)
	「자연신학과 도덕」 / 「자연신학과 도덕학의 원칙들의 분명성에 관한 연구」
ÜE	Über eine Entdeckung, nach der alle neue Kritik der reinen Vernunft durch eine ältere entbehrlich gemacht werden soll (VIII)
	『발견』
ÜGTP	Über den Gebrauch teleologischer Principien in der Philosophie (VIII)
VAKpV	Vorarbeit zur Kritik der praktischen Vernunft (XXIII)
VAMS	Vorarbeit zur Metaphysik der Sitten (XXIII)
VAProl	Vorarbeit zu den Prolegomena zu einer jeden künftigen Metaphysik (XXIII)
VARGV	Vorarbeit zur Religion innerhalb der Grenzen der bloßen Vernunft (XXIII)
VARL	Vorarbeit zur Rechtslehre (XXIII)
VASF	Vorarbeit zum Streit der Fakultäten (XXIII)
VATL	Vorarbeit zur Tugendlehre (XXIII)
VATP	Vorarbeit zu Über den Gemeinspruch: Das mag in der Theorie richtig sein, taugt aber nicht für die Praxis (XXIII)
VAZeF	Vorarbeiten zu Zum ewigen Frieden (XXIII)
VBO	Versuch einiger Betrachtungen über den Optimismus (II)
VKK	Versuch über die Krankheiten des Kopfes (II)
VNAEF	Verkündigung des nahen Abschlusses eines Tractats zum ewigen Frieden in der Philosophie (II)
Vorl	Vorlesungen (XXIV~)

강의록

V-Anth/Busolt	Vorlesungen Wintersemester 1788/1789 Busolt (XXV)
V-Anth/Collins	Vorlesungen Wintersemester 1772/1773 Collins (XXV)
V-Anth/Fried	Vorlesungen Wintersemester 1775/1776 Friedländer (XXV)
V-Anth/Mensch	Vorlesungen Wintersemester 1781/1782 Menschenkunde, Petersburg (XXV)
V-Anth/Mron	Vorlesungen Wintersemester 1784/1785 Mrongovius (XXV)
V-Anth/Parow	Vorlesungen Wintersemester 1772/1773 Parow (XXV)
V-Anth/Pillau	Vorlesungen Wintersemester 1777/1778 Pillau (XXV)
V-Eth/Baumgarten	Baumgarten Ethica Philosophica (XXVII)
V-Lo/Blomberg	Logik Blomberg (XXIV)
V-Lo/Busolt	Logik Busolt (XXIV)
V-Lo/Dohna	Logik Dohna−Wundlacken (XXIV)
V-Lo/Herder	Logik Herder (XXIV)
V-Lo/Philippi	Logik Philippi (XXIV)
V-Lo/Pölitz	Logik Pölitz (XXIV)
V-Lo/Wiener	Wiener Logik (XXIV)
V-Mo/Collins	Moralphilosophie Collins (XXVII)
V-Mo/Kaehler(Stark)	Immanuel Kant: Vorlesung zur Moralphilosophie (Hrsg. von Werner Stark, Berlin/New York 2004)
V-Mo/Mron	Moral Mrongovius (XXVII)
V-Mo/Mron II	Moral Mrongovius II (XXIX)
V-Met/Arnoldt	Metaphysik Arnoldt (K3) (XXIX)

V-Met/Dohna	Kant Metaphysik Dohna (XXVIII)
V-Met/Heinze	Kant Metaphysik L1 (Heinze) (XXVIII)
V-Met/Herder	Metaphysik Herder (XXVIII)
V-Met-K2/Heinze	Kant Metaphysik K2 (Heinze, Schlapp) (XXVIII)
V-Met-K3/Arnoldt	Kant Metaphysik K3 (Arnoldt, Schlapp) (XXVIII)
V-Met-K3E/Arnoldt	Ergänzungen Kant Metaphysik K3 (Arnoldt) (XXIX)
V-Met-L1/Pölitz	Kant Metaphysik L 1 (Pölitz) (XXVIII)
V-Met-L2/Pölitz	Kant Metaphysik L 2 (Pölitz, Original) (XXVIII)
V-Met/Mron	Metaphysik Mrongovius (XXIX)
V-Met-N/Herder	Nachträge Metaphysik Herder (XXVIII)
V-Met/Schön	Metaphysik von Schön, Ontologie (XXVIII)
V-Met/Volckmann	Metaphysik Volckmann (XXVIII)
V-MS/Vigil	Die Metaphysik der Sitten Vigilantius (XXVII)
V-NR/Feyerabend	Naturrecht Feyerabend (XXVII)
V-PG	Vorlesungen über Physische Geographie (XXVI)
V-Phil-Enzy	Kleinere Vorlesungen. Philosophische Enzyklopädie (XXIX)
V-Phil-Th/Pölitz	Philosophische Religionslehre nach Pölitz (XXVIII)
V-PP/Herder	Praktische Philosophie Herder (XXVII)
V-PP/Powalski	Praktische Philosophie Powalski (XXVII)
V-Th/Baumbach	Danziger Rationaltheologie nach Baumbach (XXVIII)
V-Th/Pölitz	Religionslehre Pölitz (XXVIII)
V-Th/Volckmann	Natürliche Theologie Volckmann nach Baumbach (XXVIII)
VRML	Über ein vermeintes Recht, aus Menschenliebe zu lügen (VIII)
VT	Von einem neuerdings erhobenen vornehmen Ton in der Philosophie (VIII)

34

VUB	Von der Unrechtmäßigkeit des Büchernachdrucks (VIII)
VUE	Von den Ursachen der Erderschütterungen bei Gelegenheit des Unglücks, welches die westliche Länder von Europa gegen das Ende des vorigen Jahres betroffen hat (I)
VvRM	Von den verschiedenen Racen der Menschen (II)
WA	Beantwortung der Frage: Was ist Aufklärung? (VIII) 「계몽이란 무엇인가」
WDO	Was heißt sich im Denken orientiren? (VIII) 「사고에서의 정위란 무엇을 말하는가?」
ZeF	Zum ewigen Frieden (VIII) 『영원한 평화』

『학부들의 다툼』 관련 주요 문헌

1. 원서 판본(칸트 생전)

Der Streit der Fakultäten in drey Abschnitten. Königsberg, bey Friedrich
    Nicolovius 1798. XXX + 205 Seiten.

Der Streit der Fakultäten in drey Abschnitten. Königsberg 1798. XXIV +
    192 Seiten.

*Von der Macht des Gemüths durch den blossen Vorsatz seiner krankhaften
    Gefühle Meister zu seyn*. Jena, Academische Buchhandlung, 1798.

*Von der Macht des Gemüths durch den blossen Vorsatz seiner krankhaften
    Gefühle Meister zu seyn*. Königsberg und Jena.[1798]

Vermischte Schriften, hrsg. v. J.H. Tieftrunk. Halle, Renger 1799, Bd. 3.

2. 대표적 편집 판본 및 역본

On the Power of Mind in Overcoming Unpleasant Sensations by Mere
    Resolution, transl. by J. C. Colquhoun. in: J. Sinclair, *The Code of
    Health and Longevity*, vol. 3, Edinburgh 1807, 246~259.

Della forza dell'animo che si richiede onde l'uomo col solo propo
    nimento signoreggi le proprie sensazioni morbose. Lettera di
    Emanuele Kant al Professore Hufeland aggiuntovi dodici lettere sulla
    felicità del Signor Ebersberg. Libera traduzione dal tedesco. Milano,
    Pirotta, 1828.

Von der Macht des Gemüths durch den blossen Vorsatz seiner krankhaften
    Gefühle Meister zu seyn. Hrsg. und mit Anmerkungen versehen von
    Ch. W. Hufeland, 3. Aufl. Leipzig, Lauffer, 1836.

Immanuel Kant's Werke. Sorgfältig revidirte Gesamtausgabe in zehn
    Bänden. Leipzig, Baumann, 1838~1839.

Kant's Sämmtliche Werke. Hrsg. v. K. Rosenkranz und F. W. Schubert.
    Leipzig, Voss, 1838~1842, 12 Bde.

De l'empire de l'esprit sur les sentiments maladifs par la seule volonté de
    les maitriser, in E. Kant, Anthropologie, suivie des divers fragments
    du même auteur relatifs aux Rapports du physique et du moral et
    au Commerce des esprits d'un monde à l'autre. Paris 1863, 447~479.

Kant's Sämmtliche Werke. Hrsg. von J. H. von Kirchmann. Berlin ·
    Leipzig · Heidelberg, Heimann-Koshny-Weiss, 1869ff, 9 Bde.

Der Streit der Fakultäten in drei Abschnitten. Text der Ausgabe 1798.
    Hrsg. v. K. Kehrbach. Leipzig, Reclam, 1880.

Il potere dello spirito risultante dalla semplice volontà di padroneg giare
    le proprie sensazioni morbose. Milano, Gnocchi, 1882.

Der Streit der Fakultäten in drei Abschnitten, in I. Kant: *Kleinere Schriften*
    zur Logik und Metaphysik. 2. Aufl. Hrsg. v. K. Vorländer, Bd. IV:
    Die Schriften von 1796−98. Leipzig, Dürr'schen Buchhandlung, 1905,
    41~166.

Der Streit der Fakultäten in drei Abschnitten. Hrsg. v. K. Vorländer.
    Leipzig, Felix Meiner, 1905.

Worin besteht der Fortschritt zum Besseren im Menschengeschlecht?

Ein bisher ungedruckter und unbekannter Aufsatz […]. Hrsg. und besprochen von G. Kullmann. Wiesbaden, Staadt, 1914.

Der Streit der Fakultäten, in: *Kants gesammelte Schrften*[AA], Hrsg. v. der Königlich Preußischen Akademie der Wissenschaften, Berlin 1917, Bd. VII, 1~116.

Der Streit der Fakultäten. Hrsg. und eingeleitet von K. Rossmann. Heidelberg, Rausch, 1947.

Il conflitto delle facoltà in tre parti. Traduzione, introduzione e note di Alfredo Poggi. Genova, Pubblicazioni del Magistero Universitario, 1953.

El conflicto de las facultades. Traducción de Elsa Taberning. Buenos Aires, Losada, 1963.

Se il genere umano sia costante progresso verso il meglio, a cura di Gioele Solari, con traduzione e appendice di Vittorio Mathieu. In: *I. Kant, Scritti politici e di filosofia della storia e del diritto*, a cura di Gioele Solari, Giovanni Vidari. Edizione postuma a cura di Norberto Bobbio, Luigi Firpo, Vittorio Mathieu. Torino 1963, 213~230.

Der Streit der Fakultäten (1798), in *I. Kant, Werke in sechs Bänden*. Hrsg. v. Wilhelm Weischedel. Darmstadt, Wissenschaftliche Buchgesellschaft, 2005 (Nachdruck der Ausgabe Darmstadt 1954), Bd. VI, 261~393.

Les conflit des facultés: en trois sections. Traduction avec une in troduction et des notes par J. Gibeli. Paris, Vrin, 1973.

Der Streit der Fakultäten. Mit Einleitung und Register herausgegeben von Klaus Reich. Hamburg, Felix Meiner, 1975.

The Conflict of the Faculties / Der Streit der Fakultäten. Translation and introduction by Mary J. Gregor. New York, Abaris Books, 1979.

Der Streit der Fakultäten. Hrsg. von Steffen Dietzsch. Leipzig, Reclam, 1992.

Il conflitto delle Facoltà, a cura di Domenico Venturelli. Brescia,
    Morcelliana, 1994. Il conflitto delle Facoltà. In *I. Kant, Scritti di
    filosofia della religione*. A cura di Giuseppe Riconda, traduzione
    italiana di G. Durante, Andrea Poma, Giuseppe Riconda. Milano
    1989, 229~308.

La contienda entre las facultades de filosofía y teología. Estudio preliminar
    de José Gómez Caffarena. Traducción de Roberto Rodríguez
    Aramayo. Madrid, Trotta, 1999.

Der Streit der Fakultäten. Mit Einleitung, Bibliographie und Anmerkungen
    von Piero Giordanetti, herausgegeben von Horst D. Brandt und P.
    Giordanetti. Hamburg, Felix Meiner, 2005.

3. 역주에 참고한 국내외 역서

오진석 옮김, 『학부들의 논쟁 – 세 편으로 이루어진 학부들의 논쟁』. 도서출판
    b, 2012.

Mary J. Gregor and Robert Anchor(transl.), The conflict of the faculties.
    in: Allen W. Wood · George Di Giovanni(ed.), *Immanuel Kant. Reli-
    gion and Rational Theology*. Cambridge University Press, 1996.

角 忍 · 竹山重光 譯, 『諸學部の 爭い』. 수록: 『カント全集 18』, 東京 岩波書店,
    2002.

李秋零 譯, 『學科之爭』. 수록: 『康德著作全集 第7卷』, 北京 中國人民大學出版社,
    2008.

4. 『학부들의 다툼』 연관 칸트 논저 및 자료

논저

Die Religion innerhalb der Grenzen der bloßen Vernunft. Königsberg
    1793 · [2]1794.

Das Ende aller Dinge. In: *Berlinische Monatsschrift* 23, 1794(Juni), 495~
522.

Verkündigung des nahen Abschlusses eines Traktats zum ewigen Frieden
in der Philosophie. In: *Berlinische Monatsschrift* 28, 1796(Dezember),
485~504.

편지

Johann Gottfried Karl Kiesewetter, 25. Nov. 1798: XII263~266[Nr. 788].

Carl Friedrich Stäudlin, 9. Dez. 1798: XII268[Nr. 790].

Johann Heinrich Immanuel Lehmann, 1. Jan. 1799: XII271~273[Nr. 793].

Gotthilf August Kuhn, 5. Mär. 1799: XII274~277[Nr. 796].

Johann Heinrich Tieftrunk, Halle 12. März 1799: XIII510~512[Nr. 864].

조각글

AA Bde. XV, XVII, XIX, XX.

강의록

AA Bde. XXV, XXVII, XXVIII.

5. 『학부들의 다툼』에 대한 당대 서평 수록지

Neueste Critische Nachrichten, hrsg. v. J. G. P. Möller(Greifswald), 1798,
51. Stück, 401~405.

Oberdeutsche allgemeine Litteraturzeitung, Stück 1(vom 2. Jan. 1799), Sp.
5~6.

Neue Würzburger gelehrte Anzeigen, Nr. 10(vom 2. Feb. 1799), 105~112.

Allgemeiner litterarischer Anzeiger, Nr. 24(Leipzig, vom 12. Feb. 1799), Sp.
238~240.

(Erlanger) *Literatur-Zeitung*, Nr. 58(vom 23. Mär. 1799), Sp. 465~470.

(Tübinger) *Gelehrte Anzeigen*, 25. Stück(vom 25. Mär. 1799), 193~195.

Neue Nürnbergische gelehrte Zeitung auf das Jahr 1799, 27. Stück(vom 2.
    Apr. 1799), 209~215 / 28. Stück(vom 5. Apr. 1799), 217~224.

Göttingische Anzeigen von gelehrten Sachen, 65. Stück(vom 25. Apr. 1799),
    642~ 646.

Neues Medizinisches und Physischesjournal, von dem Geheimen Rath
    Baldiriger zu Marburg, II. Band, 1. Stück(Marburg 1799), 37~39.

Neue theologische Annalen 1, Beilage zu Stück 18(Frankfurt a. M. 1799),
    455~461.

Neue allgemeine deutsche Bibliothek, Band 62, 1. Stück(Berlin und Stettin
    1801), 380~385.

6. 기타 참고문헌

Bachmaier, H. / E. P. Fischer(Hrsg.), *»Streit der Fakultäten«: oder die
    Idee der Universität*. Konstanz 1997.

Batscha, Z.(Hrsg.), *Materialen zu Kants Rechtsphilosophie*. Frankfurt a. M.
    1976.

Bien, G., "Kants Theorie der Universität und ihr geschichtlicher Ort", in:
    Historische Zeitschrift, 219, Nr. 3(1974), 551~577.

Brakemeier, H., *Die sittliche Aufhebung des Staats in Kants Philosophie*.
    Frankfurt a. M. 1985.

Brandt, R.(Hrsg.), *Rechtsphilosophie der Aufklärung* (Symposium Wölfen-
    büttel 1981). Berlin · New York 1982.

_____, *Universität zwischen Selbst- und Fremdbestimmung*. Berlin
    2003.

Breuer, D., Geschichte der literarischen Zensur in Deutschland.
    Heidelberg 1982.

Bruch, J. L., *La philosophie religieuse de Kant*. Paris 1968.

Bucher, E., *Der institutionaliserte Dauerstreit. Theologie und Dissens in Kants Der Streit der Fakultäten*. Baden-Baden 2017.

Buhr, M. / W. Förster, *Aufklärung Geschichte Revolution*. Berlin 1986.

Burg, P., *Kant und die Französische Revolution*. Berlin 1974.

Ebstein, W., *Die Kunst das menschliche Leben zu verlängern*. Wiesbaden 1891.

Eismann, F. W., Neue Beiträge zur Geschichte des Staatsministers Wöllner. Königsberg 1924.

Evans, D., "The Conflict of Faculties and the Knowledge Industry: Kant's Diagnosis, in His Time and Ours". in: *Philosophy*, 83, Nr. 326(Okt. 2008), 483~495.

Ferdinand, H.-M., *Einhelligkeit von Moral und Politik. Zu Kants kritischer Bestimmung des Friedens*. Tübingen 1987(Diss.).

Fromm, E., *Immanuel Kant und die preußische Censur. Nebst kleineren Beiträgen zur Lebensgeschichte Kants*. Hamburg · Leipzig 1894.

Gerhardt, V.(Hrsg.), *Kant im Streit der Fakultäten*. Berlin · New York 2005.

Gericke, W., "Von Friedrich II zu Wöllner". in: G. Wirth(Hrsg.), *Beiträge zur Berliner Kirchengeschichte*. Berlin 1987, 87~128.

Hinske, N., "Staatszweck und Freiheitsrechte. Kants Plädoyer für den Rechtsstaat". in: G. Birtsch(Hrsg.), *Grund- und Freiheitsrechte von der ständtschen zur spätbürgerlichen Gesellschaft*. Göttingen 1987, 375~391.

Hödl, L., *Der Anspruch der Philosophie und der Einspruch der Theologie im »Streit der Fakultäten«*. München 1960.

Honnefelder, L.(Hrsg.), *Kants »Streit der Fakultäten« oder der Ort der Bildung zwischen Lebenswelt und Wissenschaten*. Berlin 2012.

Kapp, F., *Aktenstücke zur Geschichte der Preußischen Censur- und Pressverhältnisse unter dem Minister Wöllner, Erste Abteilung 1788– 1793*. in: *Archiv für Geschichte des Deutschen Buchhandels*, hrsg.

v. der Historischen Commission des Börsenvereins der Deutschen Buchhändler, Leipzig 1879, IV, 138~214.

Katzer, E., "Kants Prinzipien der Bibelauslegung". in: *Kant-Studien*, 18(1913), 99~128.

Keienburg, J., *Immanuel Kant und Öffentlichkeit der Vernunft*. Berlin · New York 2011.

Kersting, W., *Wohlgeordnete Freiheit*. Berlin 1984.

Kienzle, B., "Freiheit, Gleichheit, Brüderlichkeit bei Kant". in: *Archiv für Geschichte der Philosophie*, 73(1991), 171~187.

Klenner, H., "Revolution in Paris, Juristenaufklärung in Berlin". in: *Staat und Recht*, 38(1989), 36~46.

Kohnke, M., "Zur Geschichte der Französischen Revolution von 1789 und zu ihren Auswirkungen auf Deutschland. Quellen im Zentralen Staatsarchiv, Dienststelle Messeburg". in: Archivmitteilungen, 39(1989), 51~57.

König, E., *Arzt und Ärztliches bei Kant*. Kitzingen-Main 1954.

Leisegang, H., "Kant und die Mystik". in: *Philosophische Studien*, 1(1949), 4~28.

Losurdo, D., *Immanuel Kant. Freiheit, Recht und Revolution*. Köln 1987.

Malter, R.(Hrsg.), *Immanuel Kant in Rede und Gespräch*. Hamburg 1990.

Menzer, P., "Zu Kants Zensurschwierigkeiten". in: *Kant-Studien*, 23(1919), 380~382.

Rosenkranz, K., "Kant's Darstellung des notwendigen Antagonismus zwischen den drei oberen und der unteren Facultät unserer Universitäten"(1844). in: Rosenkranz, *Neue Studien*, Bd. 2: *Studien zur Literaturgeschichte*. Leipzig 1875, 1~15.

Schöndörffer, O., "Entstehungsgeschichte des Streits der Fakultäten". in: *Altpreußische Monatsschrift*, 39(1903), 631~644.

_____, "Zur Entstehungsgeschichte des Streits der Fakultäten.

Eine Erwiderung", in: *Kant-Studien*, 24(1920), 389~393.

Selbach, R., "Eine bisher unbeachtete Quelle des »Streits der Fakultäten«",

in: *Kant-Studien*, 82(1991), 96~101.

제 2 부

『학부들의 다툼』
역주

※ 역주의 원칙

1. 『학부들의 다툼』의 번역 대본은 *Der Streit der Fakultäten in drey Abschnitten*(Königsberg, bey Friedrich Nicolovius 1798: XXX + 205 Seiten) 이며, 번역 중에 베를린 학술원판 전집 제7권(Berlin 1917, Akademie-Ausgabe Bd. VII, 1~116 + 337~353), W. Weischedel 판 전집 제6권 (Darmstadt 1954. S. 261~393), Horst D. Brandt und P. Giordanetti 판 (Hamburg, Felix Meiner, 2005)을 대조 참고한다.

2. 원문과 번역문의 대조 편의를 위해 본서는 칸트 원본을 'A'로, 베를린 학술 원판 제7권을 'VII'로 표시한 후 이어서 면수를 밝힌다. 다만, 독일어와 한 국어의 어순이 다른 경우가 많으므로 원문과 번역문의 면수에 약간의 차이 가 있음은 양해한다.

3. 번역은 학술적 엄밀성을 염두에 두어 직역을 원칙으로 삼고, 가능한 한 원 문의 문체, 어투, 문단 나누기 등도 보존하여, 원저의 글쓰기 방식을 그대 로 보이도록 한다. 현대적 글쓰기에 맞지 않은 부분이나 문단들이라도 의미 전달이 아주 어렵지 않은 경우라면 그대로 둔다.

4. 독일어는 철저히 한글로 옮겨 쓰되, 필요한 경우에는 한글에 이어 [ ] 안에

한자어를 병기한다. 그러나 원문이 라틴어나 그리스어일 경우 그에 상응하는 한자말이 있을 때는 한자를 노출시켜 쓴다.

5. 칸트의 다른 저작 또는 다른 구절을 한국어로 옮길 때를 고려하여, 다소 어색함이 있다 하더라도, 원서에서 사용하고 있는 동일한 용어에는 되도록 동일한 한국어를 대응시킨다. 용어가 아닌 보통 낱말들에도 가능하면 하나의 번역어를 대응시키지만, 이런 낱말들의 경우에는 문맥에 따라 유사한 여러 번역어들을 적절히 바꿔 쓰고, 또한 풀어쓰기도 한다. (※ [유사어 및 상관어 대응 번역어 표] 참조)

6. 유사한 또는 동일한 뜻을 가진 낱말이라 하더라도 원저자 자신이 번갈아 가면서 쓰는 말은 가능한 한 한국어로도 번갈아 쓴다. (※ [유사어 및 상관어 대응 번역어 표] 참조)

7. 번역 본문에서는 한글과 한자만을 쓰며, 굳이 서양말 원어를 밝힐 필요가 있을 때는 각주에 적는다. 그러나 각주 설명문에는 원어를 자유롭게 섞어 쓴다.

8. 대명사의 번역에서는 지시하는 명사가 명백할 경우 한국어의 문맥상 필요하면 본래의 명사를 반복하여 써주되, 이미 해석이 개입할 여지가 있을 경우는 '그것'·'이것'·'저것' 등이라고 그대로 옮겨 쓰고, 역자의 해석은 각주에 밝힌다.

9. 직역이 어려워 불가피하게 원문에 없는 말을 끼워 넣어야 할 대목에서는 [ ] 안에 넣어 쓴다. 또한 하나의 번역어로는 의미 전달이 어렵거나 오해의 가능성이 있을 경우에도 그 대안이 되는 말을 [ ] 안에 쓴다. 그러나 이중 삼중의 번역어 통용이 불가피 또는 무난하다고 생각되는 곳에서는 해당 역어를 기호 '/'를 사이에 두고 함께 쓴다.

10. 한국어 표현으로는 다소 생소하더라도 원문의 표현 방식과 다른 맥락에서의 표현의 일관성을 위하여 독일어 어법에 맞춰 번역하되, 그 표현만으로는 오해될 우려가 클 경우에는 [ ] 안에 자연스러운 한국어 표현을 병기한다.

11. 원저에 등장하는 인물이나 서책이나 사건이 비교적 널리 알려져 있지 않은 경우에는 그에 대해 각주를 붙여 해설한다.

12. 칸트의 다른 저술이나 철학 고전들과 연관시켜 이해해야 할 대목은 각주를 붙여 해설한다. 단, 칸트 원저술들을 인용함에 있어서 칸트 주요 저술은 원본 중 대표 판본에서 하되 초판은 'A', 재판은 'B'식으로 표기하고, 여타의 것은 베를린 학술원판[AA]에서 하되, 제목은 한국어 또는 약어로 쓰고 원저술명은 해제의 끝에 모아서 밝힌다. (※ 〈해제와 역주에서 한국어 제목을 사용한 칸트 원논저 제목[약호], 이를 수록한 베를린 학술원판 전집[AA] 권수(와 인용 역본)〉 참조)

13. (제목 전체가 격자[隔字]체일 경우는 제외하고) 원문의 격자체 낱말은 진하게 쓰며, 인명은 굴림체로 구별하여 쓴다.

14. '※'표와 함께 등장하는 칸트 원서의 주해와 구별되도록, 역자의 주해는 아라비아 숫자로 번호 붙인 각주를 통해 제공한다.

※ 유사어 및 상관어 대응 번역어 표

ableiten

ableiten: 도출하다/끌어내다, Ableitung: 도출, Deduktion: 연역,
abziehen: 추출하다

Absicht

Absicht: 의도/관점, Rücksicht: 고려/견지, Hinsicht: 관점/돌아봄/참작,
Vorsatz: 고의/결의/결단, Entschluß: 결심/결정

absolut

absolut: 절대적(으로), schlechthin/schlechterdings: 단적으로/절대로,
simpliciter: 端的으로

Abstoßung

Abstoßung: 밀쳐냄/척력, Zurückstoßung: 되밀쳐냄/척력,
Repulsion: 반발/척력, repulsio: 反撥/斥力

abstrahieren

abstrahieren: 추상하다/사상[捨象]하다, absehen: 도외시하다

Achtung

Achtung(observatio[reverentia]): 존경(尊敬), Hochachtung: 존경/경의,
Ehrfurcht: 외경, Hochschätzung: 존중, Schätzung: 평가/존중,
Ehre: 명예/영광/경의/숭배, Verehrung(reverentia): 숭배(崇拜)/경배/흠숭/

존숭/공경/경의를 표함, Ehrerbietung: 숭경, Anbetung: 경배

actio

   actio: 作用/活動, actus: 行爲/行動/現實態/實態, actio in distans: 遠隔作用

Affinität

   Affinität: 근친성/유사성/친화성, affinitas: 親和性/類似性,

   Verwandtschaft: 친족성/친화성

affizieren

   affizieren: 촉발하다/영향을 끼치다, Affektion: 촉발/자극/애착/흥분상태,

   Affekt: 흥분/촉발/정서/격정/정동, affektionell: 정서적/격정적/정동적/

   촉발된, anreizen: 자극하다, Reiz: 자극/매력, stimulus: 刺戟,

   rühren: 건드리다/손대다, berühren: 건드리다/접촉하다,

   Berührung: 건드림/접촉, Rühren: 감동, Rührung: 감동,

   Begeisterung: 감격

Agitation

   Agitation: 시발[始發]/촉진/선동/격발[激發]/흥분[제]/자극제,

   agitieren: 시발[始發]하다/촉진하다/선동하다/격발[激發]하다

ähnlich

   ähnlich: 비슷한/유사한, analogisch: 유비적/유추적

all

   all: 모두/모든, insgesamt: 모두 다, gesamt: 통틀어, All: 전부/모두/우주,

   Allheit: 모두/전체, das Ganze: 전체

also

   also: 그러므로, folglich: 따라서, mithin: 그러니까, demnach: 그 때문에,

   daher: 그래서, daraus: 그로부터

anfangen

   anfangen: 시작하다, Anfang: 시작/시초, Beginn: 시작/착수,

   Anbeginn: 처음/발단, anheben: 개시하다/출발하다,

   ※agitieren: 시발[始發]하다/촉진하다/선동하다/격발[激發]하다

angemessen

    angemessen: 알맞은/적절한/부합하는, füglich: 걸맞은/어울리는

angenehm

    angenehm: 쾌적한/편안한, unangenehm: 불유쾌한/불편한,

    Annehmlichkeit: 쾌적함/편안함/편이성,

    gemächlich: 편안하게/안락하게/유유히

anhängend

    anhängend: 부수적, adhärierend: 부착적/부속적[속성적]

Ankündigung

    Ankündigung: 통고/선포, Kundmachung: 공포/알림

Anmut

    Anmut: 우미[優美], Eleganz: 우아

Anschauung

    Anschauung: 직관, intuitus: 直觀, intuitio: 直觀/直覺,

    Sinnenanschauung: 감관직관/감성적 직관,

    intellektuelle Anschauung: 지성적 직관,

    intelligibele Anschauung: 예지적 직관

Antizipation

    Antizipation(anticipatio): 예취(豫取), prognosis: 豫知, prolepsis: 先取

Anziehung

    Anziehung: 끌어당김/인력, Attraktion: 잡아끎/견인/매력/인력,

    attractio: 引力/牽引, attractiv: 견인적

Apprehension

    Apprehension(apprehensio): 포착(捕捉)/점취(占取),

    Auffassung(apprehensio): 포착(捕捉: 직관/상상력의 작용으로서)/

    파악(把握: 지성의 작용으로서), Erfassen: 파악,

    Begreifen: (개념적) 파악/개념화/이해

a priori

    a priori: 선험적/先驗的, a posteriori: 후험적/後驗的, proteron: 先次的,

hysteron: 後次的, angeboren(innatus): 선천적(本有的)/생득적/생래적/
천성적/타고난, anerschaffen: 타고난/천부의

arrogantia

arrogantia: 自滿/自慢, Eigendünkel: 자만[自慢]

Ästhetik

Ästhetik: 감성학/미(감)학, ästhetisch: 감성(학)적/미감적/미학적

aufheben

aufheben: 지양하다/폐기하다/폐지하다, ausrotten: 근절하다/섬멸하다,
vertilgen: 말살하다/절멸하다,
vernichten: 무효로 하다/폐기하다/파기하다/섬멸하다/없애다

Aufrichtigkeit

Aufrichtigkeit: 정직성[함], Ehrlichkeit: 솔직성[함], Redlichkeit: 진정성,
Wahrhaftigkeit: 진실성[함], Rechtschaffenheit: 성실성[함]/정직성[함]

Bedeutung

Bedeutung: 의미, Sinn: 의의

Bedingung

Bedingung: 조건, bedingt: 조건 지어진/조건적,
das Bedingte: 조건 지어진 것/조건적인 것,
das Unbedingte: 무조건자[/무조건적인 것]

Begierde

Begierde: 욕구/욕망, Begehren: 욕구, Begier: 욕망,
Bedürfnis: 필요/필요욕구/요구, Verlangen: 요구/갈망/열망/바람/요망,
Konkupiszenz(concupiscentia): 욕정(慾情), Gelüst(en): 갈망/정욕

begreifen

begreifen: (개념적으로) 파악하다/개념화하다/포괄하다/(포괄적으로)
이해하다/해득하다, Begriff: 개념/이해,
[Un]begreiflichkeit: 이해[불]가능성/해득[불]가능성,
verstehen: 이해하다, fassen: 파악하다/이해하다,
Verstandesvermögen: 지성능력, Fassungskraft: 이해력

Begriff

Begriff: 개념/파악/이해, conceptus: 概念, conceptio: 概念作用/受胎

Beispiel

Beispiel: 예/실례/사례/본보기, zum Beispiel: 예를 들어, z.B.: 예컨대,
beispielsweise: 예를 들어, e.g.: 例컨대

Beistimmung

Beistimmung: 찬동/동의, ※Einstimmung: 일치/찬동, Stimme: 동의,
Beifall: 찬동, Beitritt: 찬성/가입

beobachten

beobachten: 준수하다/지키다, Beobachtung: 관찰/준수/고찰,
befolgen: 따르다/준수하다, Befolgung: 추종/준수

Bereich

Bereich: 영역, Gebiet: 구역, Sphäre: 권역, Kreis: 권역, Feld: 분야,
Fach: 분과, Umfang: 범위, Region: 지역/지방/영역,
Territorium: 영역/영토, territorium: 領土, ditio: 領域,
※Boden: 지반/토대/기반/토지/지역/영토

Besitz

Besitz: 점유, Besitznehmung(appprehensio): 점유취득(占取),
※Eigentum: 소유(물/권), ※Haben: 소유[가지다]/자산,
Zueignung(appropriatio): 전유[영득](專有),
Bemächtigung(occupatio): 선점(先占)/점령(占領)

besonder

besonder: 특수한, partikular: 특별한/개별적/국부적,
spezifisch: 종적/종별적/특종의

Bestimmung

Bestimmung: 규정/사명/본분/본령,
bestimmen: 규정하다/결정하다/확정하다,
bestimmt: 규정된[/적]/일정한/확정된[/적]/명확한/한정된,
unbestimmt: 무규정적/막연한/무한정한

beugen

beugen: 구부리다/휘다/굴복하다,

beugbar/beugsam: 잘 굽는/유연한/순종적인,

flexibilis: 柔軟한/柔順한/融通性 있는

Bewegung

Bewegung: 운동/동요, Motion: 동작/운동, motus: 運動,

das Bewegliche: 운동할 수 있는 것/운동하는 것/운동체,

das Bwegbare: 운동할 수 있는 것,

bewegende Kraft: 운동력/운동하는 힘/움직이는 힘,

mobile: 可動體, movens: 運動體, motor: 運動者

Bewegungsgrund

Bewegungsgrund/Beweggrund: 동인, Bewegursache: (운)동인

Beweis

Beweis: 증명, Demonstration: 입증/실연/시위

Bewußtsein

Bewußtsein: 의식, Selbstbewußtsein: 자기의식,

cogitatio: 意識, perceptio: 知覺/意識,

Apperzeption(apperceptio): 통각(統覺)/수반의식(隨伴意識)

Bibel

Bibel: 성경, biblisch: 성경적/성서적, (Heilige) Schrift: 성서

※Schrift: 저술/경전/전서[典書]/성서,

heiliges Buch: 성경책/성서/성전[聖典], Testament: 신약[神約],

Altes Testament: 구약[舊約]성서, Neues Testament: 신약[新約]성서

Bild

Bild: 상/도상[圖像]/형태/그림/사진, Schema: 도식[圖式],

Figur: 형상[形象]/도형, Gestalt: 형태, Urbild: 원형/원상,

Vorbild: 전형/모범/원형

Boden

Boden: 지반/토대/기반/토지/지역/영토, Basis: 토대/기반/기층,

Erde: 흙/땅/토양/지구/지상, Land: 땅/육지/토지/지방/지역/나라,
Horizont: 지평

böse

böse: 악한, das Böse: 악, malum: 惡/害惡/禍,
Übel: 화/악/해악/재해/병폐/나쁜 것/폐단/질환/병환, boshaft: 사악한,
bösartig: 악의적/사악한/음흉한, schlecht: 나쁜, arg: 못된/악질적인,
tückisch: 간악한/간계의

Buch

Buch: 책/서/저서, Schrift: 저술/경전/전서[典書]/성서,
Werk: 저작/작품/소행/역사[役事], Abhandlung: 논고/논문

Bund

Bund: 연맹, Bündnis: 동맹, foedus: 同盟, Föderation: 동맹/연방,
Koaltion: 연립, Verein: 연합/협회, Assoziation: 연합

Bürger

Bürger: 시민, Mitbürger: 동료시민/공동시민,
Staatsbürger(cives): 국가시민(市民)/국민,
Volk: 국민/민족/족속/민중, Stammvolk(gens): 민족(民族)

darstellen

darstellen: 현시하다/그려내다/서술하다,
Darstellung(exhibitio): 현시(展示)/그려냄/서술, darlegen: 명시하다,
dartun: 밝히다

dehnbar

dehnbar: 늘여 펼 수 있는/가연적[可延的], ductilis: 伸張的/可延的

Denken

Denken: 사고(작용), denken: (범주적으로) 사고하다/(일반적으로) 생각하다,
Denkart: 사고방식/신념/견해, Gedanke: 사유(물)/사상[思想]/사고내용/
의식, ※cogitatio: 意識, Denkung: 사고/사유, Denkungsart: 사유방식
[성향], Sinnesart: 기질[성향]

Dichtigkeit

Dichtigkeit/Dichte: 밀도/조밀(성), dichtig: 조밀한/밀도 높은,

Intensität: 밀도, intensiv: 밀도 있는/내포적

Ding

Ding: 사물/일/것, Sache: 물건/사상[事象]/사안/실질내용/일

Ding an sich

Ding an sich: 사물 자체, Ding an sich selbst: 사물 그 자체

Disziplin

Disziplin: 훈육, Zucht: 훈도

Dogma

Dogma: 교의/교조, dogmatisch: 교의적/교조(주의)적,

Lehre: 교리/학설/이론/가르침, Doktrin: 교설, ※eigenmächtig: 독단적

Dummheit

Dummheit(stupiditas): 우둔(愚鈍)[함]/천치(天痴), Dummkopf: 바보/천치,

stumpf: 둔(감)한, Idiot: 바보/천치/무지한 자, Albernheit: 우직[함],

Tor: 멍청이, Torheit: 멍청함/바보짓, Narr: 얼간이

durchdringen

durchdringen: 침투[浸透]하다/삼투[滲透]하다/스며들다,

eindringen: 파고들다/스며들다, durchbrechen: 관통하다/통관하다,

permeabel: 투과[透過]/침투[浸透] 가능한

Dynamik

Dynamik: 역학/동역학, dynamisch: 역학적/역동적, ※Mechanik: 기계학

Ehe

Ehe: 혼인, Heirat: 결혼, Paarung: 짝짓기/혼배[婚配]

eigen

eigen: 자신의/고유한, eigentlich: 본래의/원래의, Eigenschaft: 속성/특성,

Eigentum: 소유, eigentümlich: 특유의[/한]/고유의/소유의,

Eigentümlichkeit: 특유성/고유성, eigenmächtig: 독단적,

Beschafenheit: 성질, ※Attribut: (본질)속성/상징속성

Einbildung

Einbildung: 상상, Einbildungskraft: 상상력,

Bildungskraft: 형성력/형상력, imaginatio: 想像, Phantasie: 공상

Einleitung

Einleitung: 서론, Vorrede: 머리말, Prolegomenon/-mena: 서설,

Prolog: 서언

einseitig

einseitig: 일방적/일면직/한쪽의, doppelseitig: 쌍방적/양면적/양쪽의,

beiderseitig: 양쪽의/양편의/쌍방적, allseitig: 전방적/전면적,

wechselseitig: 교호적[상호적], beide: 양자의/둘의/양편의,

beide Teile: 양편/양쪽, gegeneinander: 상호적으로

Einwurf

Einwurf: 반론, Widerlegung: 반박

Einzelne(das)

einzeln: 개별적/단일적, das Einzelne: 개별자, Individuum: 개체/개인

entsprechen

entsprechen: 상응하다, korrespondieren: 대응하다

entstehen

entstehen: 발생하다, entspringen: 생기다,

geschehen: 일어나다, hervorgehen: 생겨나(오)다,

stattfinden/statthaben: 있다/발생하다/행해지다

Erfahrung

Erfahrung: 경험,

empirisch: 경험적/감각경험적(Erfahrung의 술어로 쓰이는 경우)

Erörterung

Erörterung(expositio): 해설(解說), Exposition: 해설,

Aufklärung: 해명, Erläuterung: 해명/설명,

Erklärung: 설명/언명/공언/성명(서)/표시, Explikation: 해석/석명[釋明],

Deklaration: 선언/천명/(의사)표시, Aufschluß: 해결/해명,

Auslegung: 해석/주해, Ausdeutung: 설명/해석, Deutung: 해석/설명

Erscheinung

Erscheinung: 현상, Phaenomenon(phaenomenon): 현상체(現象體)

Erschütterung

Erschütterung(concussio): 진동(振動), oscillatio: 振動, vibratio: 搖動/振動,
undulatio: 波動, Klopfung(pulsus): 박동(搏動), Bebung: 떨림/요동[搖動],
Schwenkung: 흔들림/요동[搖動], Schwingung: 흔들림/진동,
Bibration: 진동, Zitterung: 떨림/진동/전율, Schwankung: 동요[動搖]

erzeugen

zeugen: 낳다/출산하다, Zeugung: 낳기/생식/출산,
erzeugen: 산출하다/낳다/출산하다, Erzeugung: 산출/출산/출생/생산,
hervorbringen: 만들어내다/산출하다/낳다/실현하다

Erziehung

Erziehung: 교육, Bildung: 교양/도야/형성/교육,
bilden: 교양하다/도야하다/형성하다, Unterweisung: 교습/교수/교시/
가르침, Unterricht: 강의/교수/가르침/수업,
Ausbildung: 양성/형성/완성/도야, Belehrung: 가르침/교시

Fall

Fall: 낙하/추락/경우, Abfall: 퇴락, Verfall: 타락

Feierlichkeit

Feierlichkeit: 장엄/엄숙/예식/의례[儀禮],
Gebräuche: 의식[儀式]/풍속/관례, Förmlichkeit: 격식/의례[儀禮]

finden

finden: 발견하다, treffen: 만나다, antreffen: 마주치다,
betreffen: 관련되[하]다/마주치다, Zusammentreffen: 함께 만남

Folge

Folge: 잇따름/계기[繼起]/후속[後續]/결과/결론/귀결,
folgen: 후속하다/뒤따르다/뒤잇다/잇따르다/결론으로 나오다,
sukzessiv: 순차적/점차적/연이은, Sukzession: 연이음,

Kontinuum: 연속체, Kontinuität: 연속성, kontinuierlich: 연속적,
Fortsetzung: 계속

Form

Form: 형식, Formel: 정식[定式], (Zahlformel: 수식[數式]),
Figur: 형상[形象]/도형, Gestalt: 형태

Frage

Frage: 물음, Problem: 문제, Problematik: 문제성

Freude

Freude: 환희/유쾌/기쁨, freudig: 유쾌한, Frohsein: 기쁨, froh: 기쁜,
fröhlich: 유쾌한/쾌활한, erfreulich: 즐거운

Furcht

Furcht: 두려움/공포, Schrecken: 겁먹음/경악/전율, Grausen: 전율,
Greuel: 공포/ 소름 끼침, Schauer: 경외감

Gang

Gang: 보행, Schritt: 행보/(발)걸음

gefallen

gefallen: 적의[適意]하다/마음에 들다, Gefälligkeit: 호의,
Mißfallen: 부적의[不適意]/불만, mißfallen: 적의하지 않다/부적의[不適意]
하다/마음에 들지 않다, Wohlgefallen(complacentia): 흡족(洽足)/적의함
(=Wohlgefälligkeit), ※Komplazenz: 흐뭇함

Gehorchen

Gehorchen: 순종, Gehorsam: 복종, Unterwerfung: 복속/굴종/정복,
Ergebung: 순응

gehören

gehören: 속하다/의속[依屬]하다/요구된다, angehören: 소속되다,
zukommen: 귀속되다

gemäß

gemäß: 맞춰서/(알)맞게/적합하게/의(거)해서/준거해서,
nach: 따라서, vermittelst: 매개로/의해, vermöge: 덕분에/의해서

gemein

gemein: 보통의/평범한/공통의/공동의/상호적/일상의,

gemeiniglich: 보통, gewöhnlich: 보통의/흔한/통상적으로,

alltäglich: 일상적(으로)

Gemeinschaft

Gemeinschaft: 상호성/상호작용/공통성/공동체/공동생활/공유,

gemeines Wesen: 공동체, Gesellschaft: 사회,

Gemeinde: 기초단체/교구/회중[會衆]/교단

Gemüt

Gemüt(animus): 마음(心)/심성(心性), Gemütsart(indoles): 성품(性品)/
성정(性情), Gemütsanlage: 마음의 소질/기질, (Temperament: 기질/성미),
Gemütsfassung: 마음자세, Gemütsstimmung: 심정, Gesinnung: 마음씨,
Herzensgesinnung: 진정한 마음씨, Herz: 심/진심/심정/심성/마음/가슴/
심장, Seele(anima): 영혼(靈魂)/마음/심성, Geist: 정신/정령/성령/영[靈],
mens: 精神, spiritus: 精靈/精神, ※Sinnesänderung: 심성의 변화/회심[回心],
Herzensänderung: 개심[改心]

Genuß

Genuß: 향수[享受]/향유/향락, genießen: 즐기다/향유하다

Gerechtigkeit

Gerechtigkeit: 정의/정의로움,

Rechtfertigung: 의[로움]/의롭게 됨[의로워짐]/정당화,

gerecht(iustium): 정의(正義)로운, ungerecht(iniustium): 부정의(不正義)한

Geschäft

Geschäft: 과업/일/실제 업무, Beschäftigung: 일/용무,

Angelegenheit: 업무/소관사/관심사/사안, Aufgabe: 과제

Gesetz

Gesetz: 법칙/법/법률/율법, Gesetzgebung: 법칙수립/입법,

Gesetzgeber: 법칙수립자/입법자/입법가, Regel: 규칙,

regulativ: 규제적, Maxime: 준칙, Konstitution: 헌법/기본체제/기본구성,

Grundgesetz: 기본법/근본법칙, Verfassung: (기본)체제/헌정체제/헌법,

Grundsatz: 원칙, Satz: 명제/교의[敎義], Satzung: 규약/종규[宗規]/율법,

Statut: [제정]법규, statutarisch: 법규적/규약적/제정법[制定法]적/

제정 법규적, ※Ordnung: 법규/질서/순서, Verordnung: 법령/규정,

Gesetzbuch: 법전/법령집, ※Recht: 법/권리/정당/옳음

gesetzgebend

gesetzgebend: 법칙수립적/입법적, legislativ: 입법적

Gewicht

Gewicht: 무게, Schwere: 중량/중력, Gravitation: 중력,

Schwerkraft: 중력

Gewohnheit

Gewohnheit: 습관/관습/풍습, Angewohnheit(assuetudo): 습관(習慣),

Fertigkeit: 습성/숙련, habitus: 習性, habituell: 습성적

Gleichgültigkeit

Gleichgültigkeit: 무관심/아무래도 좋음, Indifferenz: 무차별,

ohne Interesse: (이해)관심 없이, Interesse: 이해관심/관심/이해관계,

adiaphora: 無關無見

Glückseligkeit

Glückseligkeit: 행복, Glück: 행(복)/행운, Seligkeit: 정복[淨福]/지복[至福]/

구원, selig: 복된, seligmachend: 구원하는/구원[천국]으로 이끄는

Gottseligkeit

Gottseligkeit: 경건, Frömmigkeit: 독실(함)/경건함

Grenze

Grenze: 한계, Schranke: 경계/제한, Einschränkung: 제한(하기)/국한

Grund

Grund: 기초/근거, Grundlage: 토대, Grundlegung: 정초[定礎],

Basis: 바탕/기반/토대, Anfangsgründe: 기초원리,

zum Grunde legen: 기초/근거에 놓다[두다],

unterlegen: 근저에 놓다[두다], Fundament: 토대/기저,

Element: 요소/원소/기본, ※Boden: 지반/토대/기반/지역/영토

gründen

gründen: 건설하다/(sich)기초하다, errichten: 건립하다/설치하다,

stiften: 설립하다/창설하다/세우다

gut

gut: 선한/좋은, das Gute: 선/좋음, bonum: 善/福, gutartig: 선량한,

gütig: 온화한/관대한/선량한

Habe

Habe: 소유물/재산, Habe und Gut: 소유재산,

Haben: 소유[가지다]/(총)자산/대변, Inhabung(detentio): 소지(所持),

※Vermögen: 재산/재산력, vermögend: 재산력 있는/재산이 많은

Handlung

Handlung: 행위[사람의 경우]/작동[사물의 경우]/작용/행위작용/행사,

Tat: 행실/실행/행동/소행/업적/실적/사실, (Untat: 비행[非行]),

Tatsache: 사실, factum: 行實/事實, facere: 行爲하다, agere: 作用하다,

operari: 處理하다/作業하다, Tun: 행함/행동/일/짓,

Tun und Lassen: 행동거지, Tätigkeit: 활동,

Akt/Aktus: 작용/행동/행위/활동/행위작용,

Wirkung: 결과/작용결과/작용/효과, Verhalten: 처신/태도,

Benehmen: 행동거지, Lebenswandel: 품행, Betragen: 거동/행동,

Konduite: 범절, ※Werk: 소행/작품/저작/역사[役事]

Hilfe

Hilfe: 도움, Beihilfe: 보조/도움, Beistand: 원조/보좌,

Mitwirkung: 협력/협조, Vorschub: 후원

Immer

immer: 언제나, jederzeit: 항상, immerdar: 줄곧

Imperativ

Imperativ(imperativus): 명령(命令), Gebot: 지시명령/계명/교훈[敎訓],

gebieten: 지시명령하다, dictamen: 指示命令/命法, praeceptum: 命令,

Geheiß: 분부/지시, Dekret(decretum): 훈령(訓令)/교령(敎令)/판결(判決),
befehlen: 명령하다, befehligen: 지휘하다,
Observanz: 계율/규율/준봉[遵奉],
※Vorschrift: 지시규정/지정/규정[規程]/훈계/처방

intellektuell

intellektuell: 지성적, intelligibel: 예지적, intelligent: 지적인,
intelligentia: 知性/知力/叡智者/知的 存在者, Intelligenz: 지적 존재자/예지자,
Noumenon[noumenon]: 예지체[叡智體],
Verstandeswesen: 지성존재자/오성존재자,
Verstandeswelt(mundus intelligibilis): 예지[/오성]세계(叡智[/悟性]世界),
Gedankenwesen: 사유물, Gedankending: 사유물/사념물

Irrtum

Irrtum: 착오, Täuschung: 착각/기만

Kanon

Kanon: 규준[規準], Richtschnur: 먹줄/기준/표준, Richtmaß: 표준(척도),
Maß: 도량/척도, Maßstab: 자[準矩]/척도, Norm(norma): 규범(規範)

klar

klar: 명료한/명백한, deutlich: 분명한, dunkel: 애매한/불명료한/흐릿한,
verworren: 모호한/혼란한,
zweideutig: 다의적/이의[二義]적/애매한/애매모호한,
doppelsinnig: 이의[二義]적/애매한/애매모호한,
aequivocus: 曖昧한/多義的/二義的, evident: 명백한/자명한,
offenbar: 분명히/명백히, augenscheinlich: 자명한/명백히,
einleuchtend: 명료한, klärlich: 뚜렷이, apodiktisch: 명증적,
bestimmt: 규정된/명확한

Körper

Körper: 물체/신체, Leib: 몸/육체, Fleisch: 육[肉]/살

Kraft

Kraft: 힘/력/능력/실현력, Vermögen: 능력/가능력/재산,

Fähigkeit: (능)력/할 수 있음/유능(함)/성능/역량,

Macht: 지배력/권력/권능/위력/세력/권세/힘,

Gewalt: 권력/강제력/통제력/지배력/지배권/통치력/폭력,

Gewalttätigkeit: 폭력/폭행, Stärke: 강함/힘셈/장점,

Befugnis: 권한/권능, Potenz: 역량/지배력/세력/잠세력/잠재태,

potentia: 支配力/力量/潛勢力, potestas: 權力/能力,

lebendige Kraft: 활력[活力]/살아 있는 힘, todte Kraft: 사력[死力]/죽은 힘

Krieg

Krieg: 전쟁, Kampf: 투쟁/전투/싸움, Streit: 항쟁/싸움/다툼/논쟁,

Streitigkeit: 싸움거리/다툼거리/쟁론/분쟁, Zwist: 분쟁,

Zwietracht: 불화/반목, Fehde: 반목, Befehdung: 반목/공격,

Anfechtung: 시련/유혹/불복/공격, Mißhelligkeit: 불화/알력,

Aufruhr: 소요/분란/봉기, Handel/Händel: 거래/분규

Kultur

Kultur: 배양/개발/문화/교화/개화,

kultivieren: 배양하다/개발하다/교화하다/개화하다, gesittet: 개명된

Kunst

Kunst: 기예/예술/기술, künstlich: 기예적/예술적/기교적,

kunstreich: 정교한, Technik: 기술, technisch: 기술적인,

Technizism: 기교성/기교주의

Legalität

Legalität(legalitas): 적법성(適法性)/합법성(合法性),

Gesetzmäßigkeit: 합법칙성, gesetzmäßig: 합법칙적/합법적,

Rechtmäßigkeit: 적법성/합당성/권리 있음,

rechtmäßig: 적법한/합당한/권리 있는,

Legitimität(legitimitas): 정당성(正當性)

Lohn

Lohn(merces): 보수(報酬)/임금(賃金)/노임(勞賃),

Belohnung(praemium): 상(賞給),

Vergeltung(remuneratio/repensio): 보답(報償/報酬), brabeuta: 施賞(者)

mannigfaltig

　mannigfaltig: 잡다한/다양한, Mannigfaltigkeit: 잡다성/다양성,

　Varietät: 다양성/다종성, Einfalt: 간단/간결/소박함/순박성,

　einfach: 단순한, einerlei: 한가지로/일양적

Maß

　Maß: 도량[度量]/척도, messen: 측량하다, ermessen: 측량하다,

　schätzen: 측정하다/평가하다

Materie

　Materie: 질료/물질, Stoff: 재료/소재/원소, Urstoff: 근원소/원소재,

　Elementarstoff: 요소원소/[기본]원소, Grundstoff: 기초원소/근본소재

Mechanismus

　Mechanismus: 기계성/기제[機制]/기계조직,

　Mechanik: 역학/기계학/기계조직, mechanisch: 역학적/기계적/기계학적,

　Maschinenwesen: 기계체제/기구체제

Medizin

　Medizin: 의학, Arzneiwissenschaft: 의학, Heilkunde: 의술

Mensch

　Mensch: 인간/사람, man: 사람(들), Mann: 인사/남자/남편/어른/사람,

　Menschheit: 인간성/인류, unsere Gattung: [우리] 인류,

　Menschengeschlecht/menschliches Geschlecht: 인간종[種]

Menschenscheu

　Menschenscheu: 인간기피, Misanthropie: 인간혐오,

　Anthropophobie: 대인공포증, Philanthrop: 박애(주의)자

Merkmal

　Merkmal(nota): 징표(徵標), Merkzeichen: 표징, Zeichen: 표시/기호,

　Kennzeichen: 표지[標識], Symbol: 상징, Attribut: (본질)속성/상징속성

Moral

　Moral: 도덕/도덕학, moralisch: 도덕적, Moralität: 도덕(성)

Sitte: 습속/관습, Sitten: 윤리/예의/예절/습속, sittlich: 윤리적,
Sittlichkeit: 윤리(성), Ethik: 윤리학, ethisch: 윤리(학)적

müssen

müssen: 해야[만] 한다/하[되]지 않을 수 없다,
sollen: [마땅히] 해야[만] 한다/[마땅히] 되어야[만] 한다

Muster

Muster: 범형/범례/전형, musterhaft: 범형적/범례적/전형적,
Typus: 범형, Typik: 범형론, exemplarisch: 본보기의/견본적,
Probe: 견본/맛보기, schulgerecht: 모범적,
※Beispiel: 예/실례/사례/본보기

nämlich

nämlich: 곧, das ist: 다시 말하면, d. i.: 다시 말해,
secundum quid: 卽/어떤 面에서

Natur

Natur: 자연/본성/자연본성, Welt: 세계/세상/우주,
physisch: 자연적/물리적/자연학적/물리학적

Naturwissenschaft

Naturwissenschaft: 자연과학,
Physik(physica): 물리학(物理學)/자연학(自然學)(아주 드물게),
Physiologie(physiologia): 자연학(自然學)/생리학(生理學),
Naturkunde: 자연지식[학], Naturlehre: 자연이론,
Naturkenntnis: 자연지식, Naturerkenntnis: 자연인식

nehmen

nehmen: 취하다, annehmen: 상정하다/채택하다/받아들이다/납득하다,
aufnehmen: 채용하다

Neigung

Neigung: 경향(성), Zuneigung: 애착, Hang(propensio): 성벽(性癖),
Prädisposition(praedispositio): 성향(性向), ※Sinnesart: 기질[성향],
※Denkungsart: 사유방식[성향]

nennen

nennen: 부르다, heißen: 일컫다, benennen: 명명하다,

bezeichnen: 이름 붙이다/표시하다

notwendig

notwendig: 필연적, notwendigerweise: 반드시, nötig: 필수적/필요한,

unausbleiblich: 불가불, unentbehrlich: 불가결한,

unerläßlich: 필요불가결한, unvermeidlich: 불가피하게,

unumgänglich: 불가피하게

nun

nun: 이제/그런데/무릇, jetzt: 지금/이제

nur

nur: 오직/다만/오로지/단지, bloß: 순전히/한낱/한갓,

allein: 오로지, lediglich: 단지/단적으로

Objekt

Objekt: 객관[아주 드물게 객체], Gegenstand: 대상

Ordnung

Ordnung: 순서/질서/법규,

Anordnung: 정돈/정치[定置]/배치/서열/질서(규정)/조치/법령(체제),

※Verordnung: 법령/규정

Pathos

Pathos: 정념, pathologisch: 정념적, Apathie(apatheia): 무정념(無情念),

Leidenschaft: 열정/정열/욕정, ※Affekt: 격정

Pflicht

Pflicht(officium): 의무(義務), Verpflichtung: 의무[를] 짐/의무지움/책임,

Verbindlichkeit(obligatio): 책무(責務)/구속성/구속력,

Obligation: 책무/임무, Obliegenheit: 임무 Verantwortung: 책임,

※Schuld: 채무/탓/책임, ※Schuldigkeit: 책임/채무

ponderabel

ponderabel: 계량 가능한, ponderabilitas: 計量可能性,

wägbar: 계량할 수 있는/달 수 있는, Wägbarkeit: 계량할 수 있음,

unwägbar: 계량할 수 없는, imponderabel: 계량 불가능한,

※ermessen: 측량하다

Position

Position: 설정, Setzen: 정립

Prädikat

Prädikat: 술어, Prädikament: 주[主]술어, Prädikabilie: 준술어

primitiv

primitiv: 시원적/원시적/야만적, uranfänglich: 원초적/태초의

Problem

Problem: 문제, Problematik: 문제성,

problematisch: 미정[未定]적/문제(성) 있는/문제[問題]적,

Frage: 물음/문제, Quästion: 질문, wahrscheinlich: 개연적,

Wahrscheinlichkeit: 개연성/확률, probabel: 개연적[蓋然的],

Probabilität: 개연성/확률, Probabilismus: 개연론/개연주의

Publikum

Publikum: 대중/공중/청중, populär: 대중적/통속적,

Publizität: 공표/공개

Qualität

Qualität(qualitas): 질(質), Beschaffenheit: 성질, Eigenschaft: 속성/특성,

Eigentümlichkeit: 특유성/특질

Quantität

Quantität(quantitas): 양(量), Größe: 크기,

Quantum(quantum): 양적(量的)인 것/일정량(一定量)/정량(定量)/양(量)/분량,

Menge: 분량/많음/집합, Masse: 총량/다량/질량/덩이,

※Portion: 분량[分量]/몫

Ratschlag

Ratschlag: 충고, Ratgebung: 충언

Rauminhalt

Rauminhalt/Raumesinhalt: 부피/용적, Raumesgröße: 공간크기,
Körperinhalt/körperlicher Inhalt: 체적[體積], Volumen: 용량/용적,
volumen: 容量/容積

Realität

Realität: 실재(성)/실질(성)/실질실재(성), Wirklichkeit: 현실(성),
realisiern: 실재화하다, verwirklichen: 현실화하다/실현하다

Recht

Recht: 법/권리/정당함/옳음, recht(rectum): 올바른(正)/법적/정당한/옳은,
unrecht(minus rectum): 그른(不正)/불법적/부당한, rechtlich: 법적인,
Rechtslehre: 법이론/법학, Rechtslehrer: 법이론가/법학자, Jurist: 법률가,
※rechtmäßig: 적법한/합당한/권리 있는

rein

rein: 순수한, ※bloß: 순전한, einfach: 단순한, lauter: 순정[純正]한/숫제,
echt: 진정한/진짜의

Rezeptivität

Rezeptivität: 수용성, Empfänglichkeit: 감수성/수취(가능)성/수취능력/
수용(가능)성/얻을 수 있음/받을 수 있음, Affektibilität: 감응성

schaffen

schaffen: 창조하다, erschaffen: 조물하다/창작하다, schöpfen: 창조하다,
Schaffer: 창조자, Schöpfer: 창조주, Erschaffer: 조물주, Urheber: 창시자,
Demiurgus: 세계형성자[世界形成者]/세계제조자

Schema

Schema: 도식[圖式], Schematismus: 도식성[圖式性],
Bild: 도상[圖像]/상[像]/형상[形像]/그림,
Figur: 도형[圖形]/모양/모습/형상[形象], Gestalt: 형태

Schluß

Schluß: 추론/결론, Beschluß: 종결/판결/결정/결심/맺음말,
Resultat: 결과/성과/결론

Schöne(das)

Schöne(das): 미적인 것/아름다운 것, Schönheit: 미/아름다움,

※ästhetisch: 감성(학)적/미감적/미학적

Schuld

Schuld: 빚/채무/죄과/탓, Schuldigkeit(debitum): 책임(責任)/채무(債務),

Unschuld: 무죄/순결무구,

Verschuldung(demeritum): 부채(負債)/죄책(罪責)

Schüler

Schüler: 학생, Jünger: 제자, Lehrjünger: 문하생, Lehrling: 생도,

Zögling: 사생/생도

Sein

Sein: 존재/임[함]/있음, Dasein: 현존(재), Existenz: 실존(재)/생존,

Wesen: 존재자/본질

Selbstliebe

Selbstliebe: 자기사랑, philautia: 自愛, Eigenliebe: 사애[私愛]

selbstsüchtig

selbstsüchtig: 이기적, eigennützig: 사리[私利]적,

uneigennützig: 공평무사한

sich

an sich: 자체(적으)로, an sich selbst: 그 자체(적으)로,

für sich: 그것 자체(적으)로/독자적으로

sinnlich

sinnlich: 감성적/감각적, Sinnlichkeit: 감성,

Sinn: 감(각기)관/감각기능/감각, Sinneswesen: 감성존재자,

Sinnenwelt(mundus sensibilis): 감성[각]세계(感性[覺]世界),

Sinnenvorstellung: 감관표상/감각표상,

Sinnenobjekt: 감관객관/감각객관/감각객체,

Sinnengegenstand: 감관대상/감각대상, Sinnerscheinung: 감각현상,

sensibel: 감수적/감성적/감각적, sensitiv: 감수적/감각적,

Empfindung: 감각/느낌, Gefühl: 감정/느낌

Sitz

Sitz(sedes): 점거(占據)/점거지(占據地)/거점(據點)/자리/본거지/거처,

Niederlassung: 거주, Ansiedlung(incolatus): 정주(定住),

Lagerstätte: 거소/침소

sogenannt

sogenannt: 이른바, so zu sagen: 소위/이른바, vermeintlich: 소위,

angeblich: 세칭[世稱]/자칭, vorgeblich: 소위/사칭적

sparsim

sparsim: 대충/代充/군데군데/分散的으로

sperrbar

sperrbar: 저지할 수 있는/차단할 수 있는,

Sperrbarkeit: 저지할 수 있음/차단할 수 있음, coërcibilis: 沮止可能한,

coërcibilitas: 沮止可能性

Spiel

Spiel: 유희/작동

Spontaneität

Spontaneität: 자발성, Selbsttätigkeit: 자기활동성

spröde

spröde: 부서지기 쉬운, zerreiblich: 갈아 부술 수 있는,

zerreibbar: 부술 수 있는, friabilis: 破碎的/磨碎的, fragilis: 脆性的,

zerspringen: 파열하다

Standpunkt

Standpunkt: 견지/입장/입지점/관점, Stelle: 위치/지위/자리, Status: 위상

Stoß

Stoß: 충격, percussio: 衝擊/打擊, ictus: 打擊/衝擊, Gegenstoß: 반격[反擊]

Strafe

Strafe: 형벌/처벌/징벌/벌, Strafwürdigkeit: 형벌성[형벌을 받을 만함],

Strafbarkeit: 가벌성[형벌을 받을 수 있음], reatus: 罪過/違反, culpa: 過失/欠缺,

74

dolus: 犯罪, poena: 罰/刑罰/處罰/補贖, punitio: 處罰/懲罰,
delictum: 過失/犯罪

Streben

Streben: 힘씀/추구, Bestreben: 애씀/노력/힘씀, conatus: 힘씀/努力,
nisus: 애씀/勞苦

streng

streng: 엄격한, strikt: 엄밀한

Struktur

Struktur: 구조, Gefüge: 내부 구조/구조물/조직,
Textur(textura): 짜임새/직조(織組)/직물(織物)

Substanz

Substanz(substantia): 실체(實體), Subsistenz: 자존[自存]성/자존체,
subsistierend: 자존적[실체적], bleiben: (불변)존속하다/머무르다,
bleibend: (불변)존속적[/하는], bestehen: 상존하다/존립하다,
beständig: 항존적, Dauer: 지속, beharrlich: 고정(불변)적,
Beharrlichkeit: 고정(불변)성

Sünde

Sünde: 죄/죄악, ※peccatum: 罪/罪惡, Sündenschuld: 죄책,
Sühne: 속죄/보속/보상/처벌, Entsündigung: 정죄[淨罪],
Genugtuung: 속죄/보상/명예회복, Erlösung: 구원/구제,
Versöhnung: 화해, Expiation: 속죄/보상/죄 갚음,
Büßung: 참회/속죄/죗값을 치름, bereuen: 회개하다, Pönitenz: 고행

Synthesis

Synthesis: 종합, Vereinigung: 합일/통합/통일,
Einheit: 통일(성)/단일(성)/하나

Teil

Teil: 부분/부[部], Abteilung: 부문, Portion: 분량[分量]/몫

transzendental

transzendental: 초월적[아주 드물게 초험적/초월론적],

transzendent: 초험적/초재적, immanent: 내재적,

überschwenglich: 초절적/과도한, überfliegend: 비월적[飛越的],

Transzendenz: 초월

trennen

trennen: 분리하다, abtrennen: 분리시키다,

absondern: 떼어내다/격리하다/분류하다, isolieren: 격리하다/고립시키다

Trieb

Trieb: 추동[推動]/충동, Antrieb: 충동, Triebfeder: (내적) 동기,

Motiv: 동기

Trug

Trug: 속임(수)/기만, Betrug: 사기, ※Täuschung: 착각/속임/기만/사기,

Blendwerk: 기만/환영[幻影]/현혹, Vorspiegelung: 현혹/꾸며 댐,

Hirngespinst: 환영[幻影], Erschleichung: 사취/슬쩍 손에 넣음/슬며시

끼어듦, Subreption: 절취, Defraudation(defraudatio): 편취(騙取)

Tugend

Tugend: 덕/미덕, Laster: 패악/악덕, virtus: 德, vitium: 悖惡/缺陷,

peccatum: 罪/罪惡, Verdienst(meritum): 공적(功德), ※malum: 惡/害惡/禍

Übereinstimmung

Übereinstimmung: 합치, Einstimmung: 일치/찬동,

Stimmung: 조율/정조[情調]/기분/분위기,

Zusammenstimmung: 부합/합치/화합/단결,

Verstimmung: 부조화/엇나감, Übereinkommen: 일치,

Angemessenheit: (알)맞음/적합/부합, Harmonie: 조화,

Einhelligkeit: 일치/이구동성, Verträglichkeit: 화합/조화,

Entsprechung: 상응/대응, Konformität: 합치/동일형식성,

Kongruenz: 합동/합치, korrespondieren: 대응하다,

adaequat: 일치하는/부합하는/대응하는/부응하는/충전한,

cohaerentia: 一致/團結/粘着

Übergang

Übergang(transitus): 이행(移行), Überschritt: 이월[移越]/넘어감,

Überschreiten: 넘어감/위반, Übertritt: 이월[移越]/개종/위반,

※Transzendenz: 초월

überhaupt

überhaupt: 일반적으로/도대체, überall: 어디서나/도무지,

denn: 대관절/무릇

Überzeugung

Überzeugung: 확신, Überredung: 신조/설득/권유,

Bekenntnis: 신조/고백

Unterschied

Unterschied: 차이/차별/구별, Unterscheidung: 구별,

Verschiedenheit: 상이(성)/서로 다름, unterscheiden: 구별하다/판별하다

Ursprung

Ursprung: 근원/기원, Quelle: 원천, Ursache: 원인/이유,

Kausalität: 원인(성)/인과성, Grund: 기초/근거/이유

Urteil

Urteil: 판단/판결, Beurteilung: 판정/평가/비평/가치판단/판단,

richten: 바로잡다/재판하다/심판하다

Veränderung

Veränderung: 변화, Abänderung: 변이[變移]/변경,

Änderung: 변경, Umänderung: 변혁, Wechsel: 바뀜/변전[變轉],

Wandeln: 변모/전변[轉變], Umwandlung: 전환/변이,

Verwandlung: 변환

Verbindung

Verbindung(conjunctio): 결합(結合)/관련/구속/결사[結社],

Verknüpfung(nexus): 연결(連結)/결부, Anknüpfung: 결부/연결/유대,

Knüpfung: 결부/매듭짓기, Bindung: 접합

Verbrechen

Verbrechen: 범죄, Übertretung: 위반/범법, Vergehen: 범행/위반/소멸,

Verletzung: 침해/훼손/위반

verderben

verderben: 부패하다/타락하다/썩다, Verderbnis: 부패,

Verderbheit(corruptio): 부패성(腐敗性)

Verein

Verein: 연합, Verbund: 연맹, Koalition: 연립

Vereinigung

Vereinigung: 통합[체]/통일[체]/합일/조화/규합,

Vereinbarung: 합의/협정/합일/화합

Vergnügen

Vergnügen: 즐거움/쾌락/기뻐함, Unterhaltung: 즐거움/오락,

Wo[h]llust: 희열/환락/쾌락/음탕, Komplazenz: 흐뭇함,

Ergötzlichkeit: 오락/열락/흥겨움/기쁨을 누림,

ergötzen: 기쁨을 누리다/흥겨워하다/즐거워하다,

ergötzend: 흥겨운/즐겁게 하는

Verhältnis

Verhältnis: 관계/비례, Beziehung: 관계(맺음), Relation: 관계

Vernunft

Vernunft: 이성, ratio: 理性, rationalis: 理性的, rationis: 理性의

Verschiebung

Verschiebung: 변위[變位], verschieben: 옮기다/변위하다,

Verrückung: 전위[轉位], verrücken: 위치를 바꾸다,

Ortsentmischung(dislocatio): 전위(轉位)

Verstand

Verstand: 지성[아주 드물게 오성], verständig: 지성적/오성적,

Unverstand: 비지성/무지/어리석음,

※intellektuell: 지성적, intelligibel: 예지[叡智]적

vollkommen

vollkommen: 완전한, vollständig: 완벽한, völlig: 온전히,

vollendet: 완결된/완성된, ganz/gänzlich: 전적으로

Vorschrift

Vorschrift: 지시규정/지정/규정[規程]/규율/훈계/처방,

vorschreiben: 지시규정하다/지정하다

wahr

wahr: 참인[된]/진리의, Wahrheit: 진리/참임, wahrhaftig: 진실한,

Wahrhaftigkeit: 진실성

weil

weil: 왜냐하면(~ 때문이다), denn: 무릇(~ 말이다)/왜냐하면(~ 때문이다),

da: ~이므로/~이기 때문에

Wette

Wette: 내기/시합, Wetteifer: 겨루기/경쟁(심), Wettstreit: 경합,

Nebenbuhlerei: 경쟁심

Widerspruch

Widerspruch: 모순, Widerstreit: 상충, Widerspiel: 대항(자),

Widerstand: 저항

Wille

Wille: 의지, Wollen: 의욕(함), Willkür(arbitrium): 의사(意思)/자의(恣意),

willkürlich: 자의적인/의사에 따른/의사대로, Willensmeinung: 의향,

beliebig: 임의적, Unwille: 억지/본의 아님, unwillig: 억지로/마지못해,

Widerwille: 꺼림, freiwillig: 자유의지로/자원해서/자의[自意]적인/자발적

Wirkung

Wirkung: 작용결과/결과, Folge: 결과, Erfolg: 성과, Ausgang: 결말

Wissen

Wissen: 앎/지[知]/지식, Wissenschaft: 학문/학[學]/지식,

Erkenntnis: 인식, Kenntnis: 지식/인지/앎

Wohl

Wohl: 복/복리/안녕/편안/평안/건전,

Wohlsein: 복됨/평안함/안녕함/건강/잘함, Wohlleben: 유족[裕足]한 삶,

Wohlbefinden: 안녕/평안, Wohlbehagen: 유쾌(함),

Wohlergehen: 번영/편안/평안, Wohlfahrt: 복지, Wohlstand: 유복,

Wohlwollen: 호의/친절, Wohltun: 친절(함)/선행, Wohltat: 선행/자선,

Wohltätigkeit: 자선/선행/자비/자애/선량함/인자/유익함,

benignitas: 仁慈/慈愛, Wohlverhalten: 훌륭한[방정한] 처신

Wunder

Wunder: 놀라움/기적, Bewunderung: 경탄, Verwunderung: 감탄,

Erstauen: 경이, Ehrfurcht: 외경, Schauer: 경외

Würde

Würde: 존엄(성)/품위, Würdigkeit: 품격[자격]/품위, würdig: 품격 있는,

Majestät: 위엄, Ansehen: 위신/위엄, Qualifikation: 자격,

qualifiziert: 자격 있는/본격적인

Zufriedenheit

Zufriedenheit: 만족, unzufrieden: 불만족한[스러운], Befriedigung: 충족,

※Erfüllung: 충만/충족/이행[履行]

Zusammenfassung

Zusammenfassung(comprehensio): 총괄(總括)/요약/개괄,

Zusammennehmung: 통괄/총괄, Zusammensuchung: 취합

Zusammenhang

Zusammenhang: 연관(성)/맥락/응집/응집력,

Zusammenhalt: 결부/결속/응집, Zusammenfügung: 접합/조성,

cohaesio: 凝集, ※Bindung: 접합

Zusammenkommen

Zusammenkommen: 모임, Zusammenstellung: 모음/편성

Zusammensetzung

Zusammensetzung(compositio): 합성(合成)/구성(構成),

Zusammengesetztes(compositum): 합성된 것/합성체(合成體)

Zusammenziehung

Zusammenziehung: 수축/압축, Kontraktion: 수축/축약,

Konstriktion: 수축

Zwang

Zwang: 강제, Nötigung: 강요

Zweck

Zweck: 목적, Endzweck: 궁극목적, letzter Zweck: 최종 목적,

Ziel: 목표, Ende: 종점/끝/종말

『학부들의 다툼』

역주

차례

Der Streit

der

Facultäten

in drey Abschnitten

von

Immanuel Kant.

Königsberg,
bey Friedrich Nicolovius.
1798.

학부들의 다툼

3개의 절

임마누엘 칸트

쾨니히스베르크,

프리드리히 니콜로비우스 출판사

1798

괴팅겐의 박사 교수

카를 프리드리히 슈토이들린¹⁾ 님께

저자 헌정

---

1) Carl Friedrich Stäudlin(1761~1826)은 1790년 이래 괴팅겐 대학의 신학 교수로서, 탁월한 성서 해석과 온후한 인품으로 큰 명성을 얻었고, 작가로도 활동하였다. 그가 기획한 《종교학 잡지(*Journal für Religionswissenschaft und ihre Geschichte*)》의 자유 기고가로 칸트를 초청(1794. 6. 14 자 슈토이들린의 편지, XI508 참조)한 것을 계기로 칸트와 긴밀한 관계를 맺었다. 그것이 인연이 되어 칸트는 이 잡지에 기고하려 했으나, 『이성의 한계 안에서의 종교』[『종교』] 발간 후 내려진 1794년 10월 1일 자 왕명에 대해 향후 "모든 공개적인 강술을" 삼가겠다는 선언을 함으로써 그렇게 하지 못하게 되었다. 이제 활동 제약이 풀려 출간하게 된 이 『학부들의 다툼』을 그러한 인연을 살려 그에게 헌정하고 있는 것으로 보인다.

머리말

인간의 정신을 속박에서 벗어나게 하고, 바로 사상의 자유를 통해 그만큼 더 기꺼운 순종을 불러일으킬 줄 아는, 계몽된 정부가 이제 그 출판을 허락한 이 서책은 — 동시에, 저자가 이러한 사태의 전변[轉變] 중에 그 AVI 자신과 관련한 자초지종을 간략하게나마 서두에 쓰기 위해 취하는 자유 또한 해명할 수 있을 것이다.

담대하고 성실하며 인간애가 넘치는, — 어떤 기질적 특성을 제외하고는 — 모든 점에서 탁월할 뿐만 아니라, 나를 사적으로도 알았고, 때때로 은혜로운 표현을 보내주셨던 군주이신, 프리드리히 빌헬름 2세[2]는 나중

---

2) Friedrich Wilhelm II.(1744~1797; 재위: 1786~1797). 절대 계몽 군주 Friedrich II.(1712~1786; 재위: 1740~1786)의 조카로 그의 뒤를 이어 프로이센의 왕위에 올랐다. 그가 즉위 직후 1786년 9월 쾨니히스베르크를 방문했을 때, 마침 총장직을 수행하고 있던 칸트는 대학을 찾은 국왕을 매우 정중한 환영사로 맞았으며, 왕은 "이 철학자와 그 자신에게 영예로운 방식으로 답사했다."(A. Hoffmann(Hrsg.), *Immanuel Kant. Ein Lebensbild nach Darstellung seiner Zeitgenossen Jachmann, Borowski, Wasianski.* Halle 1902, S. 163)고 한다. 1786년 12월에 칸트는 왕립 학술원 회원으로 선임되었으며(1786. 12. 9 자 칸트에게 보낸 J. H. S. Formei의 편지, X472 참조), 1789년 3월부터는 220제국탈러의 추가 수당을 지급받고, 왕에게 감사 서신을 보냈다.(1789. 3. 27 자, XI12 참조) 그러나 그가 법무 장관 겸 종무[宗務]부서장으로 임명한 뷜너(J. Chr. v. Woellner)가 1788년 7월 9일 자로 '종교칙령(Woellnersche Religionsedikt)'을, 이어서(1788. 12. 19) '검열칙령(Zensuredikt)'을 발포하고 계몽주의적 서책을 검열

에 종무[宗務]부 장관으로 등용했고, 사람들로서는 당연히 그의 내적 확
신에 기초하는 선한 의도로 해석하는 것 외에 다른 원인을 갖지 못하는,
한 성직자[3]의 발의에 따라 1788년에 **종교칙령**을, 그리고 곧이어 서적 일

반에 대해 매우 제한을 가하는, 그러니까 저 칙령도 함께 강화하는 검열
칙령을 발포하였다. 후에 결과했던 폭발에 선행했던 일정한 징후들이 이
분야에서의 개혁의 필요성을 정부에 틀림없이 충고했는바, 그러한 일은
장래의 공적인 국민교사들의 학술적 강론을 통해 시끄럽지 않게 이루어
져야 했음을 부인할 수 없다. 무릇 젊은 성직자들로서의 이 국민교사들
은, 곧이곧대로 듣지 않는 자를 **그러한** 교사들에 의해 바로 회심[回心]하
게 할 수는 없다는 논조로 그들의 설교를 조율했으니 말이다.

　그런데 종교칙령이 국내외 저술가들에게 심대한 영향을 끼쳤음에도

불구하고, 나의 논고가 『순전한 이성의 한계들 안에서의 종교』[4]라는 제
호로 출간되었고,[※] 나는 어떠한 불법적인 방법으로 인해 고발당하지 않
기 위해서 나의 모든 저술에는 나의 실명을 기재했으므로, 1794년에 나에

　하기 시작했을 때, 프리드리히 빌헬름 2세 정부의 칸트에 대한 탄압과 양자 간의 충돌
　은 미구에 닥칠 일이었다. 출판과정에서부터 제동을 걸었던 칸트의 철학적 종교론 『이성
　의 한계 안에서의 종교』가 우여곡절 끝에 1793년 부활절 장에 출간되었으나, 1794년
　10월 1일에 판금 조치당했다.(1794. 10. 1 자 프리드리히 빌헬름 2세 칙령, XI525~526
　참조)

3) 곧, 뵐너(Johann Christoph von Woellner, 1732~1800). 목사이자 농업개혁가로,
　1784~1786년 시기 즉위 전의 Friedrich Wilhelm II.에게 경제 문제에 관해 여러 차례
　강의하였고, 왕 즉위 후 바로 재정 담당 추밀원 고문으로 등용되었으며, 이어서 귀족으
　로 호칭되었다. 그는 1786년 11월에 학술원 회원으로 선임되고, 1787년 2월에 신설된
　고등교육평의회(Oberschulcollegium)의 장으로 임명되었으며, 1788년 7월 3일 해임
　된 체틀리츠(Karl Abraham von Zedlitz, 1731~1793)의 뒤를 이어 국무 및 법무 장관
　겸 종무부장에 취임하였다. 프로이센에서는 그의 취임 직후인 1788년 7월 9일 자로 '종
　교칙령'이, 그리고 1788년 12월 19일 자로 '검열칙령'이 발포되었다. 그러나 프리드리히
　빌헬름 2세 사후 1798년 3월 12일 자로 뵐너는 파직당했고, 검열 체제는 폐지되었다.

4) *Die Religion innerhalb der Grenzen der bloßen Vernunft*[*RGV*]. 제1판: 1793; 제2판:
　1794. 책 출간의 우여곡절에 관해서는 백종현 역, 『이성의 한계 안에서의 종교』/ 『종교』
　[한국어 칸트전집 10], 아카넷, 2015(개정판), 17~21면 참조.

게 다음과 같은 국왕의 칙령이 하달되었다. 이에 대해서 특기할 것은, 나는 이 칙령의 실존을 나의 가장 신뢰하는 친구들[6]에게만 알렸기 때문에, AIX 이 사실이 여태까지 공개적으로 알려지지는 않았다는 점이다.

신의 은총 프로이센 왕 등등[7]의 프리드리히 빌헬름으로부터

먼저 경의를 표하노라. 품위 있고, 학덕 높은 친애하는 신하여! 우리의 지존은 이미 오랫동안, 그대가 성서와 기독교의 주요교리와 기본교리들을 왜곡하고 폄하하는 데에 그대의 철학을 어떻게 오용하고 있는지를, 그대가 특히 그대의 책『순전한 이성의 한계들 안에서의 종교』와 다른 소 AX 논고들[8]에서 어떻게 이러한 일을 행했는지를 매우 못마땅하게 지켜보셨다. 우리는 그대에게 개선할 것을 명하는 바이다. 그대가 청년들의 교사

※ 이 제호는 사람들이 저 논고를 (계시 없는) 순전한 이성에 **의한** 종교를 암시하는 것으로 해석하지 않도록 하기 위해 의도적으로 붙여졌다. 무릇 그러한 해석은 과도한 월권일 터이니 말이다. 왜냐하면, 종교의 교설들은 초자연적으로 영감받은 이들에 의해서 유래된 일도 있을 수 있었으며, 오히려 나는 단지, 계시적으로 신앙된 종교의 문서, 즉 성경 중에 **순전한 이성을 통해서도** 인식될 수 있는 것만을 여기서 하나의 맥락에서 표현해내고자 한 것이었기 때문이다.[5]

---

5) '순전한 이성의 한계들 안에서의 종교'의 함의에 대해서는 백종현 역, 『이성의 한계 안에서의 종교』[한국어 칸트전집 10], 아카넷, 2015(개정판), 21~26면 참조.
6) 예컨대, 『이성의 한계 안에서의 종교』의 제1논고가 게재된 《베를린 월보(*Berlinische Monatsschrift*)》의 편집장이던 비스터(J. E. Biester, 1749~1816).(1794. 12. 17 자 Biester가 칸트에게 보낸 편지, X535~536 참조)와 말년의 칸트를 돌보았던 측근인 바지안스키(E. A. Chr. Wasianski, 1755~1831) 등.
7) Friedrich Wilhelm II.의 공식 직함은 "프로이센 왕, 브란덴부르크 후작 겸 신성로마제국 선제후(König von Preußen, Markgraf von Brandenburg und Kurfürst des Heiligen Römischen Reiches)였다.
8) 아마도 비슷한 시기에 발표한 논문 「이론과 실천(Über den Gemeinspruch: Das mag in der Theorie richtig sein, taugt aber nicht für die Praxis[TP])」(1793), 「만물의 종말(Das Ende aller Dinge)」(1794) 등을 지칭하는 것 같다.

로서 그대의 의무에 반해, 그리고 그대도 익히 알고 있는 우리 조국의 의도들에 반해 얼마나 무책임하게 행동하고 있는지를 그대 자신이 통찰하지 않을 수 없을 것이니라. 우리는 조속히 그대의 양심적인 해명을 요구하고, 우리의 최고의 가혹함을 방지하기 위해 그대의 각성을 촉구하거니와, 그대는 장차 똑같은 일로 어떠한 죄과도 범하지 말 것이며, 오히려 그대의 의무에 맞게, 우리의 국부의 의향이 더욱더 달성되도록 그대의 명망과 그대의 재능을 사용할 일이다. 그렇지 않고 계속해서 거역할 경
AXI   우 그대는 틀림없이 불유쾌한 처분을 각오해야 할 것이다.

    그대에게 신의 가호가 있기를.

    베를린, 1794년 10월 1일

    국왕 전하의 자비 충만한 특명을 받들어

    뷜너

VII7   至急 – 프로이센 쾨니히스베르크의

    품위 있고, 학덕 높은

    우리의 교수이자 친애하는 신하인 칸트 귀하

    송달일: 1794년 10월 12일.

AXII   이에 응해 내 편에서는 다음과 같은 매우 공손한 답신[9]을 보냈다.

    지극히 은혜롭고

    지고하신 국왕 등등 전하, 10월 1일에 발하시어 同月 12일에 저에게 하달된 분부는 저에게 매우 경건한 다음의 의무를 부과하고 있습니다. **첫째로,** "성서와 기독교의 주요교리와 기본교리들을 왜곡하고 폄하하는

---

9) 수록: XI527~530 참조.

94

데서, 특히 저의 책『순전한 이성의 한계들 안에서의 종교』와 다른 소논 고들에서의 저의 철학의 오용 때문에, 그리고 이로 인한 청년들의 교사 로서의 저의 의무의 위반과 저에게 익히 알려져 있는 조국의 지고한 의 AXIII 도들과의 배치로 말미암은 저에게 해당하는 죄과에 대한 양심적인 해명 을 제출할 것". **둘째로** 또한 "장차 똑같은 일로 어떠한 죄과도 범하지 말 것". ― 이 두 가지 점에 관해 빠짐없이 전하에 대한 저의 가장 공손한 순 종의 증명을 다음의 해명으로써 발아래 바칩니다.

첫째 사항, 곧 저에게 제기된 고발 건에 관해 말씀드리면, 저의 양심적 인 해명은 다음과 같습니다.

청년들의 교사로서 저는, 다시 말해 제가 이해하는바, 대학의 강의들 에서 성서와 기독교의 판정에 한 번도 관여한 일이 없으며, 관여할 수도 AXIV 없었습니다. 이 사실은 저러한 강론과 유일하게 관련이 있을 수 있는, 제 가 기본으로 삼고 있는 바움가르텐[10]의 교본들[11]이 이미 증명하겠습니 다. 왜냐하면, 이들 교본에는 성경과 기독교에 대한 항목이 단 하나도 있 지 않고, 순전한 철학 외에는 아무것도 함유되어 있을 수 없기 때문입니 다. 그러나 저는 당해 학문의 경계를 넘어서고, 경계들이 서로 넘나들게 하는 착오를 그때그때 질책하고 경고했는데, 이것이 저를 최소한 비난받 게 할 수는 있겠습니다.

또한 제가 통칭 **국민의 교사**로서 저술들, 특히 책자『순전한 이성의 한 VII8 계들 안에서의 종교』에서 저에게 알려져 있는 **조국의** 지고한 의도들을 AXV

---

10) Alexander Gottlieb Baumgarten(1714~1762). 볼프(Christian Wolff, 1679~1754)의 제자이자 후계자로서 칸트 직전 세대 이른바 라이프니츠-볼프 학파 중 최고의 학자로 일컬어진다. 그는 다수의 라틴어/독일어 철학 용어를 제안하고 정착시켰는데, 이는 그 의 철학사적인 최대의 업적으로 평가받고 있으며, 칸트의 철학 개념 형성에도 다대한 영향을 미쳤다.
11) 칸트는 Baumgarten의 다수의 책을 그의 강의 교본으로 사용했는데, 예컨대 인간학, 형 이상학, 이성적 신학 강좌에서는 *Metaphysica*(Halle 1757), 도덕학 강의에서는 *Ethica philosophica*(Halle 1751) 또는 *Initia philosophiae practicae primae acromatice* (Halle 1760) 등을 교본으로 사용하였다.

거스르지 않았음은, 다시 말해 공연한 **국교**를 해치지 않았음은, 저 책자
가 그러한 일을 하는 데는 전혀 적합하지 않으며, 오히려 대중에게는 이
해할 수 없는, 접근할 수 없는 책[12]으로, 그에 대해 국민 대중은 아무런
주의도 기울이지 않는, 학부의 학자들 사이의 협의 사안만을 다루고 있
다는 사실에서 밝혀지는 바입니다. 그러나 저러한 사안에 관해 학부들
자신은 여전히 그들의 최선의 지식과 양심에 따라 공공연하게 판단할 자
유가 있고, 다만 (학교들과 설교 단상에) 임용된 국민의 교사들은 군주가
이들에게 공공연한 강론을 재가한 저 협의 사안들의 결과에 구속받게 되
어 있습니다. 그것도 왜냐하면, 이들 교사들은 그들 자신의 종교신앙을
AXVI   **스스로** 고안해 내어 전수할 수 있던 것이 아니라, 그러할 자격이 있는 학
부들(즉 신학부와 철학부)을 통한 검토와 교정의 도정을 거친 종교신앙만
을 전수할 수 있었고, 그러니까 군주는 학부들이 공공연한 국교에 유익
하다고 보는 모든 것을 그들의 저술을 통해 정부가 인지하도록 할 것을
학부들에 허용할 뿐만 아니라, 이를 요구할 권한도 가지고 있기 때문입
니다.

전술한 저의 서책은 기독교에 대한 전혀 아무런 **평가**도 함유하고 있

---

12) 칸트는 이미 『순전한 이성의 한계들 안에서의 종교』의 제2판 서문에서 이 책 제1판에
대한 서평(수록: *Neueste critische Nachrichten*, St. 29, Greifswald 1793, S. 225~
229 참조)을 다음과 같이 소개한 바 있다: "[서평자에 따르면] 나[칸트]의 저술은 나 자
신이 나에게 제기한 물음, 즉 '어떻게 교의학의 교회적 체계가 그 개념들과 정리[定理]
들에서 순수한 (이론적·실천적) 이성에 따라 가능한가'에 대한 답변 이외의 것이 아니
다. ― [그리고 서평자는 이렇게 말한다:] '이러한 시도는 그(칸트)의 체계를 거의 아
는 바도 없고 이해하지도 못하며, 또 이를 할 수 있기를 원하지도 않는 이들에게는 도
대체가 아무 상관이 없는 것이므로 이들에게는 이런 체계는 실존하지 않는 것으로 여
겨질 수밖에 없다.'"(*RGV*, BXXV=VI13/14; 참조 XXIII520~521) 이 대목에 이어 칸
트는 저 서평에 대해 "평범한 도덕"을 가진 이라면 이 책의 본질을 누구나 이해할 수
있다고 반론을 펴고 있지만, 국왕에게 보내는 해명서에서는 서평자의 말을 이용해 되
받아치기 하고 있다. 그러나 칸트 자신 이 『학부들의 다툼』 준비원고 중에 "나의 저술
은 대중적이지 않다."(XXIII423)라고, 더 나아가 "나의 책은 대중적이어서는 안 된다."
(XXIII424)라고 써놓고 있기도 하다.

지 않기 때문에, 제가 이 책자에서 죄과를 범하는 기독교에 대한 **폄하** 또한 한 일이 없습니다. 대저 저 서책은 자연종교에 대한 평가만을 함유하고 있습니다. 다만 종교에 대한 모종의 순수한 이성적 교설을 확증하기 위해 몇몇 성경 구절들을 인용한 것이 이러한 오해를 유발할 수는 있었겠습니다. 그러나 그의 철학적 도덕학에서 이와 똑같은 방식을 취했던 故 미카엘리스[13]가 이미 이와 관련해서, 그는 그렇게 함으로써 성경적인 어떤 것을 철학에 밀어넣거나 철학적인 어떤 것을 성경으로부터 끌어내려고 생각하지 않았고, 오히려 단지 그의 이성명제들을 다른 이들(아마도 시인과 웅변가)의 판단과의 진정한 혹은 추정한 일치를 통해 조명하고 확증한 것뿐이라고 밝힌 바 있습니다. — 그러나 이런 경우에 만약 이성이 마치 그 자신만으로 충분하고, 그러므로 계시론은 쓸데없는 것인 양 말한다면(이런 일이 객관적으로 이해되어야 한다면, 진실로 기독교에 대한 폄하라고 하지 않을 수 없습니다), 그것은 자기 자신에 대한 평가의 표현에 지나지 않습니다. 자기의 능력에[14] 따라서가 아니라, 도덕적-실천적인 것(우리가 **마땅히 행해야 하는** 것) 중에 있는, 종교 일반의 본질적인 것을 형성하는, 신앙교설들의 **보편성, 통일성** 그리고 **필연성**이 오로지 이성에서 기인하는 한에서, 이성이 행하라고 지시규정하는 것에 따라서 하는 평가 말입니다. 그에 반해 우리가 역사적 증명근거들 위에서 신앙하는 원인을 갖는 것은(대저 이런 경우에는 **마땅히 해야 함**이 해당되지 않거니와), 다시 말해 계시는, 그 자체 우연적인 신앙교설로서, 본질 외적인 것으로 여겨집니다. 그러나 그렇다고 해서 그것이 불필요하거나 쓸데없는 것으로 여겨지지는 않습니다. 왜냐하면, 계시는 예컨대 악의 기원, 악에서 선으로

AXVII

AXVIII

VII9

---

13) Johann David Michaelis(1717~1791). Göttingen의 동양학 및 철학 교수. 그의 도덕학 저술은 사후에 Carl Friedrich Stäudlin(Hs.), *Johann David Michaelis Moral*(Göttingen 1792/93)로 출간되었다. 여기서 Michaelis에 관해 말하는 바를 칸트는 『이성의 한계 안에서의 종교』의 제2판 서문에서도 이미 언급한 바 있다.(*RGV*, BXXIV= VI13 참조)

14) AA에 따르면, "자기의 이론적 능력에".

의 이행, 선의 상태에 있다는 인간의 확신 등에 관한 문제들에 있어 이성신앙이 부인하지 못하는, 순수한 이성신앙의 **이론적** 결함을 보완하는 데 유용하고, 시대 정황과 인격의 상이함에 따라 그에 다소간 기여하는 어떤 이성의 필요욕구의 충족으로서 유익하기 때문입니다.

더 나아가 저는, 무엇보다도 전술한 서책에서, 성경이 헤아릴 수 없는 세월 동안 진실로 영혼을 개선하는 국교의 창설과 유지에 유용한, 공공의 종교교육의 현존하는 최선의 지도수단이라고 칭송하였고, 그래서 성경의 이론적인, 신비를 함유하고 있는 가르침들에 대해 학교나 설교 강단 또는 대중서들에서 — 무릇 학부들에는 이러한 일이 허용되어 있어야 하지만 — 이의와 의혹을 제기하는 불손함을 비판하고 이런 일이 문란 행위임을 설명함으로써 기독교의 성경적 신앙교설에 대한 저의 심대한 경의를 증명하였습니다. 그러나 이것이 기독교에 대한 아직 최대의 존경의 표시는 아닙니다. 대저 이 서책에서 입증된 기독교와 순수한 도덕적 이성신앙의 합치야말로 기독교에 대한 최선의 그리고 최대로 지속적인 찬사일 것이니 말입니다. 왜냐하면, 역사적인 학식을 통해서가 아니라, 바로 이를 통해서 그토록 자주 변질된 기독교가 언제나 재건되었고, 또한 더 나아가 장래에도 없을 것 같지 않은 유사한 운명에서 이내 다시금 재건될 것이기 때문입니다.

끝으로 저는 다른 신앙인들에게 항상 그리고 우선적으로 양심적인 정직을 권장하였을 뿐, 그 이상으로 월권적으로 끼어들어, 그들 자신이 확신하고 있는 것과는 다른 신앙조항을 강압한 바가 없으며, 저는 또한 논고들을 작성함에서, 표현에서는 영혼을 부패시키는 모든 착오와 반감을 불러일으키는 일체의 신중치 못함을 멀리하기 위해서, 제 자신 안의 이 정직의 심판관이 항상 제 옆에 서 있는 것으로 생각하였습니다. 그 때문에 저는, 어쩌면 제가 조금 후면 이 모든 것에 대해 마음을 아는 자[15]인 세계심판관에게 해명할 수밖에 없을 것이라는 생각이 바로 드는 제 나이 일흔하나인 지금, 저의 학설로 인해 저에게 요구되는 현재의 해명을 온

전하게 **양심적**으로 작성하여 솔직하게 제출할 수 있습니다.

　둘째 점, 즉 (고발된 것과) 똑같이 장래에 기독교의 왜곡과 폄하로써 어떠한 죄과도 범하지 말라는 것**에 대해서 말씀드리자면**, 이에 관한 최소한의 혐의라도 방지하기 위해, 저는 이에 **국왕 전하의 가장 충성스러운 신민**[※]으로서, 제가 앞으로는 자연종교이든 계시종교이든 간에 종교에 대한 모든 공적인 강술을, 강의에서뿐만 아니라 저술로도 전적으로 삼갈 것을 엄숙하게 선언함이 가장 확실한 것이라고 여기는 바입니다. AXXIII

　공순배례[恭順拜禮] 운운.

　점점 더 이성에서 멀어지는 신앙으로 가는 계속된 소동에 대한 그 이후의 이야기는 잘 알려져 있는 바이다.

　지금껏 성직 후보자들의 심사는 경건주의 양식에 따른 審査 圖式¹⁶⁾을 기본으로 삼은 **신앙위원회**¹⁷⁾가 맡아 왔다. 이 위원회는 신학[부]의 양심적인 후보들을 대량으로 성직에서 축출하였고, 법학부 사람들로 넘쳐나게 만들었다. 그것은 우연히 부수적인 이익을 얻을 수도 있는 일종의 이주였다. ― 이 위원회의 정신에 대한 약간의 이해를 위해서는, 은사[恩赦] AXXIV

※　또한 나는 이 표현을, 내가 이 종교심판에서 나의 판단의 자유를 영구히 단념한 것이 아니라, 국왕 전하의 생전에만 그리하기 위해 신중하게 택했다.

---

15) 「루카복음」 16, 15: "여러분이 사람들 앞에서 정의로운 체하나 하느님께서는 여러분의 마음을 다 아십니다."; 「사도행전」 1, 24: "모든 사람의 마음을 다 아시는 주님"; 「사도행전」 15, 8: "사람의 마음을 아시는 하느님" 등등 참조. 이에 관해서는 『이성의 한계 안에서의 종교』의 논고 곳곳에서(*RGV*, B85=VI67 · B95=VI72 · B139=VI99 · B294= VI189 등)도 말한 바 있다.
16) 공식 명칭은 Schema Examinis Candidatorum S. S. Ministerii rite instituendi.
17) Woellner에 의한 각령(1791. 5. 14 자)에 의거 설치된 3인의 최고위원으로 구성된 국왕 직속 심의 위원회.

에 반드시 선행하는 통회의 요구에 따라, 더욱 깊은 회개의 **통한**(心魂의 悲嘆)이 필요할 것인데, 무릇 이에 대해 물었던 바는, 과연 인간은 그러한 회개의 통한에 스스로 이를 수 있는지였다. 그 답은 그럴 수 없고, 斷然 코 그럴 수 없다는 것이다. 회개하는 죄인은 이 회개를 특별히 하늘에 간 구하지 않으면 안 되는 것이다. 이제 실로 눈에 띄는 바는, (자기의 범죄에 대해) **회개**를 간구해야만 하는 자가 실제로는 자기의 행실을 회개하지 않
AXXV 는다는 점이다. 이것은, 만약 **기도**에서 말하는 바가 들어줄 만한 것이면, 그것이 신앙 안에서 일어날 수밖에 없는 것과 꼭 마찬가지로 모순적으로 보인다. 무릇 기도하는 자가 신앙을 가지고 있다면, 그는 그러한 것을 간 구할 필요가 없고, 그가 신앙을 가지고 있지 않다면, 그가 간구하는 바는 받아들여지지 않을 것이니 말이다.

이제부터는 이러한 비행[非行]이 제재된다.[18] 무릇 종교가 최고로 중요
VII11 한 국가의 필요인 공동체 일반의 시민적 복지를 위해서뿐만 아니라, 특 히 학문들의 이익을 위해서도 이를 장려하고자 설치된 고등교육평의회[19] 에 의해 최근 다행스러운 일이 일어났으니 말이다. 즉 현명한 영방[領邦]
AXXVI 정부는 개명된 한 정치인[20]을 등용했는데, 그는 정부의 특별한 한 학과 (즉 신학)에 대한 일방적인 편애를 통해서가 아니라, 교직자층 전체의 광 범위한 이해관심의 견지에서 그 관심사의 촉진을 위한 소명과 재능 그리 고 의지를 가지고 있어서, 반계몽주의자들의 모든 새로운 개입에 대응하

---

18) Woellner의 종교칙령, §7: "우리는 이제 영방 내에서 이러한 비행이 일층 단적으로 제 재됨을 알게 하고자 한다."의 표현을 빗대어 사용한 것으로 보인다.

19) Oberschulcollegium. 1787년 Zedlitz에 의해 설치된 프로이센의 최고 학교 관리기구.

20) 곧 Julius Eberhard Wilhelm Ernst von Massow(1750~1816). 그는 1798년 4월 2일 에 국무 및 법무 장관 겸 종무 및 교육부서의 장에 취임하였다. 칸트는 이전(1797년 8월 경)부터 그와 문통이 있었던 것으로 보인다.(XII187/188; XIII457 참조)

여 제 학문 분야에서의 문화의 진보를 보장할 것이기 때문이다.

*　　　*　　　*

여기에 『학부들의 다툼』이라는 보편적 제호 아래, 내가 서로 다른 의도에서 서로 다른 시기에 작성했지만, 그럼에도 하나의 저작 안에서 그 결합의 체계적 통일성에 적합한 세 논고들을 출판한다. 나는 나중에서야, **하부** 학부의 세 **상부** 학부들과의 다툼에 관한 이 논고들을 (분산을 방지하기 위해) 알맞게 한 권으로 묶을 수 있음을 깨달았다.[21]

AXXVII

---

21) 세 논고의 작성 시기와 성격에 관해서는 앞의 '제1부 해제' 중 "책의 구성" 참조.

제1절

철학부의
신학부와의 다툼

서론

학식의 전체 총체(본래적으로는 그에 헌신하는 인사들)를 이를테면 **공장방식으로**, 분업을 통해 다룬다는 당초의 생각과 이 생각을 공적으로 실행하려 제안한 이의 착상은 나쁜 것이 아니었다. 거기에는 학문의 분과들이 있고, 그 분과 수만큼의 공적 교사들 내지 **교수들**이 학문들의 수탁자로서 임용될 터이며, 그들은 함께, **대학**(또는 고위학교)이라고 일컫는, 일종의 학자 공동체를 형성하는데, 이 대학은 자율성을 가질 터이다.(무릇 학자들 그 자신에 관해서는 학자들만이 판단할 수 있으니 말이다.) 그래서 대학은 **학부들**[※](대학의 학자들을 나누는, 학식의 주요분과의 상이성에 따른, 여러 A4

※ 그들 학부 각각은 학부의 통솔자로 자신들의 **데칸[학장]**²²⁾을 갖는다. 점성술에서 차용한 이 칭호는 본래 각기 10도를 지배하는 (30°의) 수대[獸帶]/황도대[黃道帶] A5 의 기호를 관장하는 세 성령[星靈]의 하나를 의미했는데, 이것이 처음에는 성좌에서 진영으로 (星座에서 陣營으로. 살마시우스, 『厄年에 對하여』²³⁾, 561面 參照) 전용되었고, 마침내는 대학에까지 전용되었다. 여기서는 (교수) 수 10이라는 것

---

22) 원어: Dekan.
23) 프랑스의 역사학자이자 법률가였던 Claudius Salmasius(=Claude de Saumaise, 1588~1653)의 저술 *De annis climacteriis et de antiqua astrologia diatribae*. 여기서 숫자 7과 9가 재액[厄]의 수로서, 7×7=49, 7×9=63, 9×9=81의 해가 액년이라고 소개되고 있다. 『인간학』의 관련 서술(*Anth*, AB112=VII194이하) 참조.

소집단)을 매체로, 한편으로는 하급의 학교들에서 대학으로 진입해오는 학생들을 받아들이고, 한편으로는 **박사**라고 일컫는 자유로운(대학의 구성원을 이루지 않는) 교사들에게, 선행하는 시험을 거쳐, 고유한 권한으로, 누구나 인정하는 하나의 지위를 수여하는(그들에게 위계를 부여하는), 다시 말해 그들을 **임용하는** 권리를 가질 터이다.

VII18
이러한 **동업자조합의** 학자들 외에도 **동업자조합을 벗어나 있는** 학자들도 있으니, 그들은 **대학**에 속하지 않고, 순전히 학식이라는 큰 총체의

A5
일부를 담당함으로써, (**학술원, 학회**라고 불리는) 모종의 자유 단체 내지 일터를 형성하거나, 이를테면 학식의 자연상태에서 살면서, 각자 독자적으로, 공적인 규정과 규칙 없이, **애호가**로서 학식의 확장과 확산에 종사한다.

본래적인 학자들과 **학사**(대학이수자)**들**은 또한 구별되어야 한다. 이 학사들은 정부[통치]의 도구로서, 정부에 의해 (학문의 최선을 위해서가 아니라) 정부 자신의 목적들을 위해 직무를 부여받은 이들로 대학에서 수학한 것은 틀림없지만, 만약 그들이, 그 기초이론의 면에서는 오직 학자들에서 나올 수 있는바, 시민적 직무를 수행하는 데 필요한 것만을, 곧 그들 직무의 규약들에 대한 경험적 지식(그러므로 실천에 관한 것)만을 보유하고 있다면, (이론과 관련한) 많은 것을 잊었을 수도 있다. 그러므로 사람들은 이들을 **실무가** 또한 학식의 장인[匠人]이라고 부를 수 있다. 이들은 정부

A6
[통치]의 도구들(성직자, 사법관리, 의사[醫師])로서 공중[公衆]에게 법적 영향력을 갖고, 자유로이, 자신의 지혜에 의해서가 아니라, 학식을 공적으로 사용하기 위한, 학부들의 검열 아래에 있는 학사들의 특수한 등급[계급/부류]을 형성할 수밖에 없다. 왜냐하면, 이들은 (평신도들에 대해 사제들이 그러하듯이) 우매한 자들로 이루어진 국민과 직접적으로 대면하고, 각자

이 고려되고 있지는 않지만 말이다. 사람들은 학자들을, 지금은 정치가들이 장식으로 쓰고 있는 거의 모든 명예 칭호를 최초로 생각해낸 그들이 그 자신들을 잊지 않았다고 나쁘게 보지는 않을 것이다.

의 분과에서 입법권은 아니지만, 일부 집행권을 가지면서, 정부에 의해, 학부들에 귀속하는 심판권을 무시하지 못하도록 사뭇 통제를 받고 있기 때문이다.

———————————

학부들의 구분 일반

관용적으로 학부들은 두 등급[계급/부류], 즉 **세 상부 학부들**과 하나의 **하부 학부**로 구분된다.[24] 사람들은 이러한 구분과 명칭에서 관건이 된 것이 학자의 지위가 아니라 정부라는 것을 능히 알 수 있다. 무릇 그 교설이 이런 또는 그와는 다른 성질을 가져야 하는지, 또는 공적으로 강론되어야 하는지가 정부 자신에게 관심을 끄는 학부들만이 상부 학부에 속하고, 반면에 학부가 좋다고 보는 바대로 그 학설을 견지하기 때문에 그 학문의 관심사만을 배려해야 하는 학부는 하부 학부라고 불리니 말이다. 그런데 정부는 대개가 그를 통해 정부가 국민에게 가장 강력하고 지속적으로 영향을 미치게 해주는 것에 관심을 기울이며, 그와 같은 것들이 상부 학부들의 대상들이다. 그래서 정부는 상부 학부들의 교설들을 **재가하는** 권리를 보유한다. 그 반면에 정부는 하부 학부의 교설들은 학식 있는 국민 자신의 이성에 맡긴다. — 그러나 비록 정부가 그 교설들을 재가한다 하더라도, 그(정부)가 스스로 **가르치지**는 않고, 단지, 해당 학부

A7 VII19

———————————

24) 칸트는 철학부의 전통이 Karl 대제 때의 대주교 Hrabanus Maurus(ca. 780~856)가 신학을 위해 설치한 7자유학과(artes liberales: 4과[Quadrivium]−산수, 음악, 기하, 천문학 및 3학[Trivium]−문법, 수사학, 논리학)에서 유래하는 것으로 보는 것 같다. 이런 전통이 대학들에 이어져 사람들은 학부들을 "a) 상부 학부: 1. 정복[淨福]의 보존, 2. 자유와 재산의 보존, 3. 생명과 건강[의 보존], 즉 일반적으로 있음/임(esse); b) 더 좋게 있음/임(melius esse), 즉 하부 학부"(V-Lo/Dohna, XXIV700)로 구분했다고 한다. 이에 따르면, 신학부, 법학부, 의학부 등 상부 학부 즉 응용 학부는 현재의 생존 상태의 유지를, 하부 학부인 철학부는 기초학문으로서 더 나은 상태의 모색을 목적으로 설치된 것이라 하겠다.

들의 특정한 교설들을 **공적인 강론**에서 채택해야 하는지, 그리고 그것과 반대되는 교설들은 거기에서 배제해야만 하는지를 알고자 할 뿐이다. 무릇 정부는 가르치지 않고, (그 내용이 진리이든 어떻든) 가르치는 자들에게 — 이들은 그 관직[※]에 취임할 때에 정부와 계약을 통해서 그에 동의하였기 때문에 — 명을 내릴 뿐이니 말이다. — 교설들을, 그러므로 학문들의 확장과 개선까지도 다루고, 그러니까 자신이 최고의 위격에서 학자의 역할까지 하고자 하는 정부는 이러한 사소한 일로 말미암아 마땅한 존경을 허물어뜨릴 터이다. 그것은 무엇이든 곧이곧대로 듣고, 학문들에 관여하는 모든 이를 일률적으로 재단하는 군중(군중의 학자층)과 섞여버리는, 존엄성을 잃는 짓이다.

A8

A9 　학자 공동체를 위해서는 대학에 반드시, 그 교설들과 관련해 정부의 명령에 독립적이고,^{※※} 아무런 명령도 내리지 않지만, 모든 이를 판정하

A8

VII20

※　인정하지 않을 수 없는바, 영국 의회의 원칙은, 왕좌에서의 왕의 연설은 그의 장관의 작품으로 간주해야 한다는 것이다.(그 착오, 무지 또는 허위를 비난하는 일은 군주의 존엄성에 반할 터인데, 그럼에도 하원은 그 연설의 내용을 판단하고, 검사하고, 논박할 권리를 가지고 있음이 틀림없으니 말이다.) 내 생각에, 이 원칙은 매우 정교하고 올바르게 고안된 것이다. 이와 꼭 마찬가지로 정부가 공적인 강론을 독점적으로 재가하는 특정한 교설들의 선택도 학자들의 검사에 맡겨야 한다. 왜냐하면, 그 선택은 군주의 산물이 아니라, 자기 주인의 의지를 제대로 이해하지 못했거나 곡해할 수도 있었다고 사람들이 상정하는, 명을 받은 국가관원의 산물로 간주되어야 하기 때문이다.

※※ 프랑스의 한 장관이 몇몇 명망 있는 상업인들을 초치하여, 어떻게 하면 상거래를 진작시킬 수 있는지 하는 방책의 제안들을 구하였다. 마치 그가 그것들 가운데서 최선의 것을 선택할 줄 아는 듯이 말이다.
이 사람이 이런 제안을, 저 사람이 저런 제안을 한 연후에, 한동안 침묵했던 한 나이 든 상업인이, 좋은 도로를 개설하고, 양질의 화폐를 주조하고, 즉좌 어음법을 제정해주십시오, 운운, 그러나 이 밖에는 "저희가 하게 놔두십시오."²⁵⁾라고 말했다. 만약 정부가 오직 견식과 학문들의 진보를 저해하지 않기 위해서 학자들 일반에게 지시규정해야 하는 교설들을 두고 문의한다면, 대략 이것이 철학부가 할 수 있는 대답이겠다.

기 위해, 이성이 공적[公的]으로 발언할 권리를 가져야만 하는 자리에서,
학문적 관심사, 다시 말해 진리의 관심사를 다룰 자유를 갖는 하나의 학
부가 있어야만 한다. 왜냐하면, 그러한 학부가 없으면 진리가 밝혀지지
않을 (정부 자신에게 손해가 될) 터이기 때문이다. 그러나 이성은 본성상
자유롭고, 무엇인가를 참으로 여기라고 하는 어떠한 명령도 받아들이지
않는다('믿어라'가 아니라 나는 오직 자유로이 '믿는다'). ― 그러한 학부가 이
렇게나 위대한 (자유의) 특권[을 가짐]에도 불구하고, 그럼에도 하부 학부
라고 불리는 이유는 인간의 자연본성에서 발견될 수 있다. 곧 명령할 수
있는 자는, 그가 설령 어떤 다른 이의 미천한 시종[侍從]일지라도, 자유롭
지만 누구에게도 명령해서는 안 되는 어떤 다른 이보다는 자신이 고귀하
다고 생각하는 인간의 본성 말이다.

I.
학부들의 관계에 대하여

제1절
상부 학부들의 개념과 구분

모든 인위적 기구들은 경험의 한 대상(학식의 현재의 전 분야와 같은 것)에

---

25) 이 일화는 아마도 프랑스의 루이 14세 시절의 재무상 Jean-Baptiste Colbert(1619~
1683)에 관한 것으로, 이에서 유래하는 "laissez faire, laissez passer"는 이후 경제 자
유주의의 표어가 되었다. 이제 칸트는 이것이 기초학문(철학) 자유의 원칙이기도 하다
고 말하고 있다.

서 실천적으로 증명되어야 하는 하나의 (정부라는 이념과 같은) 이성이념을 기초에 두고 있으며, 일어나는 사례들의 한낱 우연적인 수집과 자의적인 편성에 의해서가 아니라, 비록 단지 모호할지라도, 이성 안에 놓여 있는 원리와 그 위에 기초해 있는, 특정한 방식의 구분을 필수적이게 하는 계획에 따라 시도된 것이었다는 사실은 납득할 수 있는 바이다.

A12 　이러한 근거에서 사람들이 납득할 수 있는 것은, 그 등급[계급/부류]과 학부에 관한 대학의 조직이 전적으로 우연에 의한 것이 아니고, 정부가 그 때문에 예전의 지혜와 학식을 날조함이 없이, 이미 (특정한 교설들에 의거해 국민에게 영향을 줄) 자신이 느낀 필요에 의해 선험적으로, 그렇지만 경험적인 근원을 갖는 것처럼 보이는, 구분의 한 원리에 이를 수 있었으며, 그것이 다행히도 현재 채택된 것과 부합한다는 사실이다. 그러나 그렇다고 해서 내가 그것이 마치 아무런 결함이 없는 것처럼 말하려는 것은 아니다.

　이성에 따라 (다시 말해, 객관적으로) 볼 때, 정부가 (국민에게 영향을 미치려는) 자기의 목적을 위해 이용할 수 있는 동기들은 다음의 순서로 나열되겠다. 첫째는 각자의 영원한 안녕, 그다음에는 사회 구성원으로서의 **시민적** 안녕, 끝으로 **육신의 안녕**(장수와 건강). **첫째의** 것과 관련해서는

VII22 정부 자신이 공적인 교설들을 통해 신민들의 사상의 내면과 은밀한 의향에 막대한 영향을 미칠 수 있다. 전자를 들춰내고, 후자를 조정함으로써 말이다. **둘째의** 것과 관련한 교설을 통해서는 신민들의 외적 처신을 공법의 규제 아래에 묶어둘 수 있다. **셋째의** 것을 통해서는 정부가 그의 의

A13 도들을 위해 유용하다고 보는, 강건한 다수의 국민의 생존이 보장될 수 있다. ── 그러므로 **이성**에 따라서는 상부 학부들 가운데서 통상적으로 받아들여진 서열, 곧 맨 처음에 **신학부**, 그다음에 **법학부**, 마지막에 **의학부**의 순서가 생길 터이다. 이에 반해 **자연본능**에 따르면 인간에게 가장 중요한 인물은 의사이겠다. 의사가 인간에게 그 생명을 연장해주니 말이다. 그다음에 우선 인간에게 우연적인 **자기의 것**을 보존하도록 약

속하는 법에 능통한 자를, 그리고 마지막에야 (거의 죽음에 이를 때에서야), 설령 정복[淨福]이 문제가 된다 해도, 성직자를 찾게 된다. 왜냐하면, 이 성직자조차도, 그가 제아무리 내세의 행복을 찬미한다 해도, 그가 그 행복에 대해 아무런 것도 목격하지 못하므로, 의사에 의해 이 눈물의 골짜기[26]에서 늘 조금이라도 더 생존하게 되기를 간절히 바라기 때문이다.

*　　　*　　　*

　세 상부 학부 모두는 정부에 의해 위탁된 교설들을 문서로 세운다. 이러한 일은 학식에 의해 지도되는 국민의 상태에서도 달리 될 수가 없는 것이다. 왜냐하면, 이러한 문서가 없으면 국민이 표준으로 삼을, 안정적 A14 이고 누구나 접근할 수 있는 규범이 없을 것이기 때문이다. 이러한 문서 (또는 서책)가 [제정] **법규**, 다시 말해 상부의 의사[意思]에서 나온(이성에서 독자적으로 생긴 것이 아닌) 교설을 함유할 수밖에 없다는 것은 자명하다. 왜냐하면, 통상 이 문서는 정부에 의해 재가된 것으로서, 그 외에는 단적인 순종을 요구할 수가 없을 터이기 때문이다. 이러한 일은 법전에도 해당한다. 동시에 **이성**에서 도출될 수 있는, 공적으로 강술될 수 있는 교설에 관해서조차 이성의 위신을 고려하지 않고, 외적인 법칙수립자[입법자]의 명령만을 기초에 두는 법전 말이다. — 규준으로서의 이러한 법전과, 가령 **신앙고백서**[信經][27]들과 같이, (학자들과 학자 아닌 이들의) 공동체의 더욱 용이한 이해와 더욱 확실한 사용을 위해 법전의 정신의 (소위) 완벽

---

26) 『성서』, 「시편」 84, 6: "저희는 눈물 골짜기로 통행할 때에…"(『NIV 구약원어대조성경』, 도서출판 로고스, 1993, 1541면) 참조.

27) Symbolische Bücher. 예컨대 루터교에서는 '아우크스부르크 고백서(Confessio Augustana)'(1530/40), '소문답서(Der Kleine Katechismus)' 및 '대문답서(Der Große Katechismus)'(1529), '슈말칼트 신조(Articuli Smalcaldici)'(1537) 그리고 '일치 신조 (Formula Concordiae)'(1577) 등을 '신앙고백서/신경[信經](Symbolische Bücher)'으로 삼는다.

한 적요[摘要]로 학부들에 의해 작성된 서책들은 전적으로 구별된다. 이러한 서책들은 법전으로의 접근을 쉽게 해주기 위한 **기관[도구]**으로 봐줄 것을 요구할 수 있을 뿐, 전혀 다른 권위를 갖지 못한다. 가령 특정 학과의 탁월한 학자들이 규범 대신에 그러한 서책을 그들 학부에 타당한 것으로 인정하는 데 합의를 했더라도 그러한 권위를 갖지 못한다. 그들은 그러한 것에 대해 전혀 아무런 권한이 없고, 시대 상황에 따라 가변적이며, 일반적으로 강론의 형식적인 것과 관련할 수 있을 뿐, 법칙수립[입법]의 질료[실질/내용]적인 것에 있어서는 전혀 아무런 것도 이룩하지는 못하는 교수 방법으로서 그러한 서책을 당분간 도입할 권한을 갖고 있을 따름이다.

그래서 (상부 학부에 속하는) 성서 신학자는 자기의 교설을 이성에서가 아니라, **성경**에서 길어내며, 법학자는 자연법에서가 아니라 **국법**에서, 의약학자는 **대중에게 적용되는 그의 치유방법**을 인간 신체[물체]의 물리학[자연학]에서가 아니라 **의료법규**에서 끌어낸다. — 이들 학부 중 하나가 이성에서 차용한 무엇인가를 섞어 넣고자 감히 시도하자마자, 그 학부는 그 학부를 통해 지시명령하는 정부의 권위를 손상하는 것이고, 정부에서 빌려온 모든 빛나는 명성을 저 학부에서 주저 없이 박탈하며, 평등과 자유의 발판 위에서 저 학부를 취급하는 철학부의 활동 영역을 침범하는 것이다. — 그래서 상부 학부들이 그들의 [제정] 법규의 위신을 하부 학부의 자유로운 사변에 의해 훼손당하지 않기 위해서 가장 유념해야 할 바는, 하부 학부와 정말이지 어울리지 않는 결혼일랑은 하지 말고, 경원받을 충분한 거리를 유지하는 일이다.

A.
신학부의 특유성

'하나의 신이 있다'라는 것을 성서 신학자는 신이 성경에서 이야기한다는 사실에서, 그리고 또 성경은 신의 본성에 대해서 (심지어는 이성이 성서와는 보조를 맞출 수 없는 곳에서, 예컨대 신의 삼중 위격[位格]의 손에 닿지 않는 신비에 대해서) 말한다는 사실에서 증명한다. 그러나 신 자신이 성경을 통해 이야기했다는 사실은 하나의 역사의 사안이기 때문에, 성서 신학자가 그 자체로서 증명할 수도 없고 증명해서도 안 되는 일이다. 무릇 그러한 일은 철학부의 소관사이다. 그러므로 성서 신학자는 그러한 일을 신앙의 사안으로서 모종의 (물론 입증할 수도, 설명할 수도 없는) 성경의 신성[神性]에 대한 **감정** 위에, 학자를 위해서라도, 정초할 것이지만, 성경의 근원의 (문자적 의미로 받아들여) 이러한 신성에 대한 문제를 공개적인 강론에서 민중 앞에 결코 제기해서는 안 된다. 왜냐하면, 민중은 학식의 사안인 그러한 것을 전혀 이해하지 못하고, 이로 인해 단지 호기심에 차서 파고들어 의심에 얽혀 들어갈 터이기 때문이다. 그 반면에 이 점에서 사람들은 민중이 자기 교사에게 갖는 신뢰를 훨씬 더 확실하게 기대할 수 있다. ― 성서 신학자는 성서의 구절들에다 그 표현과 정확히 부합하지 않는, 가령 도덕적인 의미를 갖다 붙이는 권한 또한 가질 수 없다. 신으로부터 권위를 인정받은 인간으로서의 성서 해석자는 없으므로, 성서 신학자는 이성이 거기에 섞여 들어, (더 높은 모든 권위를 결여한) 자기의 해석을 내세우는 것을 허용하는 것보다는, 오히려 진리로 이끄는 영[靈][28]을 통한 이해의 초자연적 개시[開示]에 의지해야 한다. ― 끝으로 우리의 의지에 대한 신의 계명의 실행에 관해 말하자면, 성서 신학자는 정말이

VII24
A17

---

28) 「요한복음」 16, 13: "그러나 그분, 진리의 영이 오시면 여러분을 모든 진리 안에 인도하실 것입니다." 참조. 이와 관련해서는 또 『이성의 한계 안에서의 종교』, B161이하= VI112 참조.

지 자연[본성], 다시 말해 인간의 고유한 도덕적 능력(덕)이 아니라, 은총(초자연적인, 그러면서도 동시에 도덕적인 작용)에 의지해야 한다. 그러나 인간은 이러한 은총을 내면 깊숙이 개심[改心]시키는 신앙에 의해서만 나

A18 뉘 받을 수 있고, 또한 이 신앙 자체를 다시금 은총에 의해 기대할 수 있다. ― 만약에 성서 신학자가 이러한 명제들과 관련하여, 이성도 최대로 정직하게 그리고 최대로 진지하게 동일한 목표를 향해 애썼다고 하면서, 이성을 관여시킨다면, 그는 (로물루스의 아우[29])처럼) 오로지 정복[淨福]을 주는 교회신앙의 담을 넘어서, 자신의 판정과 철학의 열려 있는 자유의 들판으로 길을 잘못 드는 것이다. 거기서 그는 교회[성직]의 통치를 벗어나 무정부상태의 온갖 위험에 노출되는 것이다. ― 그러나 사람들은 여기서 내가, 이성과 철학의 악명 높은 자유 정신에 아직 오염되지 않은 **순수한**(純粹한, 純全한) 성서 신학자를 이야기하고 있음을 충분히 주의해야 한다. 무릇 우리가 상이한 종류의 두 업무를 연관시켜 뒤섞자마자, 우리는 그 업무들 각각의 특유성에 대한 명확한 개념을 얻을 수 없다.

B.
법학부의 특유성

법전 학식이 있는 **법률가**는 **나의 것**과 **너의 것**을 보장하는 법칙[법률]
A19 들을 (만약 그가 정부의 관리[官吏]로서, 마땅히 그리해야 하는 대로, 처리한다
VII25 면) 자기의 이성에서가 아니라, 공적으로 수립되고, 최고위 당국에서 재가받은 법전에서 찾는다. 사람들이 그 법칙[법률]들의 진리성과 정당성[합법성]의 증명을, 그것들에 대해 제기된 이성의 이의에 대한 변호와 마

---

29) 곧, Remus. 쌍둥이 형인 Romulus가 더 많은 지지자들을 얻어 Roma 시를 건립하고, 경계에 축성을 했을 때, 아우 Remus가 낮은 쪽 담을 넘어섬으로써 그 경계의 부실함을 조롱하자, Romulus가 아우를 처단하고 로마의 경계를 확고히 했다는 로마 건국 설화 참조.

116

찬가지로, 그에게 요구할 수 없는 것은 당연한 일이다. 무릇 법령들은 첫째로, 어떤 것이 옳다[정당하다]는 것을 정하지만, 과연 법령들 자체가 옳은지[정당한지]를 심문하는 일은 법률가들에 의해 이치에 맞지 않은 것으로 곧장 기각될 것이니 말이다. 외부의 최상위의 의지에 대한 복종을, 이 의지가 소위 이성에 합치하지 않는다는 이유로, 기피하고자 하는 것은 웃기는 일일 터이다. 무릇 정부의 위신은, 정부가 신민들에게 그들 자신의 개념[이해]에 따라 옳고[當/法的] 그름[不當/不法的]을 판단[심판]할 자유를 허용하는 데 있지 않고, 다름 아닌 입법권의 규정에 따라 그리하도록 하는 데 있으니 말이다.

그러나 한 가지 점에서 실천[실제]을 위해서는 법학부가 신학부보다 더 나은 사정에 있다. 곧 법학부는 법률의 가시적 해석자를 가지고 있으니, 곧 재판관이나 항소의 경우에는 법률위원회, (최고의 상고의 경우에는) 입법자 자신에서 해석자를 갖는다는 점이다. 해석해야 할 성서의 구절에 대해서 신학부의 사정은 그렇지가 못하다. 그럼에도 저러한 장점은 다른 한편 작지 않은 단점에 의해 상쇄된다. 곧 세속의 법전들은, 경험이 더 많은 또는 더 나은 통찰들을 제공하고 나면, 변화를 하지 않을 수 없는 것이다. 반면에 성전[聖典]은 어떠한 변화(감소나 증대)도 허용하지 않고, 영구히 종결되어 있는 것이라 주장한다. 또 사법[司法]의 정확하게 규정된 규범(確定法[30])을 희망하는 것은 거의 헛된 일이라는 법률가들의 탄식이 일어나지만, 그런 것이 성서 신학자에서는 일어나지 않는다. 무릇 성서 신학자는 자기의 교의학이 명료하고 모든 경우에 명확한 그러한 규범을 함유하고 있지 않다는 주장을 허용할 수 없으니 말이다. 더 나아가 의뢰인에게 잘못 조언하고, 그로 인해 의뢰인에게 손해를 입힌 법률 실천가(변호사 또는 법무대리인)들이 그럼에도 그에 관해 책임을 지지 않으려 한다

A20

---

30) 원어: ius certum. "확정법은 언제나 선의의 소망에 머무를 것"이라는 또 다른 언급(『영원한 평화』, B17=VIII347) 참조.

(누구도 助言으로 困한 責務는 없다)면, 그에 반해 신학의 실무가(설교자와 사목자)들은 주저 없이 그것을 자신이 떠맡고, 곧 그들의 어조에 따르면, 모든 것은 그들이 이승에서 판결한 그대로 내세에서도 심판받게 될 것이라 보증한다. 비록, 만약 그들이, 과연 성경의 권위 위에서 믿고 있는 것으로 알고자 하는 모든 것의 진리성을 감히 그들의 영혼을 걸고 보증하는지를 공식적으로 천명하도록 요구받는다면, 그들은 그럴듯하게 변명을 늘어놓을 것임에도 불구하고 말이다. 그럼에도 이 국민교사들의 원칙들의 본성에는, 그들의 보장이 옳음을 결코 의심할 수 없게 하는 것이, 그럴수록 더 확실하게 그것을 행할 수 있는 것이 놓여 있다. 왜냐하면, 그들은 이승에서 경험을 통해 그러한 보장에 대한 어떠한 반박도 두려워할 필요가 없기 때문이다.

C.
의학부의 특유성

의사는 한 기술자이다. 그렇지만 그의 기술은 자연으로부터 직접적으로 빌려올 수밖에 없고, 그 때문에 자연의 과학[학문]에서 도출될 수밖에 없으므로, 또한 학자로서 어느 한 학부에 종속해 있으며, 그 학부에서 수련을 받고, 그 학부의 판정에 종속해 있어야 한다. ― 그러나 정부는 의

사가 국민의 건강을 취급하는 방식에 필연적으로 지대한 관심을 가지고 있기 때문에, 이 학부의 선출된 실무가(개업의)들의 회의를 통해 **고등위생위원회**와 의료법령들에 의해서 의사들의 공적 처치를 감독할 권한을 갖는다. 그러나 이 학부가 그의 처리규칙들을, 앞서의 두 상부 학부들과는 달리, 어떤 상부의 명령에서가 아니라, 사물들의 본성 자체에서 끌어내야만 하는 ― 그래서 그 교설들도 근원적으로는, 넓은 의미에서, 철학부에 속할 수밖에 없는 ― 이 학부의 특성으로 인해, 의료법령들은 의사들이 행해야 할 사항뿐만 아니라 단념해야 할 사항으로 이루어져 있다.

곧 **첫째로**, 공중[公衆] 일반을 위하여 의사들이 있는 것이고, **둘째로**, 사이비 의사는 없다('實驗은 無價値한 몸체로 할지어다'라는 원칙에 따라, 免罰殺害權[31]은 없다)는 것이다. 무릇 정부는 (국민 건강 문제에서) 첫째 원리에 따라 **공공의 편의**를, 둘째 원리에 따라 **공공의 안전**을 돌보거니와, 이 두 가지 점은 하나의 **행정**을 이루므로, 모든 의료법규는 본래 오직 **의료행정**과 관련될 것이다. A23

그러므로 이 학부는 상부 학부들 중 앞의 두 학부보다 훨씬 자유롭고, 철학부와 사뭇 근친이다. 정말이지 의사들을 **양성하는** 그 교설들을 두고 말하자면, 전적으로 자유롭다. 왜냐하면, 의학부에는 최고 권위에 의해 재가된 서책이 아니라, 자연에서 길어낸 서책들만이 있을 수 있고, 본래적인 법들 — 이것이 입법자[법칙수립자]의 불변의 의지를 뜻한다면 — VII27 이 아니라, 단지 법령(**칙령**)들만이 있을 수 있는데, 이 법령들을 아는 것은 그 학부가 소유하는 이론들의 하나의 총괄을 요구하는 학식이 아니고, (어떠한 **법전**에도 함유되어 있지 않은 것으로서의) 저러한 이론들의 총괄을 정부는 재가할 권한이 없으며, 이를 학부에 일임해야 하는 반면에, 약전[藥典]과 병원시설들을 통해 저 학부의 실무가들에게 공적 사용에서의 그들의 실천을 장려하는 데 관심을 기울이고 있는 것이기 때문이다. — 그러나 이 실무가(의사)들은 의료행정에 관한 것으로 정부의 관심사가 되는 사항들에 있어서는 그들 학부의 판단에 예속된다.

---

31) 원어: ius impune occidendi.

제2절
하부 학부의 개념과 구분

사람들은 하부 학부를 상부의 명령에 의거해서 표준으로 받아들인 것이
아닌 교설들에만 종사하는, 또는 그러한 한에서만 종사하는, 대학의 등
급[계급/부류]이라고 부를 수 있다. 무릇 사람들이 어떤 실천적 교설에 복
종하여 따르는 일이 일어날 수는 있지만, (왕에 의하여[32]) 명령되었기 때
문에, 바로 그 이유로 그러한 교설을 참인 것으로 받아들이는 일은 객관
적으로(있어서는 **안 되는** 판단으로서)뿐만 아니라 주관적으로(어떤 인간도
내릴 **수 없는** 판단으로서)도 단적으로 불가능하다. 무릇 착오를 일으키려
는 자는, 그가 말하는 것처럼, 실제로 착오를 일으키는 것이 아니고, 거
짓 판단을 실제로 참이라고 받아들이는 것이 아니라, 자기 안에서 발견
될 수 없는 하나의 견해를 거짓으로 시인하는 것이니 말이다. — 그러므
로 공적인 강론에 올려져야 하는 특정한 교설들의 **진리**가 문제라면, 이

경우에 교사는 최고의 명령에 의거할 수 없고, 생도 또한 그 교설을 명령
에 의해 믿었다고 구실을 댈 수는 없으며, 다만 **행동**이 문제일 때에는 그
릴 수 있다. 그러나 그때에도 그는, 그러한 명령이 실제로 내려졌고, 또
그가 그러한 명령에 복종해야 할 의무가, 또는 적어도 권한이 있음을 **자유**
로운 판단에 의해 인식하지 않으면 안 된다. 그렇지 않다면 그의 명령 수
용은 공허하게 그러한 체하는 거짓말이다. — 그런데 자율적으로, 다시
말해 자유롭게(사고 일반의 원리들에 따라서) 판단하는 능력을 이성이라고
부른다. 그러므로 철학부는, 받아들이고 또는 용인해야만 하는 교설들의
진리 편에 서 있어야만 하는 바로 그 때문에, 그러한 한에서 자유롭고 오

---

32) 원문: de par le Roi. '준비원고'에는 이 말의 유래와 함께 "De par le Roi defense a
Dieu / De faire miracles en ce lieu(왕에 의하여 신에게 금지함 / 이곳에서 기적 만
드는 것을)"(VASF, XXIII461)라는 두 구절이 적혀 있다. 또한 동일한 문구가 [유작],
'제1묶음' 글에도 수록되어 있다.(OP, XXI4 참조)

직 이성의 입법 아래에 있는 것으로 생각할 수밖에 없을 것이고, 정부의 입법 아래에 서 있지 않은 것으로 생각할 수밖에 없다.

그러나 대학에는 그러한 분과도 설립되어 있어야 한다. 다시 말해, 하나의 철학부가 있어야만 한다. 상부 세 학부에 대해 철학부는 그것들을 검사하고, 바로 그렇게 함으로써 그것들에 유용하게 되는 기여를 한다. 왜냐하면, 모든 것의 관건은 (학식 일반의 본질적인 제1 조건인[33]) **진리**이고, 상부 학부들이 정부를 위해 약속하는 **유용성**은 단지 둘째 순위의 계기일 뿐이기 때문이다. — 경우에 따라서는 철학부가 신학부의 시녀라는 신학부의 의기양양한 주장을 용인할 수도 있다.(그럼에도 여기서 언제나 남는 문제는, 철학부가 이 마님의 **앞에서 횃불을 들고 있는지**, 아니면 **뒤에서 치맛자락을 들고 있는지**이다.[34]) 만약 사람들이 철학부를 축출하지 않고, 그 입을 틀어막지만 않는다면 말이다. 무릇 모든 학문의 이익을 위해 한낱 진리를 추궁하고, 이것을 상부 학부들이 사용하는 데 제공하기 위해서 자유롭게 있겠다는, 자유롭게 놔달라는 이 겸허함은 필시 철학부를 정부 자신에게 무혐의한 것으로, 실로 불가결한 것으로 추천하는 것이다.

철학부는 이제 두 분과를 함유한다. 하나는 **역사적**[자료적] **인식**의 분과 (여기에는 경험적 인식의 자연지식학이 제공하는 모든 것과 함께 역사, 지리, 어

VII28

A26

---

33) AA에 따라 읽음. 칸트 원문대로 읽으면 "조건의".

34) 철학이 신학의 시녀라는 중세 이래의 비유에 대한 이러한 전도(轉倒)는 볼프에서 유래한다. Christian Wolff, *Ausführliche Nachricht des Autoris von seinen eigenen Schriften, die er in deutscher Sprache von den verschiedenen Theilen der Welt-Weisheit heraus gegeben*, Frankfurt/M. 1757, Cap. 13, S. 536: "그 때문에 오래전부터 사람들은 다소 우쭐대는 말투로, 세계지혜[철학]는 상위 학부들의 시녀라고 말해왔다. 왜냐하면, 세계지혜는 모든 것이 이해될 수 있도록, 그의 개념들을 통해 빛을 비춰주고, 그로써 모든 것이 확실해지도록, 자기의 이론들을 통해 근거들을 제공하며, 마지막으로 모든 것이 어떻게 서로 잘 연관되어 있는지를 사람들이 볼 수 있도록 자기의 규칙들을 통해 질서를 지어줌으로써, 상위 학부들에 충실하게 봉사하기 때문이다. 그래서 나는 농담으로, 세계지혜는 그런 한에서 상위 학부들의 시녀이지만, 그런 한에서 만약 시녀가 불빛을 비춰주지 않는다면, 그 귀부인은 어둠 속에서 더듬거리지 않을 수 없고, 종종 넘어질 수밖에 없을 터이라고 말하곤 한다." 참조.

문학, 인문학이 속하는 바)이고, 다른 하나는 **순수한 이성인식들**(순수 수학, 순수 철학, 자연 및 윤리 형이상학)의 분과로, 학식의 이 두 부문은 서로 교

A27 호적인 관계 속에 있다. 바로 이 때문에 철학부는 인간의 앎의 모든 부문에(그러니까 또한 역사적으로 상부 학부들을 넘어) 뻗친다. 다만 철학부는 모든 것을 (곧 상부 학부들의 고유한 교설들이나 교훈들을) 내용으로 삼는 것이 아니라, 학문들의 이익의 견지에서 그것들을 검사하고 비판하는 대상으로 삼을 따름이다.

그러므로 철학부는 모든 교설들의 진리성을 검사에 부치기 위해 그것들의 소유를 주장할 수 있다. 정부가 자기 본연의 본질적 의도에 반하여 행위하지 않는다면, 철학부는 정부로부터 어떤 금령[禁令]을 받을 수 없다. 그리고 물론 상부 학부들은 부담스럽게 여길 수도 있을 것이지만, 철학부가 공개적으로 제기하는 이의와 의혹들을 감수하지 않으면 안 된다. 왜냐하면, 그들은 이러한 비판자가 없으면, 어떠한 명목으로든 간에, 그들이 일단 차지한 점유물 안에서 안거[安居]할 수 있고, 거기서 전제적으로 명령을 내릴 수도 있을 것이기 때문이다. — 다만 저 상부 학부들의

VII29 실무가(성직자, 법무관리, 의사)들은 물론, 그들이 그들 각각의 직무를 수행함에서 정부에 의해 강술[시현]하도록 위탁된 교설들에 공적으로 항변

A28 하지 않고, 철학자 역할을 감행하는 일을 거절할 수 있다. 무릇 이러한 일은 정부에 의해 임용된 공직자들이 아니라, 학부들에만 허용되어 있으니 말이다. 왜냐하면, 이들은 그들의 앎을 오직 저 학부들로부터 얻어 가지고 있기 때문이다. 이들 곧, 예컨대 설교자와 법무관리들은, 만약 그들이 교회의 입법이나 세속의 입법에 대한 자기들의 반론이나 의혹을 민중을 향해 표명하도록 내버려 둔다면, 그렇게 함으로써 정부에 반항하도록 민중을 선동할 터이다. 그에 반해 학부들은 그러한 반론을 학자로서 그들 서로에 대해서만 제기하는 것이고, 민중은 그러한 것을 알게 될 때조차도, 실제로는 그러한 것에 아무런 주목도 하지 않는다. 왜냐하면, 민중은 사변적인 것은 자기들의 일이 아니라고 스스로 겸양하고, 그래서 그

런 일을 위해 정부에서 임용한 공직자들이 알려주는 것만을 잘 지키는 것을 자기들의 책무라고 느끼기 때문이다. — 그러나 하부 학부에서 축소되어서는 안 되는 이러한 자유는, 상부 학부들이 (스스로 더 식견을 넓혀) 공직자들을 점점 더 진리의 궤도로 이끄는 성과를 낳는다. 그렇게 되면 공직자들은 자기들 편에서 자기들의 의무에 관해 더 잘 깨우치고, 강론을 변경함에서도 아무런 거부감을 느끼지 않을 것이다. 무릇 강론이란 단지 동일한 목적을 위한 수단들의 더 나은 이해일 따름이고, 이러한 이해는 기존의 교수방식에 대해 논쟁적인, 소란만을 야기하는 공격들을 하지 않고서, 교수방식의 실질적인 것들을 온전히 간직한 채로도 충분히 잘 이루어질 수 있으니 말이다.

제3절
상부 학부들의 하부 학부와의
위법적 다툼에 대하여

의견들의 공적인 다툼, 그러니까 학술적인 다툼은 질료의 면에서 또는 순전히 형식의 면에서 **위법적**일 수 있다. 하나의 공적인 명제[정립]와 그것의 반대명제[반정립]에 관해 공적으로 판단하는 것이 전혀 허용되지 않기 때문에, 하나의 공적인 명제에 관해 **다투는 것**이 전혀 허용되어 있지 않다면, 그것은 **질료**의 면에서 위법적이다. 또는 만약 그 다툼이 전개되는 방식이 반대자의 이성을 겨냥해 있는 객관적인 근거들에 있지 않고, 반대자를 책략 — 매수도 이것의 한 가지이거니와 — 이나 폭력(협박)을 통해 동의로 이끌기 위한, 그의 판단을 **경향성**을 통해 규정하는 주관적인 동인들에 있다면, 그것은 **형식**의 면에서 위법적인 것이다.

그런데 학부들의 다툼은 민중/국민에 대한 영향력을 둘러싸고 벌어지며, 이러한 영향력을 학부들은, 각자 국민으로 하여금 자기가 민중/국민

VII30 A30

제2부 『학부들의 다툼』 역주   123

의 안전[구원]을 최선으로 촉진할 수 있다고 믿게 만들 수 있는 한에서만 얻을 수 있는 바이지만, 이때 학부들은 이를 어떻게 이룩할 것인지의 방식에서 서로 곧장 대립해 있다.

그러나 민중/국민은 자기의 안전[구원]을 일차적으로 자유에 두지 않고, 오히려 자기의 자연적 목적들에, 그러므로 다음의 세 요소에 둔다. 즉 죽음 후의 **정복**[淨福], 삶에서 이웃 간에 공적인 법률에 의한 **자기 것**의 보장, 끝으로 **삶** 자체의 물리적 향유(다시 말해, 건강과 장수)의 기대에 둔다.

그러나 이러한 모든 소망에 이성에서 차용한 지시규정들을 통해서만 관여할 수 있는, 그러니까 자유의 원리에 충실한 철학부는 오직 인간 자신이 부가할 수 있고 해야만 하는 것을 고수한다. 즉 **성실**[정직]**하게** 살 것, 어떠한 **불의**도 행하지 말 것, 향유를 **절제**하고 질병에 인내하며 그때 특히 자연의 자조력[自助力]을 헤아리는 자세를 가질 것. 물론 이 모든 것을 위해서는 그다지 많은 학식이 필요하지 않으며, 또 사람들이 자기의 경향성들을 길들이고 자기의 이성에 통치권을 위임하고자만 한다면, 학식은 대부분 필요 없을 수도 있다. 그러나 자기노력인 이러한 것은 민중/국민에게는 전혀 맞지 않는다.

이제 세 상부 학부들은 (철학부의 교설에서 **향유하는** 경향성을 위한 나쁜 대용품[35]을 발견하고, 그 때문에 스스로 **노작**[勞作]**하는** 데 반감을 느낀) 민중/국민에게서, 각자 나름으로 더 편이한 제안들을 하라는 요구를 받는다: 나는 그대 **철학자들**이 무엇을 지껄이는지를 이미 오래전부터 알고 있었다. 그러나 나는 그대 학자들에게서 다음과 같은 것을 알고자 한다. 즉 설령 내가 **방자 무도하게** 살았다 할지라도, 어떻게 하면 마지막 순간에 천국에 드는 입장권을 마련할 수 있는지, 설령 내가 **부당하다**고 해도, 어떻게 하면 나의 소송에서 이길 수 있는지, 또 설령 내가 나의 체력을 마음껏 쓰고 **오용했다** 하더라도, 어떻게 하면 건강을 유지하고 장수할 수

A31

---

35) AA에 따라 고쳐 읽음. 칸트 원문대로 읽으면 "대용품(Ersatz)"이 아니라 "진지함(Ernst)".

있는지를 말이다. 그대들은 실로 이러한 것을 연구했으니, 상식 이상의 아무런 것도 내세우지 않는 (그대들이 바보들이라고 부르는) 우리 중 누구보다도 더 많은 것을 알고 있으렷다. — 그러나 여기서 민중/국민은 학자를 마치 초자연적인 사물들에 정통한 점쟁이나 마법사를 대하듯 하고 있다. 무릇 무학자[無學者]는 학자에게 뭔가 부당한 것을 요구하며, 그에 대해 기꺼이 거대한 개념을 가지고 있는 것이다. 그래서 자연스레 예상할 수 있는바, 누군가가 그러한 기적을 행하는 자인 양 행세할 만큼 충분히 뻔뻔스럽다면, 민중/국민은 그에게 빠질 것이고, 철학부 쪽을 경멸하면서 떠날 것이다.

VII31

그러나 만약 철학부에, 세 상부 학부의 교설들을 추락시키기 위해서가 아니라, 오히려 단지 그것들과 그것들에 결부되어 있는 규율[계율]들에 대중이 미신적으로 부여하는 마력을 반박하기 위해서, 세 상부 학부들에 공적으로 맞서 일하는 것이 허용되지 않는다면, 저 세 상부 학부의 실무가들은 항상 기적을 행하는 이들일 것이다. 그때 마치 대중[36]은 그러한 교묘한 지도자들에게 수동적으로 위탁하여 일체의 자기행위를 면제받고, 아주 편안하게 그들을 통해 저 현안의 목적들의 달성에 이미 인도된 양한다.

만약 상부 학부들이 그러한 원칙들을 취하면 — 물론 이것이 그들의 사명은 아니다 — , 그들은 하부 학부와 다툼 가운데에 있고, 영원히 다툴 것이다. 그러나 이 다툼 또한 **위법적**이다. 왜냐하면, 그들은 법률의 위반을 장애물로 보지 않을 뿐만 아니라, 오히려 심지어는 자기들의 대단한 기술과 숙련성을 보여, 모든 것을 다시금 좋게 만들, 정말이지 그런 기술과 숙련성이 없이 일어났을 것보다 더 좋게 만들, 바라마지 않던 호기로 볼 것이기 때문이다.

A33

민중은 **인도되기**를 바란다. 다시 말해 (선동가들의 언어로는) 민중은

---

36) AA에 따라 칸트 원문 "sie"를 "es"로 고쳐 읽음.

기만당하기를 바란다. 그러나 민중은 학부의 학자들에 의해 인도되기를 바라는 것이 아니라 — 무릇 그들의 지혜는 민중에게는 너무 고급이다 —, 세기[細技](실무 요령[37])를 이해하고 있는 저 학부들의 실무가들, 즉 실천가들로서 가장 유익한 추정을 자체로 가지고 있는 성직자, 법무관리, 의사들에 의해 인도되기를 바란다. 이렇게 되면 이로 인해, 오직 그들을 통해 국민에게 영향을 미칠 수 있는 정부 자신이, 학부의 학자들의 순수한 통찰에서 생겨난 이론이 아니라, 학부의 실무가들이 그것을 가지고 국민에게 미칠 수 있는 영향력이 계산된 이론을 학부들에게 강요하게 끔 **유혹**받는다. 왜냐하면, 민중은 자연스럽게, 자기 스스로의 노력과 자기 자신의 이성 사용이 최소한으로 필요하고, ˙의무들과 경향성들의 타협

A34 이 가장 잘 될 수 있는 것을 대부분 추종하기 때문이다. 예컨대, 신학 분과에서, 문자적으로 "믿음"이, 믿어야만 할 것이 무엇인지를 탐구함이 없이도(한 번이라도 제대로 이해함이 없이도), 그 자체로 구원[안전]을 가져다 준다 하고, 지정된 특정한 의식들을 거행함으로써 직접적으로 범죄가 씻겨질 수 있다고 하며, 또는 법학 분과에서, 법률을 문자대로 준수함은 입법자[법칙수립자]의 진의에 대한 탐구를 면제한다는 둥 말이다.

이제 여기에 상부 학부들과 하부 학부 사이에 하나의 본질적인, 결코

VII32 조정될 수 없는 위법적인 다툼이 있다. 왜냐하면, 사람들이 정부에 부가하는, 상부 학부들을 위한 법칙수립[입법]의 원리가 그에 의해 인가되는 무법성 자체일 터이기 때문이다. — 무릇, **경향성**은 그리고 일반적으로 누군가가 자기의 **사적 의도**에 유리한 것으로 보는 것은 단적으로 하나의 법칙이 될 자격이 없으므로, 그러니까 또한 그 자체로서 상부 학부들에 의해 강술될 수 없으므로, 그와 같은 것을 재가한 정부는 이성 자체를 거스름으로써 저 상부 학부들을 하부 학부와 하나의 다툼에 휘말리게 하거

A35 니와, 이 다툼은 하부 학부를 전반적으로 괴멸시키는 것이어서, 도저히

---

37) 원어: savoir faire.

126

용납될 수 없는 것이다. 물론 이렇게 하는 것이 하나의 다툼을 종결짓는 가장 간편한 수단이지만, 그것은 (의사들의 표현대로) 죽음의 위험에 빠뜨리는 하나의 **장렬한**[영웅적] 수단이기도 하다.

제4절
상부 학부들의 하부 학부와의
합법적 다툼에 대하여

정부가 재가를 통해 상부 학부들에게 공적 강론을 하도록 부과할 권한이 있을 수 있는 교설들의 내용이 어떠한 것이든 간에, 그것들은 단지 정부의 의사[자의]에서 나온 제정 법규들로 간주될 수 있고, 오류가 없지 않은 인간의 지혜로 받아들여져 존중될 수 있다. 그러나 그 교설들의 진리성이 정부에는 어찌 되든 상관없는 것일 수는 없을 것이고, 이 진리성에 관해서 교설들은 이성 — 이 이성의 관심사를 철학부는 돌보지 않을 수 없거니와 — 에 예속되어 있어야만 하는데, 다만 이러한 일은 교설들의 공적인 검사가 온전히 자유롭게 허용됨으로써만 가능하기 때문이다. 무릇 설령 최고 상부에서 재가한 것일지라도 자의적인 규약들은 이성에 의해 필연 A36 적인 것으로 주장된 교설들과는 저절로 언제나 합치하지는 않을 수 있기 때문에, 첫째로 상부 학부들과 하부 학부의 다툼은 불가피하며, 둘째로 그러나 또한 **합법적**일 것이다. 비록 **전체** 진리를 공개적으로 말하는 것은 아닐지라도, 이른바 원칙이라고 제시된 **모든 것**이 진리이도록 유념해야 하는 것은 하부 학부의 권한일 뿐만 아니라 의무이니 말이다.

재가된 특정 교설들의 원천이 **역사적**인 것이면, 이 교설들이 제아무리 사뭇 신성한 것으로 신앙의 의심할 것 없는 순종이 권고된다 할지라도, 그 신앙의 근원을 비판적 회의를 가지고서 탐색하는 것은 철학부의 권한 VII33 이다, 아니 책무이다. 교설이 **이성적**인 것이면, 설령 역사적 인식의 어조로(계시로) 제시된 것일지라도, (하부 학부인) 철학부가 그 역사적 강론에서 법칙수립의 이성 근거들을 찾아내고, 더 나아가 그 근거들이 과연 기술적–실천적인지 도덕적–실천적인지를 평가하는 것을 제지할 수 없다.

A37 끝으로 법칙으로 고지된 교설의 원천이 숫제 단지 **감성학적**인 것이라면, 다시 말해 교설과 결합된 하나의 감정 위에 기초 지어져 있다면, — 감정은, 가령 어떤 초자연적인 영향력의 경건한 감정은, 어떠한 객관적 원리를 제공하지 못하므로, 단지 주관적으로 타당한 것으로서, 그로부터 어떤 보편적 법칙을 만들 수 없을 터이다 — 그러한 자칭의 교시[敎示] 근거의 근원과 내용을 냉철한 이성으로써, 사람들이 느낀다고 주장하는 그 대상의 신성함에 겁먹지 않고, 공적으로 검사하여 평가하는 자유가 철학부에 열려 있어야 하고, 이러한 착각적인 감정을 개념[명료]화할 결의가 있어야 한다. — 아래의 사항들은 그러한 다툼을 이끌어갈 형식적 원칙들과 그에서 나올 결과들을 함유한다.

1) 이 다툼은 평화적 합의(友好的 和議[38])를 통해서 조정될 수도 없고, 되어서도 안 되며, 오히려 (소송으로서) 하나의 **판결**을, 다시 말해 재판관(이성)의 법적 효력이 있는 선고가 필요하다. 무릇 다툼이 조정된다면, 그러한 일은 오직 불순함과 분쟁의 원인들의 은폐와 설득을 통해서 일어날

A38 수 있을 터인데, 그러나 그와 같은 준칙은 진리의 공적인 현시를 지향하는 **철학**부의 정신에 전적으로 반하는 것이니 말이다.

2) 이 다툼은 결코 그칠 수 없고, 철학부는 그를 위해 항상 무장해 있어야만 하는 학부이다. 무릇 공적으로 강론될 수 있는 교설들에 관한 정부의 제정 법규적인 지시규정들은 언제나 있을 수밖에 없으니, 자기의 의견들을 대중에게 소리쳐 외치는 무제한적인 자유는 한편으로는 정부에게 또 한편으로는 이 대중 자신에게도 위험하지 않을 수 없기 때문이다. 그러나 정부의 모든 규약들은, 인간에서 나온 것이고, 적어도 인간에 의

---

38) 원어: amicabilis compositio.

해 재가된 것이기 때문에, 착오나 목적에 반하는 위험 아래에 던져져 있다. 그러니까 정부가 상부 학부들에 정해주는 정부의 재가와 관련해서도 그 규약들의 사정은 역시 그러하다. 따라서 진리의 수호를 위임받은 철학부는 진리를 위협하는 위험에 대한 무장을 결코 해제할 수 없다. 왜냐하면, 상부 학부들은 지배하려는 그들의 욕망을 결코 버리지 않을 것이기 때문이다.

3) 이 다툼은 정부의 위신에 결코 해를 입힐 수 없다. 무릇 이 다툼은 VII34 학부들과 정부의 다툼이 아니라, 한 학부의 다른 학부와의 다툼으로서, A39 정부는 이를 가만히 지켜볼 수 있으니 말이다. 왜냐하면, 정부가 상부 학부들의 특정한 명제들을 그 학부들의 실무가들에게 공적으로 강론하도록 지시규정하는 한에서, 비록 정부가 이러한 명제들에 대해 특별한 보호를 취했을지라도, 정부는 학자 사회들인 학부들을 이들이 공적으로 강론해야 하는 교설, 의견, 주장들의 진리성으로 인해 보호한 것이 아니라, 그러한 것들의 내적 진리내용에 관해 결정하고, 그리하여 자신이 학자 역할까지 하는 것이 정부의 위엄에 맞지 않는 터라, 그러한 (정부) 자신의 이익으로 인해 특별한 보호를 취한 것이기 때문이다. — 상부 학부들은 정부에 그들이 공적 강론을 위해 그들의 **실무가**들에게 제공한 지도와 교시[敎示] 외에 아무런 것도 책임질 것이 없다. 무릇 이들 실무가들이 **시민적** 공동체인 대중 속으로 들어가고, 그래서 그들이 대중에 대한 정부의 영향에 해를 끼칠 수 있기 때문에, 이 정부의 재가에 예속되어 있는 것이니 말이다. 그에 반해 학부들이 이론가의 이름 아래서 서로 간에 합의해야 하는 교설 및 의견들은 다른 종류의 대중, 곧 학문에 종사하는 학 A40 자 공동체의 대중 속으로 들어가거니와, 민중은 이런 것에 대해 아무것도 이해하지 못하는 것을 스스로 그러려니 하지만, 정부는 학자들의 분규에 연루되는 것을 그 자체로 합당하지 않은 것으로 본다.[*] (학식의 의회 A41 VII35 에서 오른편인) 상부 학부들 등급[계급/부류]은 정부의 [제정] 법규들을 방호하지만, 진리가 문제인 곳에서는 있어야만 하는 자유 체제에는 철학부

의 의석인 (원편의) 반대당도 있어야만 한다. 왜냐하면, 철학부의 엄밀한 검사와 이의 제기가 없으면 정부는 무엇이 그 자신에게 유리한지 불리한지를 충분하게 알 수가 없을 것이기 때문이다. ― 그러나 만약 학부들의 실무가들이 공적 강론을 위해 주어진 법령에 관련해 그들의 머리[주도]로 변경을 가하고자 한다면, 정부의 감독관은 정부에 위험하게 될 수도 있
A42 는 **개신자**[40])들인 이러한 실무가들을 고발할 수 있지만, 그럼에도 직접적으로가 아니라, 단지 상부 학부에 의해 자성된 매우 공순한 평가서에 따라 거부할 수 있다. 왜냐하면, 이들 실무가들은 **학부를 통해서**만 정부로부터 특정 교설을 강론하도록 지시받을 수 있었기 때문이다.

※ 그에 반해, 만약 하나의 다툼이 시민적 공동체 앞에서 (공적으로, 예컨대 설교 단상에서) (실천가의 이름으로) 실무가들이 기꺼이 시도하듯이, 진행된다면, 그 다툼은 자격 없는 (학식의 사안에서는 전혀 판단을 내릴 권한이 없는) 민중의 법관석에 불려 나와, 학식의 다툼이기를 그친다. 무릇 그때 앞서 언급했던바 위법적 다툼의 저 상태가 나타나고, 교설들이 민중의 경향성[애호]들에 맞춰서 강론되어, 분란과 분파의 씨앗이 뿌려지며, 그로 인해 정부가 위험에 빠진다. 독단적으로 민중을 위한다고 자임하는 이런 호민관들이 그렇게 해서 학자계층에서 등장하고, 시민적 헌정체제의 권리(세속분규)들에 개입한다. 본래적인 의미의 **개신자**[改新者][39])들 말이다. 이 당연히 혐오스러운 호칭은, 만약 그것이 교
A42 설과 교설형식에서의 새로움의 모든 창시자를 지칭한다면, 매우 오해되는 것이
VII35 다. (도대체 왜 옛것이 언제나 더 나은 것이어야 하는가.) 그 반면에 본래 그들은 학식의 사안인 것을 민중의 목소리에 결정을 넘겨주고, 민중의 습관과 감정과 경향성에 영향을 미쳐 민중의 판단을 임의대로 조종할 수 있으며, 그렇게 해서 합법적인 정부로부터 영향력을 빼앗음으로써, 전혀 다른 정부형식 내지는 오히려 무정부 상태(混亂)를 초래하는 자들이라고 낙인 찍힐 만하다.

---

39) 원어: Neologe. Johann Salomo Semler(1725~1791) 등에 의해 주도된 개신주의 (Neologie) 운동은 18세기 중후반 경건주의파 안에서 매우 중요한 흐름을 형성하였다. Semler는 공적이고 학문적인 신학과 사적인 생활 종교를 구별하고, 공적 종교는 필수적인 교회 형식이 필요하지만, 사적 종교심은 교의와 상관이 없다고 주장했다. 전자와 관련해서 보수주의적이었던 Semler는 1788년 '뵐너의 종교칙령'에 동조하였지만, 후자와 관련해서는 자유주의적 내지는 개별주의적 관점을 취했다.
40) 원어: Neuerer.

4) 이 다툼은 학자 공동체와 시민 공동체가 썩 잘 화합하면서 준칙들 상에서 공존할 수 있다. 저 준칙들의 준수는 두 등급[계급/부류]의 학부의 더 큰 완전성을 향한 지속적인 진보를 낳을 것이 틀림없고, 마침내 정부의 의사[자의]에 의해 공적 판단의 자유에 가한 모든 제한들의 해제를 준비할 것이다.

이런 방식으로 해서 언젠가는 꼴찌가 첫째로(하부 학부가 상부 학부로) 되는[41] 데에 이를 것이다. 물론 지배권을 가짐으로써가 아니라, 지배권을 가진 자(정부)에 조언함으로써. 무릇 정부는 자기 자신의 절대적 권위에서보다 철학부의 자유와 그로부터 성장하는 통찰에서 자기 목적들의 달성을 위한 더 좋은 수단을 발견하게 될 것이니 말이다.

결론

그러므로 이러한 적대관계, 다시 말해 하나의 공동체적 궁극목적을 위해 서로 통일된 양편의 **다툼**(不和的 和合, 和合的 不和[42])은 **전쟁**이 아니다. 다시 말해, 그것은 정치적인 나의 것과 너의 것처럼, **자유와 소유**로 이루어지되, 전자가 조건으로서 반드시 후자에 선행해야만 하는, 그렇게 학식의 **나의 것**과 **너의 것**에 관한 궁극의도들의 대립에서 오는 불화가 아니다. 따라서 그 권리에 대한 의문을 학식 있는 대중에게 제기하는 것이 하부 학부에 동시에 허용되지 않은 채로는, 상부 학부들에도 어떤 권리가 허락될 수 없다.

---

41) 「마태오복음」 19, 30: "첫째였다가 꼴찌가 되고, 꼴찌였다가 첫째가 되는 사람들이 많을 것이다."; 「마태오복음」 20, 16: "꼴찌가 첫째가 되고, 첫째가 꼴찌가 될 것이다."; 「루카복음」 13, 30: "지금은 꼴찌지만 첫째가 되고, 지금은 첫째지만 꼴찌가 될 사람들이 있을 것입니다." 참조.

42) 원문: concordia discors, discordia concors, "concordia discors" 또는 "discors concordia" 관련해서는 Horatius, *Epistulae*, I. XII, 19; Ovidius, *Metamorphoses*, I, 433 참조.

부록[43]
신학부와 철학부 사이의 다툼 사례에 의한
학부들의 다툼에 대한 해명

I.
다툼의 소재

성서 신학자는 본래 [제정] 법규, 다시 말해 타자의 의사에서 흘러나온 법칙들에 의거하는 **교회신앙**을 위한 **성서학자**이다. 그에 반해 이성 신학자는 **종교신앙**을 위한, 따라서 인간 각자 자기의 이성에서 전개될 수 있는 내면적 법칙들에 의거하는 그러한 신앙을 위한 **이성학자**이다. 이것이 이렇다는 것, 다시 말해 종교가 결코 (그 근원이 제아무리 깊다 해도) 규약/종규[宗規]들에 기초할 수 없다는 것은 그 자체로 종교의 개념으로부터 자명하다. 신의 계시들로서의 특정한 교설들의 총괄 — 무릇 이것은 신학

이라 일컫는다 — 이 아니라, 신의 **지시명령[계명]**들(과 주관적으로 이것들을 그 자체로 준수하는 준칙들)로서의 우리의 모든 의무 일반의 총괄이 종교이다. 종교는 질료의 면에서, 다시 말해 객체의 면에서는 어느 한 점에서도 도덕과 구별되지 않는다. 무릇 종교는 의무들 일반에 상관하니 말이다. 오히려 종교의 도덕과의 구별은 순전히 형식적인 것, 다시 말해 도

---

43) 이 '부록' 앞에 'II'장 표시가 목차(위의 AXXIX=VII13)에는 있으나, 여기 본문에는 누락되어 있다.

덕에게 이 도덕 자신에서 산출된 신의 이념을 통해 자기의 모든 의무를 이행하도록 인간의 의지에 대한 영향력을 마련해주는 이성의 한 입법이다. 그러나 바로 그렇기 때문에 종교는 오직 유일한 종교이고, 여러 가지 종교들이란 있지 않다. 물론 신의 계시에 대한 여러 가지의 신앙방식들과 그것들의 제정 법규적인 교설들이 있지만, 이것들은 이성에서 생길 수 없는 것으로, 다시 말해 신의 의지에 우리 마음들에 대한 영향력을 마련해주기 위한 신의 의지에 대한 감성적 표상방식의 여러 가지 형식들이다. 이러한 형식들 가운데 기독교가, 우리가 아는 한, 가장 적절한 형식이다. 무릇 이러한 기독교가 성경 속에서 이종적[異種的]인 두 요소로 합성되어 발견된다. 한 요소는 종교의 규준[規準]/전범[典範]을, 다른 한 요소는 종교의 기관[機關] 내지 수레[매체]를 함유하고 있다. 그중 전자는 (제정 법규 없이 순전한 이성에 기초한) 순수한 **종교신앙**이라고, 후자는 전적으로 제정 법규에 의거해 있는 **교회신앙**이라고 불리는데, 제정 법규들이 신성한 교설과 생활규정[規程]에 효력이 있으려면, 계시가 필요할 터이다. — 그러나 저 목적[44]을 위해 이러한 유도도구[45]가 신의 계시로 받아들여져도 좋다면, 이를 사용하는 것은 의무이므로, 이로부터 왜 종교신앙을 말할 때 성서에 기초해 있는 교회신앙이 보통은 함께 함의되는지 설명될 수 있다.

VII37

A46

성서 신학자는 말한다: 그대들이 영원한 생명을 발견한다고 생각하는 곳인 성서에서 구하라.[46] 그러나 영원한 생명의 조건은 인간의 도덕적 개선 외에 다른 것이 아니기 때문에, 어떠한 사람도 그가 이 조건을 집어넣을 때 외에는 어느 성서에서도 영원한 생명을 발견할 수 없다. 왜냐하면,

---

44) 곧 종교신앙.
45) 곧 교회신앙.
46) 「요한복음」 5, 39: "당신들은 성서를 연구하고 있습니다. 그 안에 영원한 생명이 있다고 당신들은 생각하기 때문입니다. 그 성서도 내게 대하여 증언하고 있는 것입니다." 참조. 또한 이와 관련한 *RGV*, B162=VI112 언급 참조.

이에 필요한 개념들 및 원칙들은 본래 어느 타자에게서 배워야 하는 것
이 아니라, 오직 강론의 계기에서 교사 자신의 이성에서 전개되어야 하
기 때문이다. 그런데 성서는 그 자체로 영원한 생명을 위해 필요한 것보
다 더 많은 것을 함유하고 있으니, 곧 역사신앙에 속하는 것 그리고 종

A47　교신앙의 관점에서는 (이런저런 인격, 이런저런 세대를 위한) 순전한 감성적
수레[매체]로서 유익할 수 있기는 하지만, 종교신앙에 필수적으로 속하지
는 않는 것을 함유하고 있다. 이에 성서-신학 학부는 역사신앙을 영원한
생명의 신앙이 종교에 속하는 것과 똑같은 정도로 신의 계시라고 주장한
다. 그러나 철학부는 이러한 혼효[混淆] 및 신의 계시가 본래적인 종교를
넘어서 참된 것을 자기 안에 함유한다는 것과 관련해서 저 성서-신학 학
부와 상충한다.

　　이러한 수레[매체](다시 말해, 종교교설 위에 덧붙여지는 것)에는 또한
교설방법이 속하는데, 이것을 사도들 자신에게 맡겨진 것으로 보고, 신
의 계시로 보아서는 안 된다. 그것은 당대의 사유방식과 관련해서(人間에
따라서) 타당한 것으로 받아들일 수 있으며, 그 자체로 어느 때나(眞理에
따라서) 타당한 교설요소로 받아들일 수는 없다. 그마저도 소극적으로는,
하나의 지배적인, 그러나 본질적으로 종교와 충돌하지는 않는 망상과 배
치하지 않기 위해, 그 당시 지배적인, 그 자체로는 잘못된 모종의 의견
들(예컨대, 마귀 들린 자들에 대한 믿음[47])을 단지 허용하는 것으로서, 또 적
극적으로는, 새로운 교회신앙을 도입하기 위해 이제는 끝내야 할 그들의

A48　옛 교회신앙에 대한 한 민족의 편애를 이용하기 위해서 타당한 것으로
VII38　받아들일 수 있다. (예컨대 구약성서의 역사를 신약성서에서 일어난 일의 원형

---

47) 「마태오복음」 8, 16: "날이 저물었을 때에 사람들이 예수께 마귀 들린 사람을 많이 데
려왔다. 예수께서는 말씀 한마디로 악령을 쫓아내시고 다른 병자들도 모두 고쳐 주셨
다." 또 「마르코복음」 1, 32~34: "해가 지고 날이 저물었을 때에 사람들이 병자와 마
귀 들린 사람을 모두 예수께 데려왔으며 […] 예수께서는 온갖 병자들을 고쳐 주시고
많은 마귀들을 쫓아내시며 자기 일을 입 밖에 내지 말라고 당부하셨다. 마귀들은 예수
가 누구신지를 알고 있었기 때문이다." 운운 참조.

134

으로 해석하는 것[48]. 유대주의인 이러한 해석은, 그 해석이 잘못되어 신앙교설 안에 그 교설의 한 요소로 채택이 되면, 우리를 한숨짓게 만들 수 있다: 지금 이 殘骸가 우리를 煩惱하게 한다. — 키케로[49])

　　그 때문에 기독교의 성서학은 해석학의 숱한 난점들에 부닥치고, 해석학과 그 원리에 관해 상부 학부(성서 신학자)는 하부 학부와의 다툼에 빠지지 않을 수 없다. 이론적인 성서 인식을 특별히 살피는 상부 학부는 하부 학부가 본래적인 계시교설이므로 문자적으로 받아들여져야만 할 것인 모든 교설들을 철학적으로 제거하여, 그것들에 임의적인 의미를 슬쩍 끼워 넣는다는 혐의를 씌운다. 그런데 실천적인 것을, 다시 말해 교회신앙보다 종교를 더 중시하는 하부 학부는 거꾸로 상부 학부가 저러한 수단들을 가지고서, 내적 종교로서 도덕적이어야 하고 이성에 의거해 있는 궁극목적을 도외시하고 있다고 고발한다. 그래서 진리를 목적으로 삼는 하부 학부, 그러니까 철학은 어떤 성서 구절의 의미에 대한 다툼이 있을 경우에 그것의 의미를 결정하는 우선권을 갖는다고 감히 주장한다. 성서 해석 작업의 철학적 원칙들은 다음과 같은 것들인데, 이것이 뜻하는 바는, 해석이 철학적으로 (철학의 확장을 목표로 해서) 이루어져야 한다는 것이 아니라, 순전히 해석의 **원칙들**이 그러한 성질을 가져야 한다는 것이다. 왜냐하면, 모든 원칙들은, 역사적[자료적]−비판적 해석에 관한 것이든 문법적−비판적 해석에 관한 것이든, 항상, 그런데 여기서는 특히, 성서 구절들에서 (순전히 이성의 대상일 수 있는) **종교**를 위해 찾아내야 할 것이기 때문에, 이성을 통해도 지시되어야 하기 때문이다.

A49

---

48) "지금 실현된 옛날의 원형으로 해석"(*RGV*, B117=VI84) 참조.
49) Cicero, *Epistulae ad familiares*, XII, 4, 1: "nunc me reliquiae vestrae exercent (지금 너의 殘骸가 나를 煩惱하게 한다)." 참조. 이와는 좀 다르게 칸트 원문은 "nunc istae reliquiae nos exercent."이다.

II.
다툼의 조정을 위한
성서 해석의 철학적 원칙들

I. 어떤 **이론적인**, 신성한 것으로 고지되었지만, 모든 (심지어 도덕적인) 이성개념을 **넘어가는[초월하는]** 교설들을 함유하는 성서 구절들은 실천 이성에 유리하게 해석**해도 좋다**. 그러나 실천이성과 모순되는 명제[교의] 들을 함유하는 성서 구절들은 실천이성에 유리하게 해석**해야만 한다.** — 다음은 이에 대한 몇몇 실례들이다.

a) 삼위일체 교설을 문자대로 받아들이면, 설령 사람들이 그것을 이해 한다고 믿었다 할지라도, 그로부터는 단적으로 실천을 위해 **아무것도 만 들어질 수가 없다.** 만약 사람들이 그 교설이 아예 모든 우리의 개념[이해] 을 넘어가는[초월하는] 것임을 인지하고 있다면, 더욱 그러하다. — 우리 가 신성[神性]에서 3위격 또는 10위격을 숭배해야만 하는지 어떤지를 생 도는 똑같이 쉽게 말씀으로 받아들일 것이다. 왜냐하면, 그는 다수 위격 (인격실체화[50])에서의 하나의 신에 대한 개념[이해]을 전혀 가지고 있지 않 고, 더욱이나, 이렇게 서로 다른 것에서 자기의 품행을 위한 서로 다른 규칙들을 전혀 끌어낼 수가 없기 때문이다. 그에 반해 만약 사람들이 (내 가 『이성의 한계 안에서의 종교』에서 시도했듯이) 신앙명제[교의]들에 도덕적 의미를 새겨 넣는다면, 그것은 아무런 성과가 없는 신앙이 아니라, 우리 의 도덕적 사명과 관계되어 있는 이해할 수 있는 신앙을 함유할 터이다. 이러한 사정은 신성[神性]의 한 위격의 인간화[육화] 교설에서도 마찬가지 이다. 무릇 만약 이 신인[神人]이 영원으로부터 신 안에 놓여 있는, 신에게 전적으로 흡족한 도덕적으로 완전한※, 인간성[인간임]의 이념(同書 73면 이하[52])으로서가 아니라, 현실적 인간 안에 "육체적으로 거주하는", 그리

---

50) 원어: Hypostase.

136

고 그 안에서 제2의 본성으로 작용하는 신성[神性]으로 표상된다면, 이러한 신비로부터 우리에게는 전혀 아무런 것도 만들어질 수 없다. 왜냐하면, 우리는 우리 자신에게 신과 똑같이 행할 것을 요구할 수가 없으므로, A52 만약 그러한 통일이 가능하다면 왜 신성은 모든 인간을 그러한 통일에 참여하도록 하지 않았는지, 그랬더라면 모든 인간이 불가불 그에게 흡족하게 되었을 터인데 하는 곤란한 문제를 제기하지 않고서는, 신이 우리에게 아무런 본보기가 될 수 없기 때문이다. — 비슷한 이야기를 그 신인의 부활과 승천에 대해서도 말할 수 있다.

과연 우리가 내세에 순전히 영혼으로 사는지, 또는 지금 우리 신체를 VII40 구성한 동일한 물질이 다른 세상에서 우리의 인격의 동일성을 위해 필

※ 이 점에 관한 16세기 베네치아의 포스텔루스[51]의 관심은 매우 독창적인 종류의 것으로, 그것은 사람들이 순수한 이성이념의 감성화를 감관들의 대상의 표상으로 변환시키면, 어떠한 착오에, 그것도 **이성**을 광란시켜, 빠질 수 있는지의 좋은 사례로 쓰인다. 무릇 만약 저 이념이 인간성[인간임]이라는 추상성이 아니라, 하나의 인간을 뜻한다면, 이 인간은 어느 한 성[性]을 가질 수밖에 없다. 신에 의해 생산된 이 인간이 남성(아들)이고, 인간의 약점을 지니고 있으며, 그 책임을 자신이 지고 있다면, 그 약점들은 이성[異性]의 죄과들이기도 하며, 남성의 약점들과도 종별적으로 구별된다. 그리고 사람들이 이 성[性]이 여속죄자[女贖罪者]로서 신의 특별한 여성대리자(말하자면 신의 딸)가 될 수 있다고 상정해보려 하는 것은 근거가 없지 않다. 이 여속죄자를 포스텔은 베네치아의 한 경건한 동정녀의 인격에서 발견했던 것이다.

---

51) Guilhelmus Postellus(=Guillaume Postel, 1505/1510~1581). 프랑스 출신의 인문학자이자 고전학 교수. 신비적 체험을 담은 다수의 저술을 남겼는데, 『베네치아의 동정녀(*Le prime nove del altro mondo: cioe* … *La Vergine Venetiana*)』(Padua 1555)에서 한 여성을 위대한 예언자이자 구원자라고 주장해 그로 인해 종교재판에 회부되었으나, 이단자가 아니라 정신이상자로 판결받았다.
52) 칸트 원문에는 "73면 이하"라는 면수가 제시되어 있지 않으나, AA 편자(K. Vorländer)의 보충에 따라 읽는다. 그런데 이 면수는 『이성의 한계 안에서의 종교』의 A판(1793)이 아니라 B판(1794)의 것을 지시하는 것으로 보인다. "오로지 하나의 세계를 신의 결의의 대상으로 만들고, 창조의 목적으로 만들 수 있는 것은 도덕적인 전체적 완전성[전적으로 완전함]에서의 인간성[…]이다."(*RGV*, B73=VI60) 참조.

요한 것인지, 그러므로 영혼은 하나의 특별한 실체가 아니고, 우리의 신체 자신이 소생되어야만 하는지, 이러한 문제는 우리에게 실천적 관점에서는 아무래도 전혀 상관이 없을 수 있다. 무릇 누군가에게는, 만약 그가 그런 일을 면제받을 수 있다면, 자기의 신체가 너무 사랑스러워 그것을 기꺼이 영원히 함께 끌고 가고 싶을 수도 있을 것이니 말이다. 그러므로 "그리스도께서 부활하지(신체적으로 생명을 얻지) 않았다면, 우리 또한 부활하지 못할(사후에 전혀 더 이상 살지 못할) 것이다."[53]라는 사도의 결론은

A53 구속력이 없다. 그 결론대로가 아니라 하더라도(무릇 사람들이 논증의 기초에 영감[靈感]을 두지는 않을 것이니까), 이로써 그가 말하고자 했던 바는, 우리는 그리스도가 여전히 살아 있음을 신앙할 근거를 가지고 있으며, 설령 그토록 완전한 인간도 (육체적) 죽음 후에는 살아 있지 못한다 할지라도, 우리의 신앙이 허황되지 않다는 것이다. (모든 인간에게와 같이) 그에게 이성이 불어넣었던 그러한 신앙이 그를 그가 진심으로 진리라고 받아들였던 공공연한 사건에 대한 역사적 신앙으로 움직였고, 그는 그 사건을, 그 자신 내세에 대한 도덕적 신앙 없이는 이 설화를 믿기 어려웠을 것임을 의식하지 못한 채, 내세에 대한 도덕적 신앙의 증명근거로 사용하였다. 비록 그 표상방식이 그가 교육받았던 종파개념들의 징표를 자체로 지니고 있을지라도, 이로써 도덕적 의도들은 달성되었다. — 이 밖에도 저 사건에 대해서는 중대한 이론[異論]들이 맞서 있다. 즉 그에 대한 추념을 위해 (슬픈 환담의) 최후의 만찬을 삽입한 것은 (한낱 금방 있을 재회를 기대하지 않는) 정식 작별과 비슷하다. 십자가에서의 탄식의 말들[54]은 (생전에 유대인들을 참종교로 이끌려던) 하나의 실패한 의도를 표현하고 있

A54 다. 무릇 오히려 완수된 의도에 대한 기쁨이 기대되었어야 마땅했으니 말

---

53) 「코린트 제1서」 15, 12~21: 그리스도의 부활과 우리의 부활 참조.
54) 「마태오복음」 27, 46: "세 시쯤 되어 예수께서 큰소리로 '엘리 엘리 레마 사박타니?'라고 부르짖으셨다. 이 말씀은 '나의 하느님, 나의 하느님, 어찌하여 나를 버리셨나이까?'라는 뜻이다.'; 「마르코복음」 15, 34 참조.

이다. 끝으로 "그분이 이스라엘을 구원해줄 것이라고 우리는 생각했다"[55]라는 루카 복음서에서의 제자들의 표현은 그들이 삼 일 후에 기대했던 재회를 준비하고 있었다는 것을 추측할 수 없게 만들며, 그의 부활에 대한 어떤 이야기가 그들의 귀에 들어갔다는 것을 더더욱 추측할 수 없게 만든다. ─ 그러나 만약 그것을 위해서는 이성이 우리에게 불어넣은, 실천적인 관계에서의 신앙이 이미 그 자체로서 충분한 종교가 관건이라면, 왜 우리는 우리를 언제나 제자리(無關無見[56])에 있도록 하는 하나의 역사이야기로 인해 그토록 많은 학술적 연구와 쟁론에 얽혀 들어가야 하는가.

b) 신적 본성과 의지에 대한 우리의 이성개념과 상충하는 표현이 들어 있는 성서 구절들의 해석에서 성서 신학자들은 오래전부터, 인간적으로(人間式으로) 표현된 것이 신의 품격에 맞는 의미로(神格에 合當하게) **해석**되어야 한다는 것을 규칙으로 삼았다. 그때 성서 신학자들은 그로써, 이성이 종교의 사안들에서 성서의 최상의 해석자임을 아주 분명하게 고백한 것이다. ─ 그러나 사람들이 성서 작가에게 우리 이성과 숫제 모순적인 그러한 의미 외에 그가 실제로 자기의 표현들과 결합한 다른 의미를 부가할 수 없을 경우조차도, 이성이 저 작가의 성서 구절들을 그것들이 자기의 원칙들에 맞는 것처럼 해석하는 것을 정당하다고 느끼는 것, 그리고 이성이 저 작가에게 어떤 착오를 탓하려 하지 않을 때, 문자대로 해석해서는 안 된다는 것, 이러한 것은 전적으로 해석의 최상의 규칙들을 위배하는 것으로 보이는바, 그러함에도 그러한 일은 매번 가장 칭송되는 신학자들의 찬동을 받으면서 발생하였다. ─ 그러한 일은 성 바오로의 은총 선택 교설[57]과 함께 일어났거니와, 이로부터 아주 분명하게 드러나

VII41

A55

---

55) 「루카복음」 24, 21: "우리는 그분이야말로 이스라엘을 구원해 주실 분이라고 희망을 걸고 있었습니다. 그러나 그분은 이미 처형을 당하셨고, 더구나 그 일이 있은 지도 벌써 사흘째나 됩니다." 참조.

56) 원어: Adiaphora.

는 바는, 그의 사견[私見]은 낱말의 엄격한 의미에서 예정론이 틀림없었으며, 그 때문에 이 교설은 거대 개신교 교회[58]에 의해 신앙으로 수용되기도 하였으나, 뒤이어 그 교회의 한 큰 분파[59]가 다시 이를 포기했거나, 사람들이 할 수 있는 대로 다르게 해석했던 것이다.[60] 왜냐하면, 이성은 저 예정론이 자유론, 즉 행위들의 귀책 이론과 합일할 수 없으며, 따라서 전체적인 도덕[학]과 합일할 수 없다고 보기 때문이다. — 또한 성서신앙이 윤리적 원칙들에 대한 특정한 교설들을 위배하는 것이 아니라, 단지 물리적 현상들의 판정에서 이성준칙을 위배하는 곳에서, 성서해석자들은 거의 보편적인 찬동으로 많은 성경의 역사이야기들을, 예컨대 마귀들린 자들(악마의 사람들)에 대한 이야기를, — 비록 이 이야기가 성서 중

A56

---

57) 「로마서」8, 29/30: "하느님께서는 이미 오래전에 택하신 사람들이 당신의 아들과 같은 모습을 가지도록 미리 정하셨습니다. 그래서 그리스도께서는 많은 형제 중에서 맏아들이 되셨습니다. / 하느님께서는 미리 정하신 사람들을 불러 주시고, 부르신 사람들을 당신과 올바른 관계에 놓아 주시고, 당신과 올바른 관계를 가진 사람들을 영광스럽게 해주셨습니다."; 「로마서」9, 18: "이렇게 하느님께서는 당신의 뜻대로 어떤 사람에게는 자비를 베푸시고, 또 어떤 사람은 완고하게도 하십니다." 참조.

58) 예컨대, 칼뱅(Johannes Calvin/Jean Cauvin, 1509~1564)파 개신교단. Calvin, 『그리스도교 강요(Institutio Christianae Religionis)』(1536), III, 21, 5: "우리는 섭리를 신의 영원한 질서규정이라고 이해한다. 이것에 의해 신은 자신의 의지대로 개개 인간이 무엇이 되어야 할지를 결정하였다. 무릇 인간들은 모두가 똑같은 사명으로써 창조되지 않았고, 어떤 자에게는 영원한 생명이, 또 다른 어떤 자에게는 영겁의 벌이 미리 지정되어 있다." 참조.

59) 예컨대, 아르미니위스(Jacobus Arminius/Jakob Harmensz, 1560~1609)파. 칼뱅의 예정론에 맞서 네덜란드 개혁교회의 신학자 아르미니위스는, "하느님께서는 모든 사람이 다 구원을 받게 되고 진리를 알게 되기를 바라시기"(「디오테오 제1서」2, 4) 때문에 신의 구원은 모든 인류에게 보편적으로 주어진 것이며, 이를 거부하는 것은 인간의 '자유의지'에 따른 것이라고 주창하였다. 그의 사후 1610년에 추종자들이 '5개조 항의문(Remonstrance)'을 네덜란드 의회에 제출하여 신앙고백 및 교리문답을 수정해 줄 것을 요청했는데, 이에 따라 소집된 도르트 회의(Synod of Dort, 1618)에서 그의 주장은 칼뱅파에 의해 배척되었다. 그러나 18세기 영국 목사 존 웨슬리(John Wesley, 1703~1791)의 신학을 기반으로 하여 1738년경에 형성된 감리교회(Methodism)는 타락한 자도 복음을 받아들여 회심하면 구원을 얻을 수 있다는 복음주의적인 아르미니위스 교설을 발전적으로 수용하였다.

60) 예컨대, 감리교회 참조.

의 그 밖의 거룩한 이야기와 똑같은 역사적 어조로 진술되어, 그 이야기의 작가가 그 이야기를 참[진짜]으로 여겼다는 것을 거의 의심할 수 없기는 하지만 — 거기에 이성이 (모든 미신과 기만에 자유로운 출입을 허용하지 않기 위해) 버티고 서 있을 수 있는 것처럼 해석했다. 그들에게 이러한 권한이 있는지를 다투어보지도 않는 채로 말이다.

II. 우리가 알아야 했던 것이라면 본래 계시되지 않을 수 없었던 성서교설에 대한 신앙은 그 자체 **공적**[功績]이 아니고, 신앙의 결여가, 정말이지 이 신앙에 대립하는 의심도 그 자체로 **죄과**가 아니다. 오히려 종교에서 모든 것의 관건은 **행함**이며, 이 궁극의도가, 그러니까 또한 이 궁극의도에 적합한 의미가 모든 성경적 신앙교설들에서 해독되지 않으면 안 된다. VII42

신앙명제[教義]들은 마땅히 믿어야만 할 것을 뜻하지 않고(무릇 신앙이란 어떠한 명령도 허용하지 않으니까), 오히려 실천적(도덕적) 견지에서 받아들일 수 있으며, 합목적적이고, 비록 곧장 증명될 수는 없어도, 그러니까 단지 믿을 수 있는 것을 뜻한다. 만약 내가 신앙을 이러한 도덕적 고려 없이 한낱 하나의 이론적 견해의[이론적으로 참인 것으로 여긴다는] 의미에서, 예컨대 역사에 부합하게 타인의 증언에 기초해 있는 것이라는 의미에서 하나의 원리로 받아들이거나, 나는 어떤 주어진 현상들을 이런저런 전제 아래서 외에는 달리 설명할 수 없기 때문에, 하나의 원리로 받아들인다면, 그러한 신앙은 더 선한 사람을 만들지도 증명하지도 않기 때문에 전혀 **종교**의 요소이지 않다. 그러나 그 신앙이 단지 두려움과 희망에 의해 강박되어 영혼 안에 꾸며진 것이라면, 그러한 신앙은 정직성에, 그러니까 또한 종교에 어긋나는 것이다. — 그러므로 성경 구절들이 마치 계시론의 신앙을 그 자체로 공적[功績] 있는 것으로 여기고, 심지어는 도덕적 선행들 위에 있는 것처럼 울린다면, 그 구절들은 그것들을 통해 오직 도덕적인, 이성에 의해 영혼을 개선하고 고양하는 신앙이 생각된 것 A57

으로 해석되지 않으면 안 된다. 설령 예컨대 "믿고 세례받은 자는 복되도 다. 운운"[61]의 그 문자적 의미가 이러한 해석과 어긋나게 들린다 해도 말 이다. 그러므로 저 규약적 교의[교조]들과 그것들의 진정성에 관한 의심 이 도덕적이고 착한 한 영혼을 불안하게 할 수 없다. ― 그럼에도 바로 이 명제들을 특정한 **교회신앙**의 **강론**을 위한 본질적인 필요사항으로 여길 수 있다. 그러나 교회신앙은 단지 종교신앙의 수레[운반체]로서, 그러니 까 그 자체가 가변적이고, 종교신앙과 합동이 될 때까지 점차 정화해갈 수 있어야만 하기 때문에, 신앙조항[신조] 자체가 되어서는 안 된다. 비록 교회신앙이 공공의 화합과 평화를 염려하는 정부의 감호 아래에 있기 때문 에, 교회 안에서 공개적으로 공격받지 않을 수도 있고, 쉽사리/마른 발로[62] 지나갈 수도 있지만 말이다. 그러나 교사의 일은, 교회신앙에 독자적인 신성성을 부여하지 않도록 경고하고, 교회신앙을 통해 인도된 종교신앙 으로 지체 없이 건너가도록[이행하도록] 하는 것이다.

III. 행함은 인간의 도덕적 힘들을 그 자신이 사용함에서 생기는 것으
로 표상해야지, 인간이 그에 대해 수동적 태도를 취하는 어떤 외부의 고 차적 작용인의 작용결과로 표상해서는 안 된다. 그러므로 문자상 후자를 함유하는 것으로 보이는 성서 구절들의 해석은 의도적으로 전자의 원칙 과의 합치를 지향해야만 한다.

만약 자연[본성]이 자기 **행복**의 촉진이라는 인간 안의 지배적 원리로 이해되고, 반면에 은총이 우리 안에 놓여 있는, 파악할 수 없는 도덕적 소질, 다시 말해 **순수 윤리성**의 원리라고 이해된다면, 자연[본성]과 은총 은 서로 구별될 뿐만 아니라, 자주 서로 충돌하기도 한다. 그러나 자연

---

61) 「마르코복음」 16, 16: "믿고 세례를 받는 사람은 구원을 받을 것이다. 그러나 믿지 않는 사람은 벌을 받을 것이다." 참조.
62) 발에 물을 적시지 않고 [걷는]. 「출애굽기」 14, 22: "이스라엘 백성은 바다 가운데로 마른 땅을 밟고 걸어갔다." 참조.

[본성]이 (실천적 의미에서) 자기 자신의 힘 일반을 가지고서 특정한 목적들을 달성하는 능력이라고 이해된다면, 은총이란 다른 것이 아니라 인간의 자연[본성]이다. 인간이 자기 자신의 내적인 초감성적인 원리(즉 자기 의무의 표상)에 의해 행위하도록 규정되는 한에서 말이다. 이 초감성적 원리는, 우리가 그것을 설명하고자 해도 더 이상 그것의 어떠한 근거도 알지 못하기 때문에, 우리 안의 신성[神性]에 의해 일으켜진, 선으로의 추동이라고, 그러니까 은총이라고 우리에 의해 표상되는 것이다. 우리는 우리 안에서는 이러한 선으로의 소질을 스스로 기초 짓지 못했으니 말이다. ─ 곧 죄(인간의 자연[본성] 안의 사악성)는 (노예를 위한 것 같은) 형법을 필수적이게 만들었지만, 은총(다시 말해, 우리 안의 선으로의 근원적 소질에 대한 신앙을 통해, 그리고 신에게 흡족한 인간성의 실례를 통해 신의 아들에서 각성된, 이 선의 발전에 대한 희망)은, 만약 우리가 그 은총을 우리 안에서 작동하게 한다면, 다시 말해 저 거룩한 실례와 유사한 품행의 마음씨가 활동하도록 한다면, (자유로운 자인) 우리 안에서 더욱 강력해질 수 있고 마땅히 더욱 강력해져야만 한다. ─ 그러므로 우리 안에 거룩함/신성[神聖]함을 낳는 어떤 외적인 권세에 대한 한낱 수동적인 순종을 함유하는 것처럼 보이는 성서 구절들은, 그로부터, 비록 우리 안의 저 도덕적 소질이 그 자신 (원인의 이론적 탐색에 있어서) 모든 이성보다 더 고차적인 한 근원의 신성[神性]을 증명하고, 그래서 그러한 신성을 가짐이 공적이 아니라 은총이기는 하지만, 우리 안의 저 도덕적인 소질의 개발에 **스스로 노작해야[일해야]** 한다는 것이 밝혀지게끔 해석되지 않을 수 없다.[63]

A60

---

63) 『이성의 한계 안에서의 종교』, B239이하=VI159 참조: [교회의 설립자가] 맨 먼저 "가르치고자 한 바는, 외적 시민적 또는 제정법적 교회의무들의 준수가 아니라, 오히려 오직 순수한 도덕적인 진정한 마음씨만이 인간을 신에게 흡족하도록 만들 수 있다는 것(「마태오복음」 5, 20~48), […] 그리고 도대체가 신성함이 그가 지향하여 애써야 할 목표라는 것(「마태오복음」 5, 48)"이다.

IV. 자기 자신의 행함이 자기 자신의 (엄격하게 심판하는) 양심 앞에서
인간의 의로움을 인정하는 데 충분하지 못한 곳에서, 이성은 그 부족한
의로움의 하나의 초자연적인 보완을 (그러한 보완이 어디서 성립하는지를
규정할 필요 없이도) 경건하게 받아들일 권한이 있다.

이 권한은 그 자체로 명료하다. 무릇 인간이 자기의 사명[규정]대로 마
땅히 되어야 하는 것(곧 신성한 법칙에 맞게 존재해야 한다는 것), 그것을 인
간 또한 이룰 수 있어야만 하며, 만약 그것이 자신의 힘들을 통해 자연
스럽게 가능하지 않다면, 인간은 그러한 일이 외부의 신적인 협력을 통
해 (그 방식이 어떠하든 간에) 일어날 것을 희망해도 좋은 것이니 말이다.
— 사람들은 여기에, 이러한 보완에 대한 믿음[신앙]이 구원으로 이끈다
고 덧붙일 수 있다. 왜냐하면, 사람들은 그러한 믿음을 통해 (지복[구원]
에 희망의 유일한 조건인) 신에게 흡족한 품행으로의 용기를 견지할 수 있
고, (신에게 흡족하게 되는) 자기의 궁극목적의 달성을 낙담하지 않는 확고
한 마음씨를 견지할 수 있기 때문이다. — 그러나 사람들이, (끝끝내 초절
적인 것이어서, 신이 스스로 우리에게 그것에 관해 말해주고 싶어 하는 모든 것
에도 불구하고 우리로서는 이해할 수 없는) 이러한 보충의 수단이 **어디에** 있
는지를 알 수 있어야 하고, 명확하게 제시할 수 있어야만 하는 것, 그런
것이 꼭 필요한 것은 아니다. 정말이지 이러한 앎까지를 요구하는 것은
오만불손이다. — 그러므로 그러한 특종[特種]의 계시를 함유하는 것으
로 보이는 성서 구절들은, 종래에 한 민족에게 유포되어 있던 신앙교설
들을 따르는 그 민족을 위한 저 도덕 신앙의 수레[운반체]에 해당될 뿐,
(모든 인간을 위한) 종교신앙에 해당하지 않으며, 그러니까 한낱 (예컨대,
유대 기독교도들을 위한) 교회신앙에 상관하는 것으로 해석되어야만 하거
니와, 그러한 교회신앙은 역사적 증명들을 필요로 하는데, 그러한 역사적
증명을 모든 이가 공유할 필요는 없다. 그 대신에 (도덕 개념들에 기초하고
있는 것으로서) 종교는 자체로서 완벽하며, 의심의 여지가 있을 수 없는 것
이다.

　　　　　　　　＊　　　　　＊　　　　　＊

　　그러나 나는 철학적 성서 해석의 이념에조차 반대하는 성서 신학자들의 일치된 목소리[64]가 높아지고 있는 것을 듣고 있다. 이들은, 철학적 성서 해석이 첫째로 의도하는 바는 자연주의적 종교이지, 기독교가 아니라고 한다. 이에 대한 **답변**인즉, 기독교는 도대체가 이성에 기초하고 있고, 그런 한에서 자연적일 수밖에 없는 종교의 이념이라는 것이다. 그러나 기독교는 그 종교를 인간들 사이로 끌고 들어오는 수단[매체], 즉 성경을 함유하거니와, 이 성경의 기원이 초자연적인 것으로 여겨진다. 성경은 (그 기원이 어떠하든지 간에), 그것이 이성의 도덕적 지시규정들을 공적 A63으로 확산시키고 내면적으로 고취하는 일을 촉진하는 한에서, 종교를 위한 수레로 간주될 수 있고, 또한 초자연적 계시를 위한 수레로 받아들임 직하다. 무릇 사람들은 하나의 종교가 그러한 계시를 용인하지 않는 것을 원칙으로 삼으면, 오직 **자연주의적**이라 부를 수 있다. 그러므로 기독교는 순전히 하나의 자연적 종교[65]이기는 하지만, 자연주의적[66] 종교는 VII45아니다. 왜냐하면, 기독교는 성경이 종교를 이끌어오는 수단이자, 종교를 공적으로 가르치며 고백하는 교회를 세우는 초−자연적 수단일 수 없다고 부정하는 것이 아니라, 단지 종교교설이 현안일 때, 이러한 기원을 고려하지 않기 때문이다.

---

64) Johann Gottfried Eichhorn(1752~1827), "Vier Briefe, die biblische Exegese betreffend", in: *Allgemeine Bibliothek der biblischen Litteratur*, 5(1793), 203~298; Johann Georg Rosenmüller(1736~1815), *Einige Bemerkungen das Studium der Theologie betreffend: nebst einer Abhandlung über einige Aeusserungen des Herrn Prof. Kants Auslegung der Bibel betreffend*, [1783], (Erlangen ²1794) 등등.

65) '자연적 종교' 또는 '자연종교'의 의미에 관해서는 『이성의 한계 안에서의 종교』, B230=VI154이하 참조. 또 이와 관련해 '자연신학'에 대해서는 『순수이성비판』, A631=B659이하; A814=B842~A816=B844 참조.

66) '자연주의', 곧 "성경 없는 교회신앙"에 대해서는 아래 A95=VII60 참조.

III.
성서 해석의 원칙들에 관한 반론들과
그에 대한 답변

　　나는 이러한 해석 규칙들에 반대하여 외치는 소리들을 듣고 있다. 즉

첫째로, 그것들은 모두 실로 철학부의 판단들로서, 그것들이야말로 성서 신학자들의 업무에 제멋대로 간섭하는 것이다. — 이에 대한 **답변**: 교회신앙을 위해서는 역사적인 학식이, 종교신앙을 위해서는 순전히 이성이 요구된다. 전자를 후자의 수레[운반체]로 해석하라는 것은 물론 이성의 요구이다. 그러나 어디에서 그러한 이성의 요구가, 단지 수단으로서의 무엇인가가 궁극목적 — 종교가 그러한 것이거니와 — 인 다른 무엇인가를 위한 가치를 갖는 곳에서보다 더 합당할 것이며, 진리에 관한 다툼이 벌어진다면, 이성보다 더 높은 결정 원리가 도대체 어디 있기는 하겠는가? 만약 철학부가 신학부와의 합치를 통해 그 자신의 교설을 강화하기 위해 신학부의 규약들을 이용한다면, 그것은 결코 신학부에 해를 끼치는 일이 아니다. 오히려 사람들은 모름지기, 그로 인해 신학부가 명예를 얻는다고 생각할 터이다. 그러함에도 성서 해석과 관련하여 어쨌든지 두 학부 사이에 다툼이 있을 것이라 한다면, 나는 다음과 같은 비교외에 다른 것은 알지 못한다. 즉 **만약 성서 신학자가 자기의 필요를 위해 이성을 이용하는 일을 중지한다면, 철학적 신학자 또한 자기의 명제들의**

확인을 위해 성경을 사용하는 일을 중지할 것이다. 그러나 나는 성서 신학자가 이러한 계약에 참여할 수 있을 것인가에 대해서는 매우 회의적이다. — **둘째로**, 저러한 해석들은 우의적[寓意的]−신비적인 것이며, 그러니까 성경적이지도 않고 철학적이지도 않다. 이에 대한 **답변**: 그것은 정반대이다. 곧 만약 성서 신학자가 종교의 외피를 종교 자체로 취한다면, 그는 예컨대 전체 구약성서를 아직도 다가오고 있는 종교상태의 (본보기와 상징적 표상들의) 하나의 진척해가는 **우의**[寓意]라고 선언하지 않을 수

없을 것이다. 그가, 구약성서가 당시에 이미 (그보다 더 참인 종교가 있을 수 없는) 참종교였고, 그 때문에 신약성서가 불필요한 것이었음을 받아들이려 하지 않는다면 말이다. 그러나 소위 이성해석들의 신비주의에 관련 VII46 해 말하자면, 철학이 성서 구절들에서 도덕적 의미를 탐지해내고, 실로 그런 의미를 문서에 촉구한다면, 이러한 철학이야말로 (예컨대 어떤 스베덴보리[67]의) 신비주의를 저지할 유일한 수단이다. 무릇 환상이 초감성적인 것 — 이것은 종교라고 일컬어지는 모든 것 안에서 생각될 수밖에 없는 것이거니와 — 을 (도덕적 개념들과 같은) 이성의 일정한 개념들과 연결하지 못하면, 환상은 종교 사안들에서 불가피하게 초절적인 것으로 흘러들어가고, 내적 계시들의 광명주의[68]에 이른다. 그렇게 되면 사람마다 A66

---

67) Emanuel Swedenborg(1688~1772). 스웨덴 출신의 신학자이자 신비가. 『천상의 비밀(*Arcana coelestia*)』(전8권, London 1749~1756), 『천국과 지옥(*De Coelo et eius mirabilibus, et de inferno*)』(London 1758), 『밝혀진 묵시록(*Apocalypsis explicata*)』 (London 1761), 『참 기독 종교(*Vera christiana religio*)』(London 1771) 등 다수의 저작과 함께 계시와 관련한 활발한 활동으로 말년에는 수많은 추종자를 얻었다. 이에 대해 칸트는 저술 『시령자의 꿈』[*TG*](1766) 등을 통해 일관되게 비판하였다. 스베덴보리의 "4절지 8권의 책"(『천상의 비밀』)은 "완전히 허튼소리"(*TG*, A98=II360)로, 영들과 대화를 한다는 스베덴보리야말로 "시령자 중 으뜸 시령자"이고 "환상가 중 으뜸 환상가"(*TG*, A84=II354)이며, "현실의, 감관들 앞에 놓여 있는 세계현상들을 (스베덴보리와 같이) 배후에 숨겨져 있는 예지 세계의 한갓된 상징이라고 [그릇되게] 주장하는 것은 광신"(*Anth*, AB107=VII191)이라는 것이다.
 이 밖에도 칸트는 스베덴보리 전후의 다수 신비가들에 대해 「인간학 강의」를 통해 신랄한 비판을 가했다. 예컨대, Jakob Böhme(1575~1624)(XXV109·331·1257), Antoinette de Bourignon(1616~1680)(*Anth*, BA13=VII133·BA59=VII162; XXV1288), Jeanne Marie Bouvier de la Mothe Guyon(1648~1717)(XXV1288), Johann Casper Lavater(1741~1801)(XXV1285) 등등.

68) 원어: Illuminatism. '광명단(光明團, Illuminatenorden)'의 주의주장. 광명단은 바이스하웁트(Adam Weishaupt, 1748~1830)의 주도로 당초에 계몽과 윤리적 개선을 통해 인간의 인간에 대한 지배를 종식시킨다는 기치 아래 1776년 5월 1일 독일 잉골슈타트(Ingolstadt)에서 창립되어, 짧은 기간 동안에 다수의 추종자를 가졌으나 수많은 신비적 요소와 이론들이 혼효된 데다가 반정부적 내지 반기독교적(특히 반가톨릭적) 활동을 비밀리에 확대해갔기 때문에, 1785년 바이에른(Bayern)에서 금지되었고, 그 후 세력이 약화 소멸되었다.
 "그 생명은 사람들의 빛이었다. 그 빛이 어둠 속에서 비치고 있다."(「요한복음」 1,

각자 자기 자신의 계시를 갖게 되고, 진리의 공적[公的]인 시금석은 더 이상 있지 않게 될 것이다.

그러나 또한 이성이 자기 자신에게 성경의 이성해석에 대해 제기하는 반론들도 있다. 위에서 열거한 해석규칙들의 순서에 따라 이것들을 짧막하게 언급하고 해결해보고자 한다. **반론**: 계시인 한에서 성경은 그 자신에서 해독되어야지 이성에 의해 해독되어서는 안 된다. 무릇 인식원천 자체가 이성과는 다른 곳에 있으니 말이다. 이에 대한 **답변**: 성경책은 신적인 계시로 받아들여지는 바로 그 이유로, 성서는 한낱 역사교설들의 원칙들에 따라서 (자기 자신과 합치하게) 이론적으로 해석되어서는 안 되고, 이성개념들에 따라서 실천적으로 해석되어야 한다.[69] 무릇 어떤 계시가 신적임은 결코 경험이 제공하는 표지[標識]를 통해서는 통찰될 수 없으니 말이다. (최소한의 不可缺의 條件으로서) 계시의 특성은 언제나, 이성이 신에게 어울리는 것으로 천명하는 것과의 합치이다. — b) **반론**: 그렇지만 모든 실천적인 것에는 언제나 하나의 이론이 선행하지 않을 수 없고, 어쩌면 계시교설로서 이 이론이, 우리가 꿰뚫어볼 수는 없지만, 그것들을 촉진함이 우리의 책무일지도 모르는 신의 의지의 의도들을 함유할 수 있겠으므로, 그와 같은 이론적 교의들에 대한 신앙[믿음]은 그 자체로 하나의 책무를 함유하며, 그러한 교의들을 의심함은 하나의 죄과를 갖게 되는 것으로 보인다. 이에 대한 **답변**: 안배된 의식[儀式]들의 실천 외에 다른 실천을 도외시하는 교회신앙을 말한다면, 이러한 반론을 용인할 수 있다. 교회신앙에서는 교회를 신봉하는 이들이 참으로 받아들이는 데에

4~5)라는 증언(testimonium)에 근거를 가질 터인 이 광명주의를, 칸트는 여러 곳에서 "초자연적인 것(신비)에 관한 망상적인 지성적 깨달음[지적 조명]의 결과"(*RGV*, B64=VI53)라고 비판하고 있다. (*RGV*, B143=VI102 참조)

69) 종교는, 그러니까 신의 현존은 어디서나 이론적으로가 아니라, 오로지 실천적으로 받아들여지고 규정될 수 있다.

교설이 불가능하지 않다는 사실 외에 더 필요한 것이 없다. 그에 반해 종교신앙을 위해서는 진리에 대한 **확신**이 요구된다. 그러나 이러한 확신이 (신의 발언들이라고 하는) 법규들에 의해서는 입증될 수 없다. 왜냐하면, [제정] 법규들이 그러한 것이라는 사실은 언제나 다시금, 그 자신이 신적 계시라고 자칭할 권능이 없는 역사를 통해서만 증명될 수밖에 없을 것이기 때문이다. 그래서 전적으로 품행의 도덕성을, 행함을 지향하고 있는 이러한 종교신앙에서는 비록 성경적인 것이라 하더라도 역사적인 교설을 참으로 간주함은 **그 자신으로는** 아무런 도덕적 가치를 갖지 못하거나 무가치하고, 無關無見의 것이다. — c) **반론**: 만약 영적으로 죽은 자에게 "일어나 걸어가라!"[70]라는 부름에 동시에 생명을 불어넣는 어떤 초자연적인 권세가 동반하지 않는다면, 어떻게 그러한 부름을 할 수 있겠는가? 이에 대한 **답변**: 그 부름은 인간들에게, 이성이 도덕적 생의 초감성적 원리를 자기 자신 안에 가지고 있는 한에서, 자기 자신의 이성을 통해 일어나는 것이다. 이러한 원리를 통해 인간이 아마도 즉각 생명을 얻고 저절로 일어설 수 있도록 각성될 수는 없겠지만, 그래도 (그 힘들이 단지 잠자고 있을 뿐, 그렇다고 소멸해버리지는 않은 이처럼) 환기되고 선한 품행에 진력하도록 각성될 수는 있을 것이다. 이러한 진력은 이미, 어떠한 외적 영향을 필요로 하지 않는, 계속된다면, 소기의 전변[轉變]을 일으킬 수 있는 하나의 행함이다. — d) **반론**: 우리 자신의 정의의 결함에 대한 우리에게는 미지의 보완방식에 대한 믿음, 그러니까 어떤 타자의 선행에 대한 믿음은 우리가 느끼는 필요의 충족을 위해 무단히 가정된 하나의 원인(原理 請願/論點 先取[71])이다. 무릇 우리가 상위자의 은총에서 기대하는 것, 그것에 대해 우리는 그것이 우리에게 틀림없이 분여[分與]된다는 것을 마치 자명한 것처럼 가정할 수 없고, 그것이 우리에게 실제로 약속되어 있

VII47

A68

---

70) 「요한복음」 5, 8. 또 「루카복음」 17, 19: "일어나 가거라. 네 믿음이 너를 살렸다." 등 참조.
71) 원어: petitio principii. 보통은 '선결문제 요구[의 오류]'로 이해됨.

을 때만 가정할 수 있으며, 그래서 정식 계약[72]에 의한 것과 같이, 우리에게 일어난 일정한 약속을 수락함으로써만 가정할 수 있다. 그러므로 우리는, 나타나는 바대로, 저 보완을, 신적인 **계시**를 통해 실제로 승낙되고 행운에 내맡겨지지 않는 한에서만, 희망하고 전제할 수 있다. 이에 대한 **답변**: "너는 죄를 용서받았다."[73]라는 위로의 판결에서 하나의 직접적인 신적 계시는 불가능한 하나의 초감성적 경험이겠다. 그러나 이러한 경험이 또한 (종교와 같이) 도덕적 이성근거들에 의거하고 있고, 그렇기에 선험적으로, 적어도 실천적 의도에서는 확실한 것과 관련해서 필요하지 않다. 사람들이, 나약하지만 자기가 의무로 인식하는 모든 것을 자기의 전체 능력을 다해 준수하고자 애쓰는 피조물에 관한 성스럽고 선량한 법칙수립자의 교령[敎令]들을 달리 생각할 수는 없다. 그리고 일정한 경험적으로 베풀어진 승낙이 필요 없이 이성신앙과 그러한 보완에 대한 신뢰만으로도 경험적 신앙이 할 수 있는 것보다 더 많이 순정한 도덕적 마음씨를 증명하고, 이로써 저 대망한 은총 표시에 대한 수취능력을 증명한 것이겠다.

*　　　*　　　*

　이러한 방식으로 모든 성서 해석들은, **종교와 상관하는 한에서**, 계시에서 목적이 되는 윤리성의 원리[74]에 따라 이루어져야 하거니와, 이 원

---

72) 정식 계약은 "협의 행위"인 "예비적 법적 행위", 곧 "제의[提案]와 그에 대한 동의[承認]" 및 "체결 행위"인 "구성적 법적 행위", 곧 "약속[請約]과 수락[承諾]"으로 완성된다.(*MS, RL*, BA98=VI272 참조)

73) 「마태오복음」 9, 2; 「루카복음」 5, 20 등 참조.

74) 『이성의 한계 안에서의 종교』는 이에 관해 시종일관 논하고 있다: "인간의 도덕적 개선은 모든 이성종교의 본래적 목적을 이루는 것"(*RGV*, B161=VI112)이다. "신에 의해 불어넣어진 모든 성서 말씀은 또한 가르침에, 죄 있는 자를 꾸짖는 데에, 개선하는 데에, 정의롭도록 교육하는 데에 쓰입니다."(「티모테오 제2서」 3, 17)

리가 없으면 실천적으로 공허하거나 심지어 선의 장애가 된다. — 그러할 때에만 성서 해석들은 본래 **진정성이 있다.** 다시 말해 우리 안의 신이 그 자신 해석자인 것이다. 왜냐하면, 우리는 우리 자신의 지성과 우리 자신의 이성을 통해 우리와 이야기를 나누는 자 외에는 누구도 이해하지 못하며, 그러므로 우리에게 공포된 교설의 신성[神性]/신적임은 **우리의** 이성의 개념들 — 이 개념들이 순수-도덕적이고, 그로써 기만적일 수 없는 한에서 — 에 의해서 말고는 무엇에 의해서도 인식될 수 없기 때문이다.

일반적 주해
종파들에 대하여

본래 종교라고 부를 만한 것에는 종파의 상이성이[여러 가지 종파가] 있을 수 없다. (무릇 종교란 유일하고, 보편적이고 필연적인, 그러니까 불변적인 것이니 말이다.) 그러나 종교신앙과 관련한 것에는 능히 종파의 상이성이 있을 수 있다. 한낱 종교의 수레[운반체]인 것에 대한 믿음이 종교의 신앙조항으로 여겨지는 이상, 그 신앙이 순전히 성경에 기초해 있든, 전통에 기초해 있든 간에 말이다.

A71

만약 **기독교**를 **구세주** 신앙으로 이해한다면, 기독교 종파들 모두를 헤아린다는 것은 지난[至難]하고도 보람 없는 일일 터이다. 무릇 기독교는 한낱 구세주 신앙의 한 종파※일 따름이고, 그리하여 기독교는 좁은 의

※ 우리 종교의 신봉자들을 그리스도들[75]이라고 **부르는**[76] 것은 독일어 언어사용(또는 오용)의 기이한 점이다. 그것은 마치 그리스도가 하나 이상 있는 것 같고, 각각의 신자가 하나의 그리스도인 양하다. 이것은 **기독교도들/기독교인들**[77]이라고 불러야만 할 것이다. — 그러나 이러한 명칭은 (페레그리누스 프로테우스[78]

미에서의(민족에 대한 지배권을 나눠 갖지 못한 최종 시점[時點]에서) **유대교**
와 대립해 있고, 여기서 "오시기로 되어 있는 분이 바로 당신입니까? 아

니면, 우리가 다른 분을 기다려야 합니까?"[80]라는 물음이 제기되는 것이
며, 그 때문에 당초에 로마인들이 기독교를 취한 것이었으니 말이다. 그
러나 이러한 의미에서의 기독교는 종규들과 경서에 기초해 있는 하나의
특종의 민족신앙일 것이고, 이것에 대해 사람들은, 과연 이것이 곧 모든
인간에게 타당할 수 있고, 최후의 계시신앙일 수 있는지, 또는 장래에 좀
더 목적에 근접한 또 다른 신적 법규들을 기대할 수 있을 것인지 어떤지
를 알 수 없을 터이다.

그러므로 종파들에서의 신앙교설을 구분하는 일정한 도식을 갖기 위
해서, 우리는 경험적 자료들에서 시작할 수가 없다. 신앙의 사안들에서
의 사유방식 차이의 단계 계열에서 그 상이성이 제일 먼저 종파의 차이

에게서 일어나듯이) 이내 사람들이 매우 비방 험담할 수 있는 이들의 종파 명칭
처럼 보일 것이다. (물론 이런 일이 그리스도들에서는 일어나지 않지만.) — 그
래서《할레 학보》[79]에서 한 비평가는 여호아라는 명칭이 **야훼**로 발음되어야 한
다고 주장하였다. 그러나 이러한 변화는 세계의 주[主]가 아니라 하나의 민족신
[民族神]을 표시하는 것으로 보일 것이다.

---

75) 원어: Christen. 그러나 이 원주 외에서는 'Christen'을 '기독교도들'이라고, 곧 아래에
　　서 말하는 'Christianer'로 옮긴다. 그에 따라 'Christ'는 때로는 Christus, 곧 예수 그리
　　스도의 지칭으로, 또 때로는 일반명사 '기독교도'로 옮긴다.
76) AA는 이 대목에서 앞의 낱말 "그리스도들(Christen)"과 이 낱말 "부르는(nennen)"을
　　서로 바꾸어 강조체로 표시하고 있다.
77) 원어: Christianer. 곧 영어식 표현 'Christian'이겠다.
78) Peregrinus Proteus(ca. 100~165). 고대 그리스의 견유학파 철학자로 자신의 조사
　　(弔辭)을 읽은 후 165년 올림픽 경기장의 불꽃 속으로 뛰어들어 죽었다는데, 그의 제
　　자들이 흰옷을 입고 화관을 쓴 그가 승천하는 것을 보았다는 전설과 함께 적지 않
　　은 추종자들이 있었다. 칸트 당대에 Christoph Martin Wieland(1733~1813)는 그에
　　대한 희곡과 함께 소설 『철학자 페레그리누스 프로테우스의 신비한 이야기(*Geheime
　　Geschichte des Philosophen Peregrinus Proteus*)』(Leipzig 1791)를 썼다.
79) *Hallische gelehrte Zeitungen*.
80) 「마태오복음」11, 3 참조.

를 기초 지을 그 단계를 결정하기 위해서는 오히려 선험적으로 이성을 통해 생각될 수 있는 상이성에서 시작해야만 한다.

신앙의 사안들에 있어서 **용인된** 사유방식에 따른 구분 원리는 **종교**이거나 **미신** 내지[81] **이교**[異敎] ─ 이것은 A와 非A 같이 서로 대립한다 ─ 이다. 통상 전자의 고백자를 **신자**라 부르고, 후자의 고백자를 **불신자**[不信者]라고 부른다. 종교는 신에 대한 모든 숭배의 **본질적인 것**을 인간의 도덕성에 두는 신앙이다. 이교는 인간의 도덕성에 본질적인 것을 두지 않는 신앙이다. 그것은 이교에 초자연적이며 도덕적인 존재자의 개념이 아예 결여되어 있기(粗雜한 異敎[82]) 때문이거나, 윤리적으로 잘 이끌어진 품행의 마음씨와는 다른 어떤 것을, 그러므로 종교의 비본질적인 것을 종교의 요소로 만들기(洗練된 異敎[83]) 때문이다.

이제, 동시에 신적인 지시명령[계명]들로 생각되어야 할 신앙명제[교의]들은 한낱 **제정 법규적인**, 그러니까 우리에게는 우연적인 것인 계시교설들이거나, **도덕적인**, 그러니까 그것들의 필연성에 대한 의식이 결합되어 있고 선험적으로 인식 가능한, 다시 말해 신앙의 **이성교설들**이다. 전자의 교설들의 총괄이 **교회신앙**을 형성하고, 반면에 후자의 교설들의 총괄은 순수한 **종교신앙**을 형성한다.※

하나의 교회신앙을 위한 **보편성**을 요구(位階制的 가톨릭主義[普遍主義][85]) 하는 것은 하나의 모순이다. 왜냐하면, 무조건적인 보편성은 필연성을

───────────────

※ 이 구분이 정밀하고, 통상적인 화법에 맞다고 내가 자처하지는 않으나, 여기서 당분간은 적용될 수도 있겠다.[84]

───────────────

81) AA에서는 "**미신** 내지" 대목을 삭제.
82) 원어: Etnicismus brutus.
83) 원어: Etnicismus speciosus.
84) 교회신앙과 종교신앙의 차이에 관해서는 『이성의 한계 안에서의 종교』에서 여러 관점에서 상론하고 있다.
85) 원어: catholicismus hierarchicus.

전제하는데, 이러한 필연성은 오직 이성이 스스로 신앙명제[교의]들을 충분하게 정초하는 곳, 그러니까 이 신앙명제들이 한갓된 제정 법규들이 아닌 곳에서만 생기는 것이기 때문이다. 그에 반해 순수한 종교신앙은 보편타당성에 대한 정당한 권리주장(理性的 가톨릭主義[普遍主義]⁸⁶⁾)을 갖는다. 그러므로 후자에서는 신앙의 사안들에서 종파분열은 결코 일어나지 않을 것이다. 종파분열이 생긴다면, 그런 일은 언제나 교회신앙의 잘못에서 발생한다. 즉 교회신앙의 법규들(또한 신적 계시들)을 종교의 본질적 요소로 간주하고, 그러니까 신앙 사안들에서의 경험주의를 이성주의 아래에 끼워 넣어, 한낱 우연적인 것을 그 자체로 필연적이라고 사칭하는 잘못 말이다. 무릇 우연적인 교설들에서는 갖가지로 서로 상충하는 종규들이나 종규들에 대한 해석들이 있을 수 있으므로, 한갓된 교회신앙이, 순수한 종교신앙을 통해 정화[淨化]되지 않으면, 신앙 사안들에 있어서 무수한 종파들의 풍부한 원천이 될 것임을 쉽게 간파할 수 있다.

이 정화를, 이 정화가 어디에 있는지를 명확하게 제시하기 위해서는 나에게는 다음의 명제가 사용할 수 있는 최적의 시금석으로 보인다. 즉 교회신앙은 어느 것이든 한낱 제정 법규적 신앙교설들을 본질적인 종교교설이라 칭하는 한에서, 모종의 **이교 혼효**[混淆]이다. 무릇 이교는 종교의 외적인(본질 외적인) 것을 본질적이라 칭하는 데서 성립하는 것이니 말이다. 이 혼효는 점차적으로 더해가서, 전체 종교가 관습적인 것을 법칙이라고 칭하는 것을 넘어 순전한 교회신앙으로 이행해가고, 그런 다음에는, 저 욕된 명칭의 말문을 막아 그래도 저 교설들이 신적 계시들이라고 말할 수 있는 것이 아무것도 없는, 적나라한 이교*가 된다. 무릇 저 제정 법규적인 교설들과 교회의무들 자체가 아니라, 그것들에 부여된 무조건적인 가치(가령 한갓된 수레[운반체]가 아니라, 아무런 내적 도덕적 내용을 지니고 있지 않음에도 종교요소라고 하는 것, 그러므로 계시의 질료가 아니라, 실

---

86) 원어: catholicismus rationalis.

천적인 마음씨 안에 그런 계시를 받아들이는 형식)가 그러한 신앙방식에 이교라는 명칭을 붙이는 것을 당연하게 하는 것이니 말이다. 그러한 하나의 신앙에 따라 구원을 선언하거나 벌을 내리기도 하는 교회적 권위는 승직제도[승직제주의]라고 일컬어질 터이다. 만약 이른바 개신교도들이, 이성이 그들에게 아무것도 말해주는 바가 없는, 최악 최저의 인간도 최선의 인간과 똑같은 정도로 고백하고 준수할 수 있는 교의들과 계율들에 대한 믿음에 그들의 신앙교설들의 본질을 놓으려 생각하고 있다면, 개신교도들 또한 승직제도라는 저러한 명예로운 명칭에서 제외될 수 없다. 그들이 언제나 바라는 바대로, 저 교의와 계율들의 불가사의한 힘에서 생겨난다고 하는(그러니까 자기 자신의 뿌리를 갖고 있지 않은) 덕자[德者]라는 더욱더 굉장한 꼬리표를 덧붙인다 할지라도 말이다.

그러므로 교회신앙이 시작하는 지점에 대해, **종교신앙**을 통한 수정[修正]에 유의하지 않고서, 독자적으로 권위 있게 말하는 것 또한 종파분열을 개시한다. 무릇 거기서 (실천적 이성신앙으로서의) 이 종교신앙은 인간의 영혼에 대해, 자유의 의식과 결합되어 있는 자기의 영향력을 잃을 수 없는 데에 비해, 교회신앙은 양심에 폭력을 행사하고, 그래서 각자는 자기의 의견을 위한 무엇인가를 교회신앙 안에 집어넣거나 거기서 끄집어내고자 하니 말이다.

※ **이교**(異敎/邪敎/迷信崇拜)[87]란 낱말 풀이대로 말하자면 숲(황야)에 사는 족속의 종교적 미신, 다시 말해 그 종교신앙이 아직 일체의 교회 체제가 없는, 그러니까 공적인 율법이 없는 무리[집단]의 종교적 미신이다. 그러나 유대인들, 마호메트교도들 그리고 인도인들은 자기들의 율법이 아닌 것은 율법으로 간주하지 않고, 똑같은 계율을 갖지 않는 다른 민족들을 비난의 칭호인 불신자('고이'[88], '자우어'[89] 등등)라고 부른다.

---

87) 원어: Heidentum(paganismus).
88) 원어: Goi. 히브리어 표현.
89) 원어: Dschauer. 아라비아어 표현.

이러한 폭력은 교회로부터의 한갓된 이탈(분리주의)을, 다시 말해 교회와의 공적인 공동생활[유대]의 포기를 유발하거나, 질료의 면에서[실질적으로]는 동일한 교회를 신봉하지만 그 교회의 형식에 관해서는 다르게 생각하는 이들의 공적인 갈라짐(분열자[분파주의자])을 유발하거나, 특정한 신앙교설과 관련하여 교회를 이탈한 자들의 회동, 특히 언제나 비밀스럽게는 아니지만, 국가에서 재가받지 못한 동아리들(종파[주의]자)을 유발하거나 — 그런데 이들 중 일부는 똑같은 자원[즉 신앙교설]에서 특수한, 일반 대중에게는 마땅하지 않은, 비밀스러운 교설들을 가져온다(이를테면 경건주의파 회원) —, 끝으로 상이한 종류의 신앙들을 융합하여 만인을 만족시킨다고 생각하는 거짓 화해조정자(통합주의자)들을 유발하기도 한다. 그런데 이[통합주의자]들은 종파주의자들보다도 더 고약하다. 왜냐하면, 그 근저에는 종교 일반에 관해 아무래도 좋음[무관심]이 놓여 있기 때문이고, 일단 국민 속에 하나의 종교신앙이 있어야 하는데, 그것이 정부에 의해 정부의 목적들을 위해 잘 운용될 수만 있으면, 이런 신앙이나 저런 신앙이나 다 좋다는 것이기 때문이다. 그러나 통치자 자신의 구미에는 전적으로 올바르고, 사뭇 지혜롭기까지 할 이러한 원칙은, 이 문제를 자기 자신의, 그것도 도덕적인 관심에서 숙고해야만 하는 신민의 판단에서는 종교에 대한 극도의 경시를 노정하는 것이겠다. 종교의 수레[운반체]가 어떤 성질의 것인지, 누가 자기의 교회신앙에 무엇을 채택하는지는 종교에 있어서 아무래도 좋은 것이 아니니 말이다.

A78

VII52 종파분열 — 개신교파들에서 일어났던 바대로, 교회가 각양각색이 될 때까지 나아가는 — 에 관하여 이렇게 말하고는 한다: 다수의 종교들(본래는 한 국가 안에서의 여러 종류의 교회적 신앙들)이 있음은 좋은 일이다. 이것이 곧 신앙의 자유가 국민에게 허용되어 있다는 좋은 표시인 한에서, 이것은 올바른 일이기도 하다고. 그러나 이러한 말은 본래 정부에 대한 찬사일 뿐이다. 무릇 그 자체로 그러한 공적인 종교상태는 좋은 것이 아니다. 그 원리는, 종교라는 개념이 요구하는 바와 같이, 본질적인 신

156

앙준칙들의 보편성과 통일성을 동반하지 않고, 본질 외적인 것에서 기인하는 다툼과 저 종교상태를 구별하지 못하는 성질의 것이다. 그러므로 궁극의도 자체(곧 인간을 도덕적으로 개선하는 일)로서의 종교를 위한 종교의 수레[운반체]의 다소간의 적합성과 부적합성에 관한 의견들의 차이가 A79 경우에 따라서 교회 종파들의 상이함을 야기할 수는 있겠으나, 그렇다고 그것이 종교 종파들의 상이함을 야기해서는 안 된다. 그런 상이함은 종교(그러므로 보이지 않는[불가시적인] 교회)의 통일성과 보편성에 정면으로 배치되는 것이다. 그러므로 계몽된 가톨릭교도들과 개신교도들은 서로 뒤섞이지 않은 채로 서로를 신앙의 형제들로 여길 수 있을 것이다. 다음의 기대(와 이러한 목적을 향한 노력)에서, 즉 시간이, 정부의 장려로, 점차 신앙 — 이것이 물론 이 경우 순수한 도덕적 마음씨가 아닌 다른 어떤 것을 통해 신의 호의를 얻고 신과 화해하는 하나의 신앙일 수는 없다 — 의 격식[儀禮]들을 종교의 목적의 존엄함에, 곧 종교 자체에 접근시킬 것이라는 기대에서 말이다. — 유대인들에 대해서조차 이러한 일은 (하나의 **구세주** 신앙으로서의 기독교로의) 보편적 개종※의 몽상 없이도 가능하다. A80 만약 그들 가운데서, 지금 일어나고 있는 바와 같이, 정화된 종교개념들이 깨어나고, 이제는 더 이상을 쓸모가 없는, 오히려 모든 참된 종교의 VII53

※ 모제스 멘델스존[90]은 (사람에의 論證[91]을 통해) 그의 **현명함**을 빛낼 방식으로 이러한 무리한 요구를 물리쳤다. 신이 시나이산에서 (천둥과 번개가 치는 중에), 다시 말해 영원히, 부여한 것과 똑같이 엄숙하게 우리의 율법을 폐지하지 않는 A80 한, 우리는 그것에 구속되어 있다(라고 그는 말한다). 이로써 아마도 그는 다음과 같이 말하고자 한 것이리라. 즉 기독교도들, 그대들이 **그대들** 자신의 신앙에서 먼저 유대교를 소거한다면, 우리 또한 우리 것을 포기할 것이다. — 그러나 그는 이러한 강경한 요구를 통해 자기 자신의 신앙동료들에게서 그들을 압박하고 있는 무거운 짐들을 최소한으로 경감하고자 하는 희망을 잘라냈다. 설령 그가 아마도 저 최소한의 짐을 그의 신앙에 본질적으로 속하는 것으로 여겼다 할지라도 말이다. 과연 이러한 일이 그의 선한 **의지**를 빛나게 해줄 것인지는 이들 자신이 결정할 수 있을 것이다.

마음씨를 내몰아내는 제식[祭式]을 파기해버린다면 말이다. 종교개념들이 **사람 없는 옷**(종교 없는 교회)을 가진 지 이미 오래되었고, 그렇지만 **옷 없는 사람**(교회 없는 종교)이 잘 유지되고 있는 것도 아니며, 그러므로 그것들은 교회의 지금의 상황에서 궁극목적에 최적일 교회의 특정한 격식[儀禮]들을 필요로 하기에, **예수**의 종교를 (짐작하건대 이것의 수레[운반체]인 **복음서**와 함께) 공적으로 받아들이는, 이 민족의 매우 훌륭한 인사인 벤다비드[92]의 생각은 매우 다행일 뿐만 아니라, 유일한 제안이라 볼 수 있다.

A81   그 제안의 실행은 이 민족을 이내, 신앙의 문제들에서 다른 민족과 섞이지 않고서도, 배움 있고, 충분히 개명된, 시민적 상태의 모든 법/권리 능력이 있는, 그 신앙 또한 정부에 의해 재가받을 수 있는, 하나의 민족으로 주목하게 만들 것이다. 물론 이 제안의 실행에서 예수가 유대인으로서 유대인들에게 이야기한 방식과 도덕적 교사로서 인간 일반에게 이야기했던 방식을 구별하기 위해 그들에게는 (모세 율법서와 복음서의) 성서해석이 자유롭게 허용되어야만 할 것이지만 말이다. — 유대교의 안락사는 모든 옛 종규교설들을 버림으로써 순수한 도덕 종교가 되는 것으로, 실로 그 교설들 중 몇몇은 (구세주 신앙으로서의) 기독교에도 보존되어 남

---

90) Moses Mendelssohn(1729~1786)은 유대 상인 출신으로서, 독학으로 당대 최고 인기를 누린 대중철학자였다. 『순수이성비판』 출간 전까지는 쾨니히스베르크로 칸트를 방문할 만큼 칸트와 친교하였다.
   그는 학술에서뿐만 아니라 정치사회 면에서도 매우 중요한 일을 했으며, 유대인들로 하여금 기독교 시민사회에 융화할 것을 촉구하고 몸소 실천에 옮겼다. 그의 자손들은 기독교로 개종했다. 그의 손자인 음악가 펠릭스 멘델스존-바르톨디(Felix Mendelssohn-Bartholdy)가 좋은 예이다. 그러나 그는 *Jerusalem oder über religiöse Macht und Judenthum*(1783)을 통해, 국가와 종교는 분리되어, 각각의 과제를 수행해야 함을 역설하면서, 종교적 신앙은 전적으로 사적인 것으로 어떤 종류의 사회적 강제 아래 놓여서는 안 된다는 관용론을 피력하였다.
91) 원어: argumentatio ad hominem.
92) Lazarus Bendavid(1762~1832). 베를린 출생의 유대인 수학자, 철학자, 교육자. 칸트 철학의 대중화에 힘썼으며, 저술 *Etwas zur Charakteristik der Juden*(1793) 등을 통해 유대인의 시민사회 편입에 앞장섰다.

아 있을 것이 틀림없다. 여하튼 마침내는 그러한 종파의 차이도 사라지고 말 것이고, 사람들이 지상에서의 종교의 대전환 극[劇](만물의 회복[93])이라 부르는 것이 적어도 정신 중에 도래할 것이다. 거기서는 하나의 목자와 한 무리의 양 떼가 있을 따름이다.

*　　　*

그러나 만약, 기독교가 무엇인지뿐만 아니라, 기독교가 인간의 심중에서 실제로 발견되려면 기독교의 교사는 기독교를 어떻게 시작해야만 하는가(이것은, 종교신앙이 동시에 개선된 인간을 만들려면, 무엇을 해야만 하는가와 한가지의 과제이다)를 물으면, 그 목적은 한가지이고, 아무런 종파의 차이도 유발하지 않지만, 그 목적을 위한 수단의 선택은 종파의 차이를 초래할 수 있다. 왜냐하면, 하나의 동일한 작용결과에 대해 **하나** 이상의 원인을 생각할 수 있고, 그러므로 그런 한에서, 과연 이 수단이 또는 저 수단이 목적에 적합한지 그리고 신적인지 어떤지에 대한 의견들의 다름과 다툼이, 그러니까 종교 일반의 (주관적 의미에서의) 본질적인 것과도 상관이 있는 원리들에서의 분열이 야기될 수 있기 때문이다. A82

이 목적을 위한 수단들은 경험적일 수 없으므로 — 왜냐하면 이 수단들은 기껏해서 사행[事行]에 영향을 미치기는 할 것이나, 마음씨에 영향을 끼치지는 못할 것이니까 — , 모든 **초감성적인** 것은 동시에 **초자연적인** 것이라고 간주하는 이들에게 위의 과제는 다음과 같은 물음으로 변환되지 않을 수 없다. 즉 (누군가가 다른, 새로운 사람이 되는 회개의 귀결인) 거듭남이 어떻게 신적인 직접적 영향을 통해 가능한가, 그리고 이러한 영향을 끌어오기 위해 인간은 무엇을 행해야만 하는가? 내가 주장하는바, 사람들은 선험적으로, (의견들을 설명할 수는 있을 것이나 그 의견들의 필연성은 설명하지 못하는 것인) 역사에서 조언을 구함 없이, 하나의 자연적인 A83

---

93) "그때에는 하느님께서 만물을 완전히 지배하게 될 것입니다."(「코린트 제1서」 15, 28) 참조.

작용결과에 대해 초자연적인 원인들을 불러들이는 것이 사소한 일인 이들에게 순전히 이 과제가 야기하는 불가피한 종파의 차이를 미리 말할 수 있으니, 실로 이 분열은 두 상이한 종교 종파의 명명을 정당화하는 유일한 분열이기도 하다. 무릇 사람들이 그렇게 부르는 것은 잘못인 다른 종교 종파는 단지 교회 종파들이며, 그러한 것들은 종교의 내적인 것과는 상관되는 바가 없다. — 그러나 모든 문제는 첫째로 과제의 **제기**[질문], 둘째로 **해결**, 그리고 셋째로 **증명**으로 이루어지고, 요구된 것이 뒤의 것을 통해 수행된다. 그러므로:

1) (용맹한 슈페너[94]가 열정적으로 교회의 모든 교설에 대해 외쳤던) 과제인즉, 종교의 강론이 목적으로 삼아야 하는 바는, 우리를 (우리가 마치 단지 어느 정도 소홀히 했을 따름이지, 이미 선한 것인 양) 좀 더 선한 인간으로 만드는 것이 아니라, **다른** 인간으로 만드는 것이다. 이 명제는 존경할 만한 (물론 위반행위가 섞여 있지만, 저 계율들을 통해 언제나 다시 회복되는) 품행 외에 순수 계시교설에 대한 신앙과 교회에 의해 지시규정된 계율들(즉 기도, 교회 다니기, 그리고 성사[聖事]들)[95] 안에 신에게 흡족하게 되는 방식을 두는 **정통교도들**(나쁘지 않게 고안된 명칭)에게 방해가 되었다. — 그러므로 이 과제는 전적으로 이성에 기초하고 있다.

2) 그러나 그 해결은 온전히 **신비주의적으로** 나타난다. 그것은 사람들이 종교의 원리들에서 초자연주의[96]에 기대할 수 있었던 것과 같다. 초자연주의는, 인간이 태생적으로 죄 중에서 죽은 것이기 때문에, 자기 자

A84

---

94) Philipp Jacob Spener(1635~1705). 17세기 독일 루터교의 대표적 신학자로 1670년 이래 경건회(collegia pietatis)의 진흥에 앞장서고, 1675년에는 경건주의(Pietismus) 신앙의 핵심을 설파한 『참된 개신교회의 신에게 흡족한 개선에 대한 충심의 염원(Pia Desideria oder Herzliches Verlangen nach gottgefälliger Besserung der wahren evangelischen Kirche)』을 펴냈다.
95) 교회의 "격식적인 제례"들의 의미와 한계에 관해서는 『이성의 한계 안에서의 종교』, B302=VI194이하 참조.
96) '초자연주의'에 관해서는 『이성의 한계 안에서의 종교』, B232=VI155 참조.

신의 힘으로는 아무런 개선도 희망할 수 없다 하고, 심지어 그의 본성 중에 있는 근원적인 거짓될 수 없는 도덕적 소질로도 개선을 희망할 수 없게 한다. 이 도덕적 소질이라는 것도 비록 **초감성적**인 것이기는 하지만, 그 작용결과가 그 직접적 원인이 오직 (신의) 영[靈]일 경우처럼 동시에 **초자연적**이지는 않기 때문에, 육[肉]이라고 불리운다. — 저 과제의 신비주의적 해결은 이제 신앙인들을 초자연적 영향들에 대한 **감정**의 두 종파로 가른다. 한 종파는 필시 **심정이 찢어지는**(통회하는) 식의 감정 속에, 다른 종파는 **심정이 녹는**(신과의 축복받은 교섭에 젖어드는) 식의 감정 속에 있다. 그래서 (악한 인간들을 선한 인간들로 만드는) 문제의 해결은 상반된 두 입장에서 출발한다.("의욕은 선하건만, 완수가 없다."[97]) 곧 전자의 종파에서는 자신 안에 있는 악의 지배에서 **벗어나는 것**[해방]만이 관건이고, 그러고 나면 선한 원리가 저절로 나타날 것이라 한다. 후자의 종파에서는 선한 원리를 자기의 마음씨 안에 채용하는 것이 관건이고, 그러고 나면 초자연적인 영향에 의해 악이 독자적으로는 더 이상 어떤 자리를 찾지 못할 것이고, 선만이 지배적이 될 것이라 한다.

VII55

A85

하나의 도덕적인, 그러나 오직 초자연적인 영향을 통해서만 가능한, 인간의 탈바꿈[變身]이라는 이념은 이미 오래전에 신앙인들의 머릿속에서 **윙윙**거렸을 것이다. 그러나 이 이념은 근래에 와서야 비로소 제대로 논의 거리가 되어, 회개 교설에서의 슈페너-프랑케[98] 종파와 **메렌**[99]-친첸도르프[100] 종파(곧 경건주의와 모라비아주의)의 차이를 낳았다.

---

97) "나는 호의는 가지고 있으나, 완수가 없다."(*RGV*, B22=VI29) 참조. 또 「로마서」 7, 18: "내 안에 원의가 있기는 하지만, 그 좋은 것을 하지는 못합니다."; 「로마서」 7, 15: "나는 내가 바라는 것을 하지 않고 오히려 내가 싫어하는 것을 합니다." 참조.

98) August Hermann Franke(1663~1727). Halle의 경건주의 대표 신학자이자 목사로, 그가 1698년에 설립한 재단이 현재까지도 존속하고 있다.

99) Mähren. 보헤미아(체코)의 동부 지방. 영어로는 Moravia.

100) Nikolaus Ludwig von Zinzendorf(1700~1760). 1726년에 피난민인 모라비아 신도들을 위한 정착촌 Herrnhut를 조성한 이래 미국(1741), 프로이센(1742), 영국(1749) 등지에서 활발한 모라비아 교회 사업을 펼쳤다.

전자 종파의 가설에 따르면 (인간의 자연[본성]에 혼용되어 있는) 악에서 선을 분리하는 일은 초자연적인 작업을 통해서, 즉 거의 절망에 이르러서, 그러나 오직 천상의 영[靈]의 영향으로 필요한 정도에 이를 수 있는 비탄(靈魂의 悲嘆)으로서의 **참회[속죄]** 속에서 심정의 찢어짐과 통회를 통해 일어난다. 인간은 스스로는 충분히 비탄할(그러니까 괴로움이 그다지 전적으로 그의 심정에서 우러나올) 수 없음에 대해 스스로 비탄함으로써 저 비탄을 스스로 간구해야만 한다. 고[故] 하만[101]이 말한 것처럼, 이러한 "자기인식의 지옥 순례가 이제 신처럼 되는[신성화의] 길을 연다."[102] 곧 이러한 참회[속죄]의 작열이 절정에 이른 후에, **돌파**가 일어나고, **거듭난 자**의 순수 금속이 둘러싸고는 있지만 오염시키지는 않는 광재[鑛滓] 속에서 선한 품행으로 신에게 흡족하게 사용되기 위해 충분히 빛난다 한다. — 그러므로 이러한 급진적 변화는 **기적**과 더불어 시작되고, 그 기적이 **이성**을 지시규정하기 때문에 사람들이 보통 자연적인 것으로 간주하고는 하는 것, 곧 도덕적으로—선한 품행으로 마무리된다. 그러나 사람들은 신비주의적—기분에 찬 상상력이 최고로 비상할 때조차도, 인간을 전적으로 기계로 만들지 않고서는, 인간을 일체의 자기행위에서 면제시킬 수는 없기 때문에, 지속적이고 열렬한 기도는, (사람들이 기도를 일반적으로 하나의 행위로 인정하려 하는 한에서) 그에게 그렇게 행하도록 임무 지워

---

101) Johann Georg Hamann(1730~1788). 칸트와 동시대의 문필가이자 신학과 철학 분야의 저자로 칸트와 오랜 기간 친교를 나눴다. 그와 주고받은 많은 양의 서신은 칸트의 일상생활과 사유 과정을 아는 데 중요한 자료가 되고 있다. 하만은 일찍부터 프랑스 백과사전의 일부 번역을 시도했고, 흄의 여러 저작을 번역해 내기도 했으며, 칸트와는 일찍이 1759년에 '어린이를 위한 물리학'을 공저할 기획을 세우기도 했다. 칸트 『순수이성비판』에 대한 비판서인 『이성의 순수주의에 대한 메타비판(*Metakritik über den Purismum der Vernunft*)』(1784)은 Herder와 Jacobi에 의해 널리 소개되었고, 당대에 칸트철학에 대한 이해와 비판에 큰 영향을 미쳤다.

102) Hamann, "Abelardi Virbii Chimärische Einfälle über den zehnten Theil die Briefe die Neueste Litteratur betreffend,"(1761), Roth II, 198. 이 구절은 『덕이론』에서도 인용되고 있다.(*MS*, *TL*, A104=VI441 참조) 또 초기 인간학 강의 때에도 언급한 기록이 있다.(V-Anth/Collins, XXV7 참조)

진 것이며, 이 기도에 의해서만 인간은 저 초자연적인 작용결과를 기대
할 수 있다. 그럼에도 이때, 기도란 언필칭 믿음 중에서 이루어지는 한에 A87
서만 들어주는 것인데 이 믿음이라는 것도 하나의 은총의 작용, 다시 말
해 인간이 자신의 힘만으로는 이를 수 없는 어떤 것이므로, 인간은 자기
의 은총의 수단과의 순환에 빠져, 결국은 이 일을 어떻게 처리해야 할지
를 모르게 되는 것이 아닌가 하는 의혹이 등장한다.

후자 종파의 의견에 따르면 자기의 죄의 성질을 의식하게 되는 사람이
개선을 위해 행하는 첫걸음은 전적으로 자연스럽게, 즉 **이성**을 통해 일
어난다. 이성은 도덕법칙 안에서 인간이 자신의 비루함을 바라볼 거울을
면전에 놓아줌으로써, 인간이 앞으로는 선을 자기의 준칙으로 삼을 것
을 결심하도록 하기 위해 선으로의 도덕적 소질을 이용한다. 그러나 이
러한 결단의 실현은 하나의 **기적**이다. 곧 인간이 악령의 깃발로부터 돌
아서서 선의 깃발 아래로 들어가는 일은 하나의 쉬운 일이다. 그러나 이
제 선의 깃발 아래 요지부동 머물러 있으면서 다시는 악으로 되돌아가지
않고, 더욱더 선에서 진보하는 것, 그것은 인간이 자연적인 방식으로는
할 수 없는 일로, 오히려 다름 아닌 어떤 초자연적인 결속에 대한 감정,
그뿐 아니라 어떤 천상의 영[靈]과의 부단한 교류에 대한 의식이 필요하
다고 한다. 물론 이때 양자 사이에 한쪽에서의 힐책과 다른 쪽에서의 사 A88
죄가 빠질 수는 없다. 그러나 인간이 그 자체가 부단한 기도인 이 교류를
끊임없이 배양해나가는 데 유념만 한다면, (은총에서) 소원해지거나 악화
되는 일은 걱정할 것이 없다.

이제 여기에 새사람[새로운 인간] 되기의 과제 해결의 열쇠로 두 가지
신비한 감정이론이 제안되어 있다. 여기에서 중요한 점은 모든 종교의
객관이자 목표(즉 신에게 적의한 품행 — 무릇 이 점에 관해서는 두 이론이 합
치할 것이다 —)가 아니라, 그 아래에서만 우리가 저 이론을 우리 안에서
실행할 수 있는 힘을 얻게 되는 **주관적** 조건들이다. 그래서 여기서는
(공허한 명칭이라는) 덕은 화제가 될 수 없고, 오직 **은총**만이 화제가 된다.

왜냐하면, 두 파는 이러한 힘이 자연적으로 얻어지지 않는다는 점에서 는 일치하지만, 한편이 악령의 지배력에서 벗어나기 위해서는 악령과 의 **가공할** 투쟁을 견뎌내야만 한다면, 다른 편은 이러한 일을 전혀 필요

하지 않은 것으로, 아니 위선적인 일로 배척해야 할 것으로 보고, 오히려 (羞恥 協定[103]으로서의) 악과의 동맹은 악에 대한 아무런 이의[異議]도 제기 할 수 없기 때문에, 곧장 선한 영[靈]과 동맹을 체결한다는 점에서 서로 갈리기 때문이다. 그때 영혼의 상태에서 단 한 번 일어나는 초자연적이 고 근본적인 혁명으로서의 거듭남이 두 종파의 구별이, 두 파의 서로 뚜 렷하게 대조되는 감정으로 인해, 외적으로 충분하게 식별될 수 있게 해 줌 직하다.[※]

※ (만약 그 같은 일이 가능하다면) 이러한 종파들 중 하나에서 교육받았을 터인 한 전체 민족이 어떤 국민인상[人相]/민족용모[容貌]를 능히 가질 수 있을까? 무 릇 그러한 구별이 보일 것임은 의심할 것이 없다. 왜냐하면, 자주 반복되는, 특 히 자연스럽지 않은 마음에 생기는 인상들은 몸짓과 말투로 표출되고, 얼굴 표 정들은 결국 고정적인 얼굴 모습이 되기 때문이다. **복받은**, 또는 니콜라이^[104] 씨가 일컫는 바와 같이, **축복받은[복스러운]** 얼굴들은 다른 개명되고 개화된 민 족들과 (이것이 그 민족의 장점에 속하지는 않지만) 구별될 터이다. 무릇 그것 은 희화(戲畫)된 경건함의 소묘이니 말이다. 그러나 (언제나 모종의 경멸이 결 합되어 있는) 경건주의자들이라는 이름을 종파의 이름으로 삼았다는 것은 경건

---

103) 원어: pactum turpe.
104) Christian Friedrich Nicolai(1733~1811). 칸트와 동시대 독일의 계몽사상가, 작가, 잡지 발행인. 다수의 여행기를 저술했는데, 여기서 인용되고 있는 것은 그의 *Beschreibung einer Reise durch Deutschland und die Schweiz im Jahre 1781* (12 Bde., Berlin·Stettin 1783~1796), Bd. 6, 544·752 이하 참조. 유사한 서술을 『인간학』에서도 볼 수 있다: "신앙심 깊은 이들이 오랫동안 기계적인 기도의 연습에서 훈육되고, 이를테면 그런 점에서 굳어져버릴 것 같으면, 그들은 유력한 종교 내지 예식에서, 그것들의 한계 안에서, 그들 자신을 관상학적으로 성격 짓는, 국민[민족]적 인상을 전 국민[민족] 사이에 집어넣는다. 그래서 프리드리히 니콜라이 씨는 바이에른에는 운명적으로 **축복받은** 얼굴들이 있다고 말한다."(*Anth*, B281=A283=VII302) 또 '인간학 강의록' 추기에서도 유사한 인용문을 읽을 수 있다.(XXV, 1549·1556 참조)

3) 만약 2)에서 요구된 것[105]이 일어난다면, 그를 통해 1)의 과제[106]가 해결될 것이라는 **증명**. — 이 증명은 불가능하다. 무릇 인간이 자기 안에서 그 자체로 하나의 모순인 초자연적 경험이 일어났다는 것을 증명해야만 할 터이니 말이다. 어쩌면 인간이 자신 안에서 (예컨대 새로운, 개선된 의지규정들에 대한) 하나의 경험, 즉 그 자신이 기적에 의한 것이라고밖에는 달리 설명할 수 없는 하나의 변화에 대한, 그러므로 어떤 초자연적인 것에 대한 경험을 한 것이라고 용인될 수도 있겠다. 그러나 인간이 그것이 실제로 경험이라는 것을 결코 확인할 수 없는 하나의 경험은, (초자연적인 것으로서) 우리 지성의 본성의 어떠한 규칙으로 환원될 수 없고, 그렇게 해서 보증될 수 없기 때문에, 모종의 감각들에 대한 하나의 해석이거니와, 그러한 감각들에 대해 사람들은 그러한 감각들로써 무엇을 해야 할지, 과연 그러한 것들이 인식에 속하는 것으로서 실제적인 대상을 갖는지, 또는 순전한 몽상들일 따름인지를 알지 못한다. 신성[神性] 그 자체의 직접적인 영향[력]을 **느끼고자** 하는 것은, 이 신성이라는 이념은 순전히 이성에 놓여 있는 것이기에, 자기 모순적인 참월한 요구이다. — 그러므로 여기에 그 해결과 더불어 어떤 가능한 증명도 없는 하나의 과제가 있다. 그러니 이로부터는 어떤 이성적인 것도 이루어지지 못할 것이다.

이제 또한 중요한 것은, 과연 성경이 한갓된 정통신앙의 교회적 원칙의 비생산성을 대체한다고 하는, 저 슈페너 문제의 해결을 위한, 논의했던 두 종파적인 원리 외에, 또 다른 원리를 함유하고 있지나 않은지를 탐

함의 경멸이 아니라, 오히려, 그들의 행실이 사람들이 볼 수 있을 만큼, 그들이 그렇게 부르는 세상 자녀들의 것보다 도덕성에서 조그만큼도 우수함을 보여주지 못함에도 불구하고, 스스로를 초자연적으로—은혜를 받은 하늘의 자녀로 특별하게 보는, 환상적인 불손이자, 한껏 겸손한 체하는, 오만한 불손이다.

---

105) 곧, 초자연적인 힘.
106) 곧, 우리를 '다른 인간'으로 만드는 일.

색하는 일이다. 실제로 그러한 원리를 성경 안에서 마주칠 수 있음이 확연할 뿐만 아니라, 이러한 원리와 이 원리 안에 함유되어 있는 기독교를 통해서만 성서는 그토록 광범위하게 확산되어 있는 세력권과 세계에 대한 지속적인 영향력을 획득할 수 있었다는 것 또한 설득력 있게 확실하다. 그것은 어떠한 계시론 (그 자체)도, 기적에 대한 어떠한 신앙도, 수많은 신앙고백자들의 어떠한 통일된 목소리도 일찍이 만들어내지 못했을 터인 작용결과이다. 왜냐하면, 그 작용결과는 인간 자신의 영혼에서 길어내진 것이 아닐 터이고, 그러므로 인간에게는 언제나 낯선 채로 있을 수밖에 없기 때문이다.

곧 그 원리는 만약 우리가 그것을 한번 주목하고 나면 경탄하기를 결코 그칠 수 없는 우리 안에 있는 무엇이다. 동시에 이것은 이념에서의 **인간임[인간성]**을, 경험의 대상으로서의 **인간**에서는 추측되지 않을, 하나의 존엄으로 고양하는 그러한 것이다. 우리가 도덕법칙들에 종속해 있는, 도덕법칙들과 상충하는 모든 삶의 안락함을 희생하면서까지도 그것들을 준수하도록 이성에 의해 규정된 존재자들이라는 것은 놀라운 일이 아니다. 왜냐하면, 저 법칙들에 복종함은 순수 이성의 객체들로서의 사물들의 자연적 질서 안에 객관적으로 놓여 있기 때문이다. 즉 아마도 우리가 그 법칙들의 근원을 알 때까지 그것들의 준수를 미루고, 또는 아예 그것들의 진리성을 따져 보기 위해, 어디에서 저 법칙들이 우리에게 출현할 수 있는지를 묻는 일이 보통의 건전한 지성[상식]에서는 단 한 번도 일어나지 않는다. — 그러나 우리는 우리의 감성적 자연본성과 함께 도덕에 그토록 큰 희생을 바칠 능력도 가지고 있어서, 우리가 그것을 **해야 한다**고 아주 쉽고 명료하게 이해**할 수 있다**. 즉 우리 안의 **초감성적 인간**의 **감성적** 인간에 대한 우월성[107], — 이 감성적 인간이 그 자신의 눈에

A92

---

107) 곧 실천적 자유를 갖는 인간의 자연의 기계적 인과성에 따르는 인간에 대한 우위에 관해서는 『실천이성비판』, A10=V6 · A74=V43 · A78=V45 · A120=V68 · A215=V119 이하 참조.

는 **모든 것**일지라도, 저 초감성적 인간에 비해 감성적 인간은 (만약 그것이 저것과 상충한다면) **아무것**도 아니다 — 우리 안에 있는 이 도덕적인, 인간임[인간성]과 불가분리적인 소질이 최고 **경탄**의 대상이다. 이 경탄은 사람들이 이 참된 (꾸며낸 것이 아닌) 이상을 오래 주시하면 할수록 그만큼 점점 더 높아간다. 그리하여 초감성적인 것의 불가해성[개념적으로 파악 할 수 없음]에 미혹되어, 우리 안의 이 **초감성적인 것**을 — 이것이 그래도 실천적인 것이기 때문에 — , **초자연적인 것**이라고, 다시 말해 전혀 우리의 지배력 아래에 있지 않고, 우리에게 자신의 것으로 속하지 않는 어떤 것으로, 오히려 어떤 다른, 더 고위의 정신[靈]의 영향으로 여기는 이들이 양해될 수도 있다. 그러나 이 점에서 그들은 사뭇 그르치고 있다. 왜냐하면, 이럴 경우 이 능력의 작용결과는 우리의 행실일 수 없을 것이고, 그러니까 또한 우리에게 귀책될 수 없을 것이며, 그러므로 그러한 능력은 우리의 능력이 아닐 터이기 때문이다. — 이렇게 우리에게 불가해한 방식으로 내재하는 능력의 이념을 이용하고, 최대한 빠른 청소년기부터 그리고 더 나아가 공적인 강론에서 이 이념을 마음에 심는 것이 지금으로서는 저 (새로운 인간의) 문제의 진정한 해결을 포괄한다. 성경도 이외에 다른 것을 염두에 두지 않은 것으로 보인다. 곧 성경이 이성 대신에 이러한 혁명을 일으켰다는 초자연적인 경험과 광신적인 감정을 지시하고 있는 것이 아니고, 오히려 그리스도가 그의 정신을 그의 교설과 실례에서 증명했던 것처럼 그러한 그리스도의 정신을 우리의 것으로 만들기 위해서, 또는 더욱이나 그러한 정신은 근원적인 도덕적 소질과 함께 이미 우리 안에 놓여 있으므로, 그 정신에 단지 공간을 마련해주기 위해서 저 그리스도의 정신을 지시하는 것으로 보인다. 그리고 이렇게, 영혼 없는 **정통주의**와 이성을 살해한 **신비주의** 사이에서, 성경적 신앙교설은, 그것 이 이성을 매개로 우리 자신으로부터 발전될 수 있듯이, 근본적인 개선을 위해 모든 인간의 마음에 신적인 힘으로 영향을 미치고, 모든 인간을 하나의 (비록 비가시적이[보이지 않]지만) 보편적인 교회 안에서 통합하는,

실천이성의 **비판주의** 위에 기초하는 참종교론이다.

*   *   *

그러나 이 주해에서 본래 중요한 문제는 다음과 같은 물음에 대한 답변이다. 즉 과연 정부가 감정신앙의 한 종파에게 하나의 교회라는 재가를 내줄 수 있는지, 또는 과연 정부가, 그 종파가 정부의 고유한 의도에 반하여 활동하지 않으면, 그 종파를 저러한 특권으로써 영광스럽게 하지 않고서도 허용하고 보호할 수 있는지 말이다.

신민들의 내세의 정복[淨福]을 보살피고, 신민들에게 그 길을 안내하는 일이 (무릇 통치자 자신도 국민과 국민교사들의 통상적인 방식으로 자기 자신의 종교를 가지듯이, 이러한 일은 신민들 자신에게 맡겨두어야 하거니와) 전혀 정부가 할 일은 아님을 — — 사람들은 그렇게 할 수 있는 이유가 있는바 — 사람들이 받아들일 수 있다면, 정부의 의도는 단지 이러한 수단(즉 교회신앙)을 통해 조종할 수 있는, 도덕적으로-선한 신민들을 갖는 것일 수 있다.

이러한 목적상 정부는 첫째로 **자연주의**[108](성경 없는 교회신앙)를 재가하지 않을 것이다. 왜냐하면, 자연주의에는 정부의 영향에 예속되는 교회적 형식이 없을 터이고, 이것은 전제에 어긋나기 때문이다. — 그러므로 성경적 정통신앙은 공적인 국민교사들을 그것에 묶는 것일 터이며, 이 정통신앙과 관련하여 국민교사들은 다시금 이에 관여하는 학부들의 판정 아래 서 있을 터이다. 왜냐하면, 그렇지 않을 경우 하나의 승직체제, 다

---

108) 칸트 당대에 일단의 신학자들이 자연주의를 내세웠다. 예컨대 Karl Friedrich Bahrdt (1741~1792), *Würdigung der natürlichen Religion und des Naturalismus in Beziehung auf Staat und Menschenrechte*(Halle 1791); Gottlob Benjamin Jäsche(1762~1842), *Über reinen Naturalismus und positive, insonderheit christliche Religion und deren Verhältniß zur Volksaufklärung*(Berlin 1790) 등 참조.

시 말해 국민을 자기들의 의도에 따라 지배하는 교회신앙의 실무자들의 하나의 지배체제가 생길 터이기 때문이다. 그러나 **정통주의**를, 다시 말해 교회신앙이 정부를 위해서 충분하다는 생각을 정부는 자기의 권위를 통해 승인하지 않을 터이다. 왜냐하면, 이러한 생각은, 정부가 자기의 국민을 신뢰해야 한다면, 그에 의지할 수밖에 없는 중심지지대인 윤리성의 자연적인 원칙들을 부수적인 것으로 만들어버리기 때문이다.[※] 결국 정부는 최소한, 초자연적인 영감에 자신이 참여할 수 있게 되는 국민의 생각인 신비주의를 공적 교회신앙의 지위에 올려놓을 수 있다. 왜냐하면, 신비주의는 전혀 공적인 것이 아니고, 그러므로 정부의 영향력에서 전적으로 벗어나 있기 때문이다.

A96
A97

※ 종교적 사안에서 오로지 국가의 관심사일 수 있는 것은, 국가가 유용한 시민들, 양호한 군인들, 그리고 일반적으로 충성스러운 신민들을 갖기 위해, 종교 교사들이 무엇을 하도록 독려할 것인지이다. 만약 이제 국가가 그러한 것을 위해 규약적인 신앙교설과 그러한 은총수단들로써 정교신앙[正敎信仰]의 강화를 택한다면, 이로써 국가는 매우 나쁜 길을 갈 수 있다. 무릇 이러한 규약들의 수용은 쉬운 일이고, 선한 인간보다는 아주 나쁜 생각을 하는 인간들에게 훨씬 쉬운 일이며, 그에 반해 마음씨의 도덕적 개선은 많고 오랜 노고를 필요로 하는데, 그러나 전자에서 인간에게 주로 자신의 정복[淨福]을 희망하도록 가르치므로, 그는 실패할 리 없는 하나의 수단을 수중에 가지고 있기에, 자기의무를 (조심하기는 해야 하지만) 위반하는 일을 크게 걱정할 필요가 없고, 모든 비의[秘義]에 대한 그의 정확한 신앙과 은총수단들의 절실한 이용을 통해 (너무 늦지 않게만 한다면) 신적인 징벌정의를 피하는 일을 크게 걱정할 필요가 없으니 말이다. 이에 반해, 만약 교회의 저 교설이 바로 도덕성을 향해 있을 터이면, 인간의 양심의 판단은 전혀 다르게 내려질 것이다. 곧 인간은 그가 행한 악에 대한 보상을 할 수 없는 한, 그것에 대해 장래의 심판자에게 대답하지 않을 수 없고, 이러한 운명을 어떠한 교회적 수단, 불안의 엄습으로 인한 어떠한 신앙, 그러한 기도에 의해서도 피할 수 없다. (懇請으로 神의 攝理를 바꾸려는 希望을 버려라.¹⁰⁹⁾) – 이제 국가는 어느 신앙에서 더 안전한가?

A96

---

109) 원문: "desine fata deum flecti sperare precando". – Vergilius, *Aeneis*, VI, 376.

학부들의 다툼의 조정과
강화[講和]

순수하면서도 실천적인 이성이 오로지 상관하는 다툼거리들에 있어서 철학부는 반론의 여지 없이 강론을 행할 특권을 가지며, 형식적인 것에 관해서는 소송을 **지휘할** 특권을 갖는다. 그러나 실질내용에 관해서는 신학부가 우선권을 표시하는 상좌[上座]를 차지한다. 그러나 그것은, 신학부가 이성의 문제들에 있어서 여타의 학부들보다 더 많은 통찰을 주장할 수 있기 때문이 아니라, 그 실질내용이 가장 중요한 인간사에 관한 것이고, 그래서 **최상위** 학부(그렇지만 단지 同輩 中의 先頭)의 호칭을 갖게 하기 때문이다. ─ 그러나 신학부는 순수한, 선험적으로 인식할 수 있는 이성종교의 법칙들에 따라서 발언하지 않고 ─ 무릇 그런 경우에는 신학부

A98 는 스스로를 낮춰 철학의 자리로 내려앉는 것이겠다 ─ , 특히 **성경**이라 일컫는 하나의 책 안에, 다시 말해 수백 년 전에 체결된 인간의 신과의 신·구약(新·舊約)이라는 계시의 율전[律典] 안에 함유되어 있는, **규약적** **[제정 법규적]** 신앙규정들에 따라서 발언한다. 그런데 하나의 역사신앙 ─ 이는 도덕신앙이 아니다. 무릇 도덕신앙이라면 철학에서 도출될 수 있을 터이다 ─ 으로서의 이 계약의 진정성은 그 책 안에 함유되어 있는 교설과 이야기들을 비판적으로 검토하여 제시하는 증명들에 의해서보다는 성경 독해가 인간의 심정에 미칠 직한 작용결과에 의해 더 많이 기대될 수 있으며, 이 계약의 **해석**도 평신도들의 자연적인 이성이 아니라, 오직 성서학자들의 명민함에 위임된다.[※]

A99 VII62　성서신앙은 아브라함과 신의 계약에 대한 책이 근거로 있는 하나의 **구세주** 역사신앙으로서, **모세적**-구세주 교회신앙과 **복음적**-구세주 교회신앙으로 이루어져 있거니와, 이 신앙은 신의 백성의 근원과 숙명을

매우 완벽하게 이야기하는데, 이 교회신앙은 세계 역사 일반에서 최초의 것, 아직 인간이 있지 않았던 때, 곧 (『창세기』에서의) 세계의 시초에서 시작하여 (『묵시록』에서의) 만물의 종말까지를 추적하고 있다. — 물론 이러한 일은 오로지 신적으로–영감받은 저자에게만 기대할 수 있는 것이다. 여기에는 그럼에도 성스러운 연대기의 가장 중요한 시대들에 관한 의 A100아스러운 히브리 밀교[密敎]의 숫자들이 제시되어 있는데, 이것들은 이 성경의 **역사이야기**의 진정성에 대한 믿음을 어느 정도 약화시킬 수가 있다.^{※※}

※ 이 점(성경 독해)과 관련해서는 교회신앙의 개신교 체계보다는 로마–가톨릭 체계가 더 일관성이 있다. 개혁파 목사 라 코스트[110]는 그의 신도들에게 말하고 있다: "원천(즉 성경) 자체에서 신의 말씀을 길어내시오. 그러면 그곳에서 그대들은 신의 말씀을 순정하게 거짓 없이 접할 수 있을 것입니다. 그러나 그대들은 성경에서 우리가 그 안에서 발견하는 것 외에 다른 것을 발견해서는 안 됩니다. A99 자, 친애하는 친구들이여, 우리가 불필요하게 성경 안에서 스스로 찾고, 결국에는 우리가 그 안에서 발견했다고 잘못 생각한 것이 그대들에 의해 올바르지 않은 성경 해석으로 선언되지 않도록, 차라리 그대들이 성경 안에서 발견한 것을 우리에게 말하시오." — 가톨릭교회는 "(가톨릭)교회 밖에서는 구원이 없다."라는 명제에서도, 개신교회가 사람은 가톨릭교도로서도 구원받을 수 있다고 말할 때, 개신교회보다 더 일관되게 말하는 것이다. 무릇 (보쉬에[111]가 말하는바) 만약 그러하다면, 사람들은 실로 가장 안전하게 전자를 선택할 것이다. 무릇 어떤 사람도 구원 이상으로 구원받는 것을 필요로 하지 않으니 말이다.

---

110) Pierre la Coste. 프랑스 출신의 종교개혁파 설교사로, 18세기 중엽 Leipzig 교회에서 활동하였다. 칸트의 인용문은 그의 프랑스어 『설교집(*Sermons*)』(Halle 1753)의 독일어 번역본인 J. T. Schulze·Chr. G. Köller(역), 『설교집(*Predigten*)』(Leipzig 1755~1756), Kap. XXXIII, S. 538이하: "신의 말씀의 독해에 대하여"에서 볼 수 있다.
111) Jacques Bènigne Bossuet(1627~1704). 프랑스의 주교, 저술가, 역사철학자. *Exposition de la doctrine catholique*(1671), *Discours sur l'histoire universelle* (1681) 등 영향력 있는 저술을 남겼는데, 칸트는 독일어 역서 J. A. Cramer(역), 『세계 및 종교의 역사 입문(*Einleitung in die Geschichte der Welt, und der Religion*)』(Leipzig 1775)을 소장하고 있었다 한다.

인간 이성에서 도출되지는 않았지만, 궁극목적의 면에서 도덕적─실

천적 이성으로서의 이성과 완전히 일치하는 **제정 법규적인** (그러니까 하

나의 계시로부터 생겨나온) 신적 의지의 법전, 즉 성경은, 이제 만약 그것

※ ※ 묵시록의 70월 ─ 이것들은 4순환주기 안에 있다 ─ 은 각각의 월이 $29\frac{1}{2}$년에

해당하므로 2,065년이 된다. 그 가운데서 대[大]안식년인 매 49번째 해 ─ 이

기간 중에 42번 있다 ─ 를 빼면 바로 2,023년이 남는다. 아브라함이 신이 그

에게 선물한 가나안 땅에서 이집트로 갔던 그해이다. ─ 그때로부터 이스라

엘의 자손들이 저 땅을 차지할 때까지 묵시록의 70주(=490년) ─ 그렇게 해

서 그러한 연주[年週][112]를 네 번 곱셈하고(=1,960), 이것에 2,023을 더하면,

페토[113] 신부의 계산대로 한 해도 틀리지 않는 그리스도의 탄생의 해이다. ─

그로부터 70년 후에 예루살렘의 파괴(또 하나의 신비적 시기). ─ 그러나 벵

겔은 그의『時間의 秩序』[114], 9面과 218面 以下에서 그리스도의 탄생 연수[年數]

로 3,939를 산출하고 있다? 그러나 그것은 七이라는 數의 신성성에는 아무런 변

화도 끼치지 않는다. 무릇 신이 아브라함을 부른 때부터 그리스도의 탄생 때까

지의 햇수는 1,960으로, 매 기간이 490인 4묵시록 기간에 상응하거나, 매 기간

이 7인 7기간 곧 49년에 해당하는 40묵시록 기간에 상응하는 것이다. 이제 매

49번째의 대안식년과 490번째인 최대 안식년 하나를 (합해서 44를) 빼면, 바

로 3,939가 남는다. ─ 그러므로 서로 다르게 제시된 그리스도의 생년인 3983과

3939의 연수[年數]는, 전자의 시간에서 4번의 큰 시기에 속하는 안식년 수를

감하면, 후자가 나온다는 데서 차이가 있을 뿐이다. 벵겔에 따르면 성스러운

역사의 연표는 다음과 같겠다:

2023: 가나안 땅을 점유하게 한다는 아브라함에 대한 약속

2502: 가나안 땅의 점유 달성

2981: 제1 성전 봉헌

3460: 제2 성전의 건조 명령을 받음

3939: 그리스도의 탄생

  대홍수의 해도 이렇게 해서 선험적으로 계산할 수 있다. 곧 490(=70×7)년의

4번의 기간은 1,960이다. 여기에서 매 7번째(=280)를 제하면 1,680이 남는다.

이 1,680에서 그 안에 포함되어 있는 70번째 해들(=24)을 제하면 대홍수가 있

던 그해인 1656이 남는다. ─ 이 해로부터 아브라함에 대한 신의 부름 때까지

는 만 366년이며, 그중 한 해는 윤년이다.

  이제 이러한 것에 대해 무엇을 말해야 할까? 성스러운 숫자들이 세계운행을

결정이라도 한 것인가? 프랑크[115]의 안식년 주기[116]도 마찬가지로 신비적인

연대기의 이러한 중심 주위를 돈다.

이 신의 말씀으로서 인증되고, 그 진정성이 문서적으로 입증될 수 있기만 하다면, 인간과 시민을 현세와 영원의 복으로 인도하는 가장 강력한 기관일 터이다. — 그러나 이러한 입증의 도정에는 수많은 난점들이 맞서 있다.

무릇 신이 인간에게 실제로 말한다 해도, 인간은 그에게 말하는 자가 신이라는 것을 결코 **알 수** 없을 것이다. 인간이 그의 감관들을 통해 무한한 자를 포착하고, 그 무한한 자를 감성존재자들과 구별하여, 거기서 무한한 자를 **알아본다**는 것은 절대로 불가능한 일이다. — 그러나 그가 그것의 목소리를 듣는다고 믿는 것이 신이 아닐 수 있음을 그는 몇몇의 경우에는 충분히 확신할 수 있다. 무릇 그 목소리를 통해 그에게 지시명령되는 것이 도덕법칙에 반한다면, 그 현상이 그에게 제아무리 위엄이 있고, 전체 자연을 넘어서는 것으로 생각된다 할지라도, 그는 그 현상을 착각으로 여기지 않을 수 없을 것이니 말이다.※

이제 교설과 실례에서 규범으로 쓰이는 복음적-구세주 신앙으로서의 A103

※ 신의 명령에 의해 아브라함이 자기의 외아들을 살해하고 불태워 — (그 가련한 아이는 아무것도 모른 채 나무까지 짊어지고 갔거니와) — 바치려 했다는 희생의 신화[117]를 실례로 들 수 있다. 아브라함은 신의 목소리로 (잘못) 생각한 이에게 다음과 같이 대답했어야 했을 터이다: "제가 저의 착한 아들을 살해해서는 안 된다는 것은 확실합니다. 그러나 저에게 나타난 당신이 신이라는 것을 저는 확신하지 못하고, 설령 그 음성이 (가시적인) 천상에서 울려온 것이라 하더라도, 확신할 수 없을 것입니다."   A103

---

112) 원어: Jahrwoche.
113) Denis Petau(1583~1652). 프랑스의 예수회 신부, 신학 교수, 연대기 학자. 대표작으로 『시대론(*De doctrina temporum*)』(Paris 1627)이 있다.
114) Johann Albrecht Bengel(1687~1752). *Ordo temporum a principio per periodos oeconomiae divinae historicas et propheticas etc.*, Tübingen 1741.
115) Johann Georg Frank(1705~1784). 루터교 신학자로 신비적 연대기『根本的 年代記 序說(*Praelusio chronologicae fundamentalis, etc.*)』(Göttingen 1774)을 저술했다.
116) jubilaeus. 구약시대의 50년 주기의 안식년.

성경의 인증은 성경 작가 — 무릇 그는 언제나 가능한 착오에 노출되어 있는 인간이니 — 의 신에 대한 학식에서 길어내질 수는 없고, (학문적인 사안에) 무지한 자들인 민중 자체에서 나온 교사들에 의해 이 민중의 도덕성에 미치는 성경 내용의 작용결과 그 자체에서, 그러니까 보통의 인간 누구에게나 내재하는 이성종교의 순수한 원천에서 길어내지고 고찰

VII64 되어야 한다. 이성종교는 바로 이러한 소박성으로 인해 인간의 심정에 가장 광범위하고 가장 강력한 영향을 미치지 않을 수 없을 터이나. — 성경은 이성종교의 수레[운반체]였으니, 이것은 일정한 제정 법규적인 규정들을 매개로, 시민사회 안에서 종교의 시행에 통치의 형식 같은 하나의 **형식**을 부여하고, (우리의 모든 의무를 신의 계명[지시명령]으로 총괄하는) 신적인 하나의 법전으로서의 이 법전의 진정성을 인증하며, 그 법전의 정신

A104 (즉 도덕적인 것)에 관한 것을 그 자신이 문서적으로 입증한다. 그러나 이 법전의 문자들(즉 제정 법규들)에 대해 말하자면, 이 책 안에 있는 율법들은 아무런 인증도 필요로 하지 않는다. 왜냐하면, 그것들은 이 책의 본질적인 것(즉 원리적인 것)이 아니라, 단지 부수적인 것(즉 附屬物)의 일부이

---

117) 「창세기」 22, 2: "그분께서 말씀하셨다. '너의 아들, 네가 사랑하는 외아들 이사악을 데리고 모리야 땅으로 가거라. 그곳, 내가 너에게 일러주는 산에서 그를 나에게 번제물로 바쳐라." 참조. 이에 관해서 칸트는 『이성의 한계 안에서의 종교』에서 자신의 견해를 분명하게 밝힌 바 있다: "그러나 신이 일찍이 이러한 가공할 만한 의지를 표명했다는 것은 역사문서에 의거한 것으로, 결코 명증적으로 확실한 것은 아니다. 계시는 그에게 오직 인간을 통해서만 온 것이며, 이 인간에 의해서 해석된 것이다. 그래서 그 계시가 그에게 설령 (자기의 아들을 한 마리 양처럼 도살하라는 아브라함에게 내려진 명령처럼) 신 자신을 통해 온 것처럼 보인다 해도, 여기에 어떤 착오가 있을 수 있음은 적어도 가능한 일이다. 그러나 그럴 경우 그는 최고로 옳지 않은 어떤 일을 행하는 위험을 무릅쓰고 감행하는 것이겠고, 이 점에서 바로 그는 비양심적으로 행위하는 것이다. — 무릇 그리하여 모든 역사신앙과 현상신앙에서 사정은 마찬가지이다. 곧 그 안에서 어떤 착오를 마주칠 **가능성**은 언제나 남아 있으며, 따라서, 어쩌면 그 신앙이 요구하거나 허용하는 것이 옳지 않은 것일 수도 있다는 가능성에도 불구하고, 다시 말해 그 자체로 어떤 인간의 의무를 위반할 위험을 무릅쓰고, 그것을 따르는 것은 비양심적인 것이다."(*RGV*, B289이하=VI187; 참조 *RGV*, B120=VI87)

174

기 때문이다. —— 그러나 이 책의 비본질적인 제정 법규들을 성스럽게 하기 위해, 이 책의 근원을 이 책의 작가의 영감(突然의 神[118])에 근거 짓는 것은 이 책의 도덕적 가치에 대한 신뢰를 강화하기보다는 약화시키지 않을 수 없다.

신적인 문서로서의 그러한 문서의 공증은 역사이야기에서가 아니라, 인간의 심정 안에 종교를 정초하는 그것의 검증된 힘에서, 그리고 만약 그 종교가 갖가지 (오래되거나 새로운) 종규들에 의해 변질되어 있을 터이면, 그 종교를 그 종교의 소박성 자체를 통해 그 순수함으로 회복하는 힘에서 도출될 수 있다. 그래서 이 역사[役事]가 그치지 않고 **자연**의 작용과 진보하는 도덕적인 문화의 성공이 **섭리**의 보편적 진행과정 중에 있고, 이 책의 실존이 비신앙적으로 순전한 우연으로, 또는 미신적으로 어떤 기적으로 돌려지고, 이런 두 경우에서 이성이 좌초하지 않도록, 그러한 하나의 섭리로 설명할 필요가 있다. A105

이제 이로부터 나오는 결론은 이렇다:

성경은 하나의 체계적인 신앙교설의 원전으로서 예부터의 교리문답식 강론에서나 설교식의 강론에서 인간의 심정에 끼친 영향력으로 인해, 성경을 보편적이고 내적인 이성종교의 기관으로서뿐만 아니라, 하나의 제정 법규적인, 영구히 실마리로서 쓰일 신앙교설의 유산(즉 신약성서)으로 보존하는 데는, 그 자신 안에 하나의, 실천적 견지에서 충분한, 그것의 (도덕적) 신성[神性]의 인증근거를 함유하고 있다. 이것이 성경의 근원을 이론적으로 그리고 역사학적으로 탐구하는 학자들과 증명의 방식으로 성경의 역사를 비판적으로 하는 논구를 위해서는 다소 부족함이 있을지도 모르겠지만 말이다. — 그렇지만 성경의 도덕적 내용의 신적임[神性]은, 고대의 양피지 문서같이 이곳저곳이 해독할 수 없고, 전체와의 연관 속에서 수정과 추측을 통해 이해할 수 있게끔 만들어져야만 하는 역사이야 VII65

---

118) 원어: deus ex machina.

기의 인간적임과 관련하여 이성에게 손실을 충분히 보상하며, 그와 함께 **성경이 하나의 신적 계시인 것인 양** 보존되고, 도덕적으로 이용될 만하며, 종교의 지도수단으로서 종교의 근저에 놓일 만하다는 명제를 정당화해준다.

교회신앙을 지도하는 이 끈에 맞추기에는 자신이 이미 너무 커버렸다고 망상하는 대천재들[119)]의 무모함이, 무릇 그들이 경신박애주의자[敬神博愛主義者]로서 그들을 위해 세워진 공적인 교회에 떼 시어 모이든, 신비주의자로서 내적 계시들의 등불 주변에 떼 지어 모이든 간에, 정부가 시민적 질서와 안정을 위한 저 위대한 창설수단이자 지도수단을 소홀히 하여, 경솔한 자들에게 맡겨둔 정부의 관대함을 이내 통한스럽게 할 것이다. — 또 만약 우리가 가지고 있는 성경이 신용을 잃는다면, 그것을 대신하여 다른 성경이 출현할 것이라 기대할 수도 없다. 왜냐하면, 앞선 것의 실패는 지속의 관점에서 뒤따르는 것에서 모든 믿음을 앗아버리기 때문에, 공적인 기적들은 동일한 사안에서 두 번 다시 일어나지 않으니 말이다. — 그럼에도 다른 한편으로는, 만약 성서의 내적인 신앙내용보다 격식들에 관한 것인, 성경의 모모 법규들에서 그 법규의 작가들에게까지 어떤 질책이 가해진다면, (제국이 위험에 처해 있다는) **경고자들**의 외침도 주의할 수가 없게 된다. 왜냐하면, 어떤 교설[이론]에 대한 검사의 금지는 신앙의 자유에 반하는 것이기 때문이다. — 그러나 하나의 역사신앙이 의무이며, 구원을 위해 필요하다는 것은 미신이다.[※]

※ **미신**은 — 물리[물질]적인 것이 되었든 도덕[정신]적인 것이 되었든 — 자연법칙들에 따라 설명되는 것보다 자연적이지 않은 방식으로 생긴다고 (잘못) 생각된 것에 더 큰 신뢰를 주는 성벽[性癖]이다. — 그러므로 사람들은 다음과 같은 물음을 제기할 수 있다: 과연 (경험적인 신앙인) 성서신앙이 교사들에게 실마리로 쓰여야 할 것인가, 또는 거꾸로 (순수한 이성신앙이자 종교신앙인) 도덕이 그렇게 쓰여야 할 것인가, 즉 바꿔 말하자면, 교설이 성경 안에 있기 때문에 신에 대한 것

---

119) 칸트 당대, 독일 낭만주의 태동기의 천재론자들을 지칭하는 것으로 보인다.

성경의 **해석술**(神聖한 解釋學)에 대해서는, 그것은 (학문적 체계에 관한 것 이니까) 평신도들에게 맡겨둘 수는 없으므로, 이제 종교에서 법규적인 것과 관련해서만은, 해석가가 그의 언명을 **정격적**[正格的]인 것으로 이해해야 할지, **교설적**인 것으로 이해해야 할지를 밝힐 것이 요구된다. — 전자의 경우 그 해석은 작가의 의미에 문자적(문헌학적)으로 맞아야 하고, 그러나 후자의 경우에 성서 작가는 (철학적으로) 성서 구절에 그 구절이 도

인가, 아니면 교설이 신에 대한 것이기 때문에 성경 안에 있는가? — 첫째 명제는 명백하게 일관성이 없다. 왜냐하면, 이 책의 교설의 신적임[神性]을 증명하기 위해서는, 여기서 이 책의 신적인 위신이 전제되어야 하기 때문이다. 그러므로 절대로 증명될 수 없는 것 — 超自然的인 것에 대한 知識은 없다 — 인 둘째 명제만이 있을 수 있다. — 이에 대한 한 사례를 들면, — 모세적-구세주 신앙의 신봉자들은 신의 모세와의 계약에 의한 그들의 희망이 예수 사후에 내려앉는 것을 보았다.(우리는 그가 이스라엘을 구원할 것을 희망했다.) 무릇 그들의 성경에는 아브라함의 자손들만이 구원받기로 약속되어 있었으니 말이다. 그런데 오순절에 신봉자들이 모여 있을 때, 그들 중의 한 사람[120]이 다행히도 정밀한 유대의 해석술[解釋術]에 알맞은 착상을 하게 되는 일이 일어났다. 즉 이교도들(그리스인과 로마인들)도, 만약 그들이 아브라함이 (구세주 의 단 하나의 희생의 상징으로서) 자신의 외아들을 신에게 바치려 했던, 그 희생을 신앙한다면, 이 계약에 가입된 것으로 간주될 수 있다는 착상을 하게 된 것이다. 무릇 그들은 신앙 안에서 (최초에는 할례에 의해서, 그러나 이내 할례 하지 않고서도) 아브라함의 자손일 터이니 말이다.[121] — 대규모의 민중집회에서 그러한 엄청난 전망을 열어놓은 이 발견이 최대의 환희로, 마치 성령의 직접적인 작용인 것처럼 받아들여지고, 하나의 기적으로 여겨졌다는 것과, 이러한 일이 그대로 성경의 (사도들의) 이야기에 기록되었다는 것은 기적이 아니다. 그러나 여기서 이 이야기를 사실로 믿고, 이 믿음을 자연적 인간이성에게 강박하는 것은 전혀 종교에 필요한 일이 아니다. 그러므로 정복/지복[구원]에 필요한 것이라고, 그러한 교회신앙과 관련한 것을 공포를 통해 강요하는 복종은 미신이다.

---

120) 베드로. 「사도행전」 2, 14 이하 참조.
121) "이제 하느님께서는 이방인들에게도 생명에 이르는 회개를 주셨다."(「사도행전」 11, 18); "[하느님께서는] 믿음으로 그들의 마음을 깨끗하게 하셔서 우리와 그들 사이에 아무런 차별도 두지 않으셨습니다. […] 저들과 마찬가지로 우리도 주 예수의 은총으로 믿어 구원될 것입니다."(「사도행전」 15, 7~11) 참조.

덕적−실천적 견지에서(제자들의 교화를 위해) 해석에서 수용한 의미를 붙이는 자유를 갖는다. 무릇 순전한 역사문장에 대한 신앙은 그 자체로 죽은 것이니 말이다. — 그런데 전자의 해석은 성서학자에게, 그리고 간접적으로는 국민에게도 모종의 실용적 의도에서는 충분히 중요할지도 모르겠지만, 도덕적으로 더 선한 인간을 만든다는 종교교설의 본래의 목적이 그때에 소홀히 될 수도 없을 뿐만 아니라, 더구나 저해될 수는 없다. — 무릇 성서 작가도 (끊임없이 성경을 관통하고 있는 하나의 기적을 상정하지 않는다면) 인간으로서 착오에 빠질 수 있는 것이다. 예컨대 성자 바오로가, 어떤 사람들이 태어나기도 전에 저주받는 것을 이해할 수 없어 몹시 당혹해하면서도, 모세적−구세주 성서교설을 곧이곧대로 복음적 성서교설로 옮겨놓은 은총 선택 교설을 가지고서 한 착오 같은 것 말이다. 그래서 만약 사람들이 성서학자들의 해석학을 연속적으로 해석가에게 수여된 계시로 받아들이면, 종교의 신성[神性]은 끊임없이 해를 입지 않을 수 없다. — 그러므로 성스러운 작가가 어떤 의미를 위해 자기의 말과 결부시켰을지도 모르는 어떤 것을 (경험적으로) 알라고 요구하는 것이 아니라, 이성이 하나의 교설을 위해 성경 문서의 어떤 대목을 근거로 삼을 때 (선험적으로) 도덕적인 고려에서 근저에 놓는 것을 알라고 요구하는 **교설적** 해석만이 참된 내적이고 보편적인 종교 안에서 국민을 가르치는 유일한 복음적−성경적 방법이다. 이러한 종교는 역사신앙으로서의 특수한 교회신앙과는 — 구별된다. 그때에야 모든 것이 공명정대하게, 기만 없이 진행된다. 이에 반해, 누구나 이해하는 도덕적인 (유일하게 정복/지복으로 이끄는) 신앙 대신에 그 누구도 증명할 수 없는 어떤 역사신앙을 가진 국민/민족은 (필시 그 국민/민족이 가진) 자기의 의도에 **기만당하여** 그들의 교사를 고발할 수 있다.

이제 하나의 성서를 숭상하도록 가르침을 받은 한 민족의 종교의 관점에서 그 (민족의) 도덕적 관심사(즉 교화, 윤리적 개선, 그리하여 구원받음)에 관련해 있는 성서의 교설적 해석은 동시에 진정한 해석이다. 다시 말해

VII67
A110

A111

178

신은 성경 안에 계시된 자기의 의지가 그렇게 이해되기를 의욕한다[바란다]. 무릇 여기에서 이야기되는 바는 하나의 시민적인, 국민을 규율 아래 잡아두는 (정치적인) 통치가 아니라, 하나의 도덕적인 마음씨의 내면을 목적으로 삼는 (그러니까 신적인) 통치이니 말이다. 우리 자신의 (도덕적−실천적) 이성을 통해 말하는 신은 이러한 자신의 말을 속임 없이 보편적으로 이해할 수 있게 하는 해석가이고, 또한 절대로 그의 말에 대한 다른 어떤 (가령 역사적 방식의) 공증된 해석가는 있을 수 없다. 왜냐하면 종교는 하나의 순수한 이성의 사안이기 때문이다.

*　　　*

이리하여 학부의 신학자들은 성서신앙을 올바르게 유지할 의무를, 그러니까 또한 권한을 갖는다. 그럼에도 그것이, 저 상부 학부에는 잠시 용인될 수도 있는 (종교칙령의) 독재의 경우에, 엄숙한 정식[定式]을 통해 충심으로 자신을 지키는 철학자들이 저 성서신앙을 항상 이성의 비판에 부치는 자유를 침해하지는 않는다. 執政官들은 國家가 어떠한 損傷도 입지 않도록 돌본다.[122]

부록
성경의−역사적 문제들
이 성서의 실천적 이용과
억측적인 존속 시간에 관하여

성서가, 제아무리 의견들이 바뀌어도, 여전히 오랫동안 그 위신을 유

---

122) Cicero 원문: "Decrevit quondam senatus, uti L. Opimius consul videret, ne quid res publica detrimenti caperet."(*In Catilinam I*, 4) 참조.

지할 것임을 정부의 지혜는 보증하거니와, 정부의 관심은 한 국가 내에서의 국민의 통일 및 안정과 관련하여 이와 밀접하게 결합되어 있다. 그러나 국민에게 영원함을 보증한다거나, 천년왕국설[123]로 국민을 지상에서 하나의 새로운 신의 나라로 이행하게 한다는 것은 우리의 전체 예언 능력을 넘어서는 일이다. — 그러므로, 만약 교회신앙이 국민을 인도하는 이 위대한 수단을 결여할 수밖에 없게 되면, 무슨 일이 일어날까?

누가 성경책들(구약성서와 신약성서)의 편집자이고, 어느 때 정전[正典]이 성립되었는가?

A113   문헌학적-고문서적 지식은 한 번 받아들인 신앙규범의 유지를 위해 언제나 필요한 것인가, 아니면, 이성이 종교를 위해 그 지식의 사용을 언젠가는 자발적으로 그리고 보편적 찬동으로써 안배할 수 있는가?

사람들은 이른바 70인의 역자에 의한 성경[124]의 진정성에 대한 충분한 증거문서들을 가지고 있는가, 그리고 사람들은 그 증거문서들의 기록 일자들을 확정할 수 있는가? 등등.

설교에서의 이 책의 실천적인, 특히 공적인 이용은 의심할 바 없이 인간들을 개선하고 (교화를 위해) 그들의 도덕적 동기들을 진작하는 데 기여하는 그러한 이용이다. 다른 모든 의도는 이와 충돌하면 이것 다음에 서지 않으면 안 된다. — 그래서 사람들이 놀라지 않을 수 없는바, 이 준칙은 여전히 의심받을 수 없다는 것과, 한 문서의 **해의적**[解義的] 취급이 **교훈적**[敎訓的] 취급에 대해, 우선시는 아닐지라도, 전자를 통해 적어도 그 늘에 놓여야 한다는 점이다. — 성서 학식, 그리고 사람들이 이를 매개

---

123) "복되고 거룩하여라. 첫째 부활에 참여하는 사람! […] 그들은 하느님과 그리스도의 사제가 되어 천년 동안 그분과 함께 군림할 것이다."(『요한묵시록』 20, 4~6 참조)
124) 이른바 '七十人譯 聖書'(Septuaginta interpretes[translatores]).

로 성경에서, 흔히는 단지 억측적인 판독인 문헌학적 지식을 통해 **끄집 A114
어내는** 것이 아니라, 오히려 사람들이 도덕적인 사유방식[성향]으로써
(그러므로 신의 정신에 따라) 성경 안에 **집어넣는** 것, 그리고 결코 기만하지
않으며, 꼭 효과 있는 작용결과가 함께하는 교설, 이것이 국민을 향한 강
론을 이끌어야만 한다. 즉 성서 작가들 자신이 염두에 두었음 직한 것을 VII69
탐색할 필요 없이, 원전 구절은 **오직** (적어도 **주로**) 거기서 생각될 수 있는
모든 윤리적 개선을 위한 유인[誘因]으로 취급할 일이다. — 궁극목적으
로서 교화를 지향하는 설교는 (무릇 모든 설교는 마땅히 그리해야 하거니와)
청중의 **심정**, 곧 심지어 전혀 배움이 없는 사람의, 자연적인 도덕적 소
질에서 그 가르침을 전개해야 한다. 만약 그 설교를 통해 일으켜야 할 마
음씨가 순정한 것이어야만 한다면 말이다. 설교에 결합되어 있는 성서의
증언들 또한 이 교설들의 진리성을 **확인하는** 역사적인 증명근거들이어
서는 안 되고(무릇 윤리적으로-능동적인 이성은 여기서 이런 증명근거들을 필
요로 하지 않고, 그렇다고 경험적 인식이 그러한 것을 할 수도 없다), 순전히 그
교설들의 진리성을 가시화하기 위해, 성스러운 이야기의 사실들에 실천
적 이성원리들이 적용된 사례들이어야 한다. 그런데 교설들의 진리성을
가시화하는 일은 지상의 국민[백성]과 국가[나라]를 위해 매우 귀중한 이점 A115
[利點]이다.

부록
종교에서의 순수한 신비주의에 관하여※

내가 『순수이성비판』에서 배운바, 철학은 가령 표상들, 개념들 및 이념
[관념]들에 대한 학문 내지는 모든 학문들에 대한 학문, 또는 그 밖의 그
와 비슷한 어떤 것이 아니라, 인간에 대한, 그의 표상작용과 사고작용 및 A116

행위에 대한 학문이다. 철학은 인간을 그의 모든 구성요소에 따라, 인간이 있는[인] 대로 그리고 있[이]어야 하는 대로, 다시 말해 인간의 자연규정[사명]들의 면에서뿐만 아니라 인간의 도덕 및 자유의 관계의 면에서 서술해야 한다. 무릇 여기서 옛 철학은 인간을 이 세계 내에서, 그 자체로 전적으로 세계에 또는 외적 사물들과 상황에 의존해 있을 수밖에 없는 하나의 기계로 만듦으로써, 인간에게 전혀 올바르지 않은 입지점을 VII70 지정하였다. 그러므로 옛 철학은 인간을 세계의 거의 한낱 **수동적**인 부분으로 만들었다. — 이제 『이성비판』이 나타나, 인간을 이 세계 내에서 철두철미 **능동적**인 실존재로 규정하였다. 인간 자신이 근원적으로 자기의 모든 표상들과 개념들의 창조자이며, 자기의 모든 행위의 유일한 창시자여야 한다는 것이다. 저 "**있**[이]**다**[**존재**]"와 이 "**있**[이]**어야 한다/해야 한다**[**당위**]"는 인간의 전혀 상이한 두 규정에 귀착한다. 그래서 우리

※ 이것은 카를 아놀드 빌만스의 학위 논문: 「純粹한 神秘主義와 칸트 宗敎論의 類似性에 對하여」(할레 1797)[125)]에 첨부된 한 편지의 내용을 내가 저자의 허락을 받고, 서두와 말미의 의례적인 대목을 삭제하여[126)] 제시하는 것이다. 이 편지는 지금 의학을 전공하는 한 청년 인사가 학문의 다른 분과들에서도 기대될 수 있는 인물임을 보여준다. 그렇지만 나는 나의 표상방식과 그의 표상방식의 저런 유사성을 무조건적으로 승인한다고 생각하지는 않는다.[127)]

---

125) Karl Arnold Wilmanns(1772~1848)는 의사이며 상인 그리고 대학강사였다. 그는 학위논문으로 *Dissertatio philosophica de similitudine inter mysticismum purum et Kantinam religionis doctrinam*(Bielefelda-Guestphalo, Halis Saxonum 1799)을 썼으며, 칸트와 여러 차례 우호적인 서신을 주고 받았다.(XII277~280 참조)

126) 이와 관련한 칸트와 빌만스의 서신 교환은 1797년 9월에 있었던 것으로 추정된다. (XII202 참조)

127) 이러한 사태 연관으로 말년 칸트와 절친했던 Reinhold Bernhard Jachmann(1767~ 1843)이 칸트의 안내글을 받아 *Prüfung der Kantischen Religionsphilosophie in Hinsicht auf die ihr beygelegte Aehnlichkeit mit dem reinen Mystizismus. Mit einer Einleitung von Immanuel Kant*(Königsberg 1800)를 저술했는데, 여기서 이성에 기초하고 있는 칸트의 윤리학과 신학은 계시나 내적 깨달음에 기반을 두고 있는 신비주의와는 구별되고 있다. 또 Refl 8105(XIX647~649) 참조.

는 또한 인간에서 전혀 상이한 두 종류의 부분, 다시 말해 한편으로는 감성과 지성을, 그리고 다른 한편으로는 이성과 자유의지를 알아차리는데, 이것들은 본질적으로 사뭇 구별된다. 자연 안에는 모든 것이 **있다[존재한다]**. 자연 안에서 **해야 한다[당위]**는 이야깃거리가 아니다. 그러나 감성과 지성은 언제나 단지, 그것이 무엇**이며**, 어떻게 **있는지**를 규정하는 일에서 끝난다. 그러므로 그것들[감성과 지성]은 필경 자연, 즉 이 지상세계를 위해 정해져 있는 것이고, 그러니까 자연에 속해 있다. 이성은 끊임없이, 어쩌면 감성적인 자연을 넘어서 어떤 것으로 **있을지도 모르는** 초감성적인 것으로 파고들려 한다. 그러므로 이성은, 하나의 이론적 능력이기는 하지만, 이러한 감성을 위해 전적으로 정해져 있지 않은 것으로 보인다. 그런데 자유의지는 실로 외적 사물들과 독립적으로 성립한다. 외적 사물들이 인간들의 행위 동기여서는 안 된다. 그러므로 자유의지가 자연에 속할 일은 없다. 그렇다면 그것은 대체 무엇에 속하는가? 인간은 필경 전혀 상이한 두 세계에 대해 정해져 있으니, 한편으로는 감성과 지성의 나라, 즉 이 지상세계에 대해, 다른 한편으로는 우리가 알지 못하는 또 다른 세계, 즉 윤리의 나라에 대해 정해져 있다.

A117

지성에 관해 말하자면, 이것은 이미 그 자체 그 형식으로 인해 이 지상세계에 국한되어 있다. 무릇 지성은 순전히 감성적 사물들과만 관계 맺을 수 있는 언표양식들, 다시 말해 범주들로써 이루어져 있으니 말이다. 그러므로 지성에게는 그 한계가 명확하게 그어져 있다. 범주들이 멈추는 곳에 지성도 멈춘다. 왜냐하면, 범주들이 비로소 지성을 형성하고 구성하기 때문이다. (지성이 한낱 지상세계적인 규정 내지 자연규정임의 하나의 증명근거는, 우리가 지성능력들에 대해서는 자연 안에 가장 영리한 인간에서 가장 아둔한 동물에 이르기까지의 하나의 단계를 본다는 사실인 것으로 나에게는 보인다. ─ 우리가 본능도 일종의 지성으로 볼 수 있으니 말이다. 그런 한에서 자유의지는 순전한 지성에 속하지 않는다. ─) 그러나 인간임이 그치는 곳에서 그치고, 모든 인간 안에서 근원적으로 동일한 것인 도덕성의 점에서

A118

는 그렇지 않다. 그러므로 지성은 필경 순전히 자연에 속하는 것이며, 만약 인간이 이성과 자유의지 없이, 또는 도덕성이 없이, 순전히 지성만을 갖는다면, 인간은 어떠한 점에서도 동물들과 구별되지 못할 터이고, 아마도 한낱 동물들의 단계의 꼭대기에 서 있을 터이다. 이와 달리 인간은 지금 자유로운 존재자로서, 도덕성을 가지고 있어, 철두철미 그리고 본질적으로 동물들과는 다르며, (그 본능이 종종 인간의 지성보다도 더 분명하고 명확하게 작용하는) 최고로 영리한 동물과도 다르다. — 그러나 이 지성은 인간의 전적으로 능동적인 능력이다. 그리하여 인간의 모든 표상들과 개념들은 순전히 **자기의** 조물[造物]이다. 인간은 자기의 지성을 가지고서 근원적으로 사고하고, 그러므로 그는 **자기의** 세계를 만들어낸다. 외적

사물들은 단지 지성 작용의 기회원인들로서, 지성이 작용하도록 자극하며, 이 작용의 산물이 표상들 및 개념들이다. 그러므로 이러한 표상들과 개념들이 관계 맺는 사물들은 우리의 지성이 표상하는 것일 수가 없다. 무릇 지성은 단지 표상들과 자기의 대상들을 만들어낼 수 있을 뿐, 실제적인 사물들을 만들어낼 수는 없으니 말이다. 다시 말해 사물들이 지성의 이러한 표상들과 개념들을 통해 그것들 그 자체일 것으로 인식된다는 것은 불가능하다. 오히려 우리의 감관들과 지성이 현시하는 사물들은 그 자체가 단지 현상들이다. 다시 말해, 지성의 작용과 기회원인들의 만남에 의한 산물인, 우리 감관들과 지성의 대상들이다. 그러나 그렇다고 해서 그것들이 가상은 아니며, 오히려 우리는 그것들을 우리의 실제 생활에서 우리에 대해서는 우리 표상들의 실제적 사물들 및 대상들로 여길 수 있다. 왜냐하면, 우리는 바로 그 실제적인 사물들을 저 기회원인들로 전제하지 않을 수 없기 때문이다. 자연과학이 한 사례를 제공한다. 외적 사물들이 작용능력이 있는 물체[신체]에 영향을 미쳐, 그를 통해 이 물체[신체]가 작용하도록 자극한다. 이것의 산물이 생[生]이다. — 그런데 생이란 무엇인가? 그것은 세계 내의 자기 실존에 대한, 그리고 외적 사물들과의 자기의 관계에 대한 물리적 인정이다. 물체[신체]는 외적 사물들

에 반응하여, 그것들을 자기의 세계로 보고, 그 외적 사물들의 본질에는 A120 더 이상 신경 쓰지 않고서, 자기의 목적에 맞게 사용함으로써 생활한다. 외적 사물들이 없다면 이 물체[신체]는 살아 있는 물체가 아닐 터이다. 물체[신체]의 작용능력이 없다면 외적 사물들이 그의 세계이지 않을 터이다. 지성의 사정 또한 마찬가지이다. 비로소 지성의 외적 사물들과의 만남을 통해 그것의 이 세계가 발생한다. 외적 사물들이 없다면 지성은 죽은 것일 터이다. — 그러나 지성이 없으면 아무런 표상이 없을 터이고, 표상들이 없으면 아무런 대상이 없을 터이며, 대상들이 없으면 지성의 이 세계는 없을 터이다. 마찬가지로 다른 지성을 가지면 하나의 다른 세계가 현존할 터이다. 이것은 광인[狂人]의 사례에 의해 명료해진다. 그러므로 지성은 사물들의 그리고 이 사물들로 구성되는 세계의 창조자이다. 그러나 그리하여, 실제적인 사물들이 지성 작용의 그리고 그러므로 표상 VII72 들의 기회원인들이다.

이로써 이제 인간의 이러한 자연력들은 본질적으로 이성 및 자유의지와 구별된다. 이 둘도 능동적 능력을 이루기는 하지만, 이것들의 능동적 작용의 기회원인이 이 감성세계에서 취해져서는 안 된다. 그러므로 이론적 능력으로서의 이성은 여기서 전혀 아무런 대상도 가질 수 없으며, 그 작용결과들은 오직 이념들, 다시 말해 어떤 대상도 대응하지 않는 이성 A121 의 표상들만일 수 있다. 왜냐하면, 실제적인 사물들이 아니라 단지 지성의 유희 같은 것만이 이성의 작용의 기회원인들이기 때문이다. 그러므로 이론적이고 사변적인 능력으로서의 이성은 여기 이 감성세계 내에서는 전혀 사용될 수가 없고, (따라서, 그럼에도 그것이 일단 그것으로서 현존하니까, 다른 어떤 세계를 위해 규정되어 있는 것이 틀림없거니와) 오직 실천적 능력으로서, 자유의지를 위해 사용될 수 있다. 무릇 이 자유의지는 순전히 그리고 오로지 실천적이다. 자유의지의 본질적인 점은, 그것의 작용이 반작용[반응]이 아니라, 순수한 객관적 행위여야 한다는 데에, 또는 그것의 작용의 동기가 그 작용의 대상들과 일치해서는 안 된다는 데에 있다.

그러므로 자유의지는 지성의 표상들로부터 독립적으로 행위해야 한다는 것이다. 왜냐하면, 이러한 일은 전도되고 오염된 작용방식을 유발할 터이기 때문이다. 또한 자유의지는 사변적 이성의 이념들로부터 독립적으로 행위해야 한다는 것이다. 왜냐하면, 이 이념들은, 그것들에 아무런 현실적인 것도 상응하지 않으므로, 거짓된 근거 없는 의지규정을 야기할 수 있을 터이기 때문이다. 그러므로 자유의지의 작용의 동기는, 인간 자신의 내적 본질에 기초해 있으면서, 의지 자신의 자유와 불가분적인 어떤 것이지 않을 수 없다. 무릇 이것은 도덕법칙이다. 도덕법칙은 우리를 전적으로 자연[본성]에서 탈각시키고, 자연[본성]을 넘어서 고양하여, 도덕적 존재자로서의 우리는 자연사물들을 의지의 작용의 원인이나 동기로 필요로 하지 않고, 그것들을 우리 의욕의 대상들로 볼 수도 없다. 의욕의 대상들의 자리에는 오히려 인간임의 도덕적 인격만이 들어선다. 그러므로 저 도덕법칙은 우리에게 순전히 인간에게 특유한, 그리고 인간을 여타의 모든 자연부분들과 구별 짓는 속성, 즉 도덕성을 보증하고, 이 도덕성 덕분에 우리는 독립적이고 자유로운 존재자이다. 그런데 이 도덕성 자체는 다시금 이 자유를 통해 기초 지어져 있는 것이다. — 그러므로 지성이 아니라, 이 도덕성이 인간을 비로소 인간으로 만드는 것이다. 지성도 온전히 능동적이고, 그런 한에서 자립적인 능력이지만, 그럼에도 지성은 자기의 작용을 위해 외적 사물들이 필요하고, 또한 동시에 그 외적 사물들에 국한되어 있다. 그에 반해 자유의지는 온전히 독립적이고, 오로지 내적 법칙에 의해 규정되어야 할 것이다. 다시 말해 인간은 순전히 자기 자신에 의해 규정되어야 한다. 그가 오직 자기의 근원적인 존엄성과 법칙이 아닌 일체의 것으로부터의 독립성을 위해 스스로를 고양하는 한에서 말이다. 그러므로 우리의 이 지성은 자기의 이러한 외적 사물들이 없다면 아무것도 아니고, 적어도 **이러한** 지성은 아닐 터인 반면에, 이성과 자유의지는 그 작용이 미치는 영향의 권역이 어떠하든 동일하게 있다. (여기서 "인간신체의 죽음과 함께 그의 이 지성은 죽고, 이 지성의 모든 지

A122

VII73

A123

상세계의 표상들, 개념들 및 지식들도 소실된다. 왜냐하면, 이 지성은 언제나 단지 이 지상세계의, 감성적인 사물들에 대해서만 소용이 되는 것이어서, 인간이 초감성적인 것으로 감히 상승하려 하자마자, 모든 지성사용은 그치고, 반면에 이성사용이 등장하기 때문이니 말이다."와 같은 초자연적인 추론을 할 얼마간의 개연성이라도 있을까? 이것은 바로 내가 나중에 신비주의자들에서도, 주장하는 것으로가 아니라, 단지 모호하게 생각하는 것으로, 보게 된 한 이념[착상]인데, 이것은 틀림없이 인간을 안심시키고, 아마도 인간을 도덕적으로 개선하는 데에 기여할 것이다. 지성은 신체처럼 그렇게 인간 자신에게 매여 있지 않다. 사람들은 체격의 결함에 개의치 않는다. 왜냐하면, 체격이란 본질적인 것이 아니며, — 잘 갖춰진 신체가 단지 여기 지상에서만 장점을 갖는다는 것을 알기 때문이다. 지성과 관련해서도 사정은 똑같다는 이념[생각]이 보편적이 된다면, 그것은 인간의 도덕성을 위해 유익하지 않겠는가? 인간에 대한 근래의 자연이론은 지성을 순전히 신체에 의존되어 있는 어떤 것 내지는 두뇌활동의 하나의 산물로 간주함으로 A124 써, 저런 이념[생각]과 사뭇 융화한다. 라일[128]의 생리학[자연학] 논고들을 보라. 영혼의 물질성에 대한 옛적의 의견들로 이렇게 해서 어떤 실재적인 것으로 환원될 수 있었다.) —

인간의 영혼능력들에 대한 비판적 연구의 진척은 자연스럽게 다음과 같은 질문을 제기하였다: 우주의, 그러므로 우리 자신과 도덕법칙의 창시자에 대한 이성의 불가피하고 억누를 수 없는 이념[생각]이 실로 하나의 타당한 근거를 가지는가? 모든 이론적인 근거는 그 본성상 저러한 이념[생각]을 확고히 하고 보증하는 데 쓸모가 없는데 말이다. 이로부터 신의 현존에 대한 매우 훌륭한 도덕적 증명이 생겼다. 이 증명은 필경 누구

---

128) Johann Christian Reil(1759~1813). 의사이자 의학자로서 Schelling의 자연철학과 친화적인 생기론(Vitalismus)을 대표했으며, *Archiv für die Physiologie*를 편찬해 냈는데, 그 1집(8~162면)에 「생명력에 대하여(Von der Lebenskraft)」(1795)를 실어 발표하는 등 다수의 저술을 펴냈고, 1808년에는 처음으로 '정신병학(Psychiatrie)'이라는 개념을 사용하였다.

에게나, 설령 그가 의욕하지 않는다 해도, 부지불식간에 분명하고도 충분한 증명력이 있다. 그러나 이제 세계창조자에 대해 이 증명을 통해 정초된 이념[생각]에서 종국에는 우리 안에 내재하는 도덕법칙의 창시자로서의, 우리의 모든 의무들을 위한 하나의 보편적인 도덕법칙의 수립자에 대한 실천적 이념이 기인했다. 이 이념[생각]은 인간에게 하나의 전적으로 새로운 세계를 제시한다. 인간은 자신이 감성과 지성의 나라와는 다른 나라 — 곧 도덕의 나라, 즉 신의 나라를 위해 창조된 것을 자각한다. 인간은 이제 자기의 의무들을 신의 지시명령[계명]으로 인식하고, 그 지시명령[계명] 안에서 하나의 새로운 인식, 새로운 감정, 곧 종교가 생겨난다. — 이렇게 해서, 존경하는 사부님, 저는, 사람들이 분리주의자들이라고 부르지만, 스스로는 **신비주의자들**이라고 일컫고, 당신의 교설을 거의 문자적으로 실행에 옮기는 것으로 보인, 일단의 사람들을 제가 알게 되었을 때, 당신의 저술들을 연구하는 데에 이르렀습니다. 물론 처음에는 이 사람들의 신비주의적인 언어 속에서 당신의 교설을 다시 발견하는 일이 어려웠습니다. 그러나 끈질긴 탐구 끝에 저는 그것을 해냈습니다. 이 사람들이 전혀 신에 대한 봉사[예배의식] 없이 살았다는 점이 저의 눈길을 끌었습니다. 이들은 **신에 대한 봉사[예배의식]**라고 일컬어지면서, 자기의 의무 이행에는 들어가지 않는 모든 것을 내던져 버렸습니다. 그들은 자신을 종교인들, 정말이지 기독교도들이라고 여겼지만, 성경을 그들의 법전으로 보지 않았고, 오직 하나의 내적인, 영원으로부터 우리 안에 내재하는 기독교에 대해서 말했습니다. — 저는 이 사람들의 품행을 탐구한바, (어느 무리에나 있는, 자신들의 사익으로 인해 비루먹은 양들을 제외하면) 그들에게서 순수한 도덕적 마음씨와 그들의 행위에서 거의 스토아적인 일관성을 발견하였습니다. 또한 그들의 교설과 원칙들을 연구한바, 본질적으로는 당신의 도덕학과 종교론을 재발견하였습니다. 물론 그들은 그들이 그렇게 부르는 내적 법칙을 하나의 내적 계시로, 그러므로 명확하게 신을 그것의 창시자로 여긴다는 차이는 있습니다. 그들이 성경을 그들로서는 관여할 수 없는 어떤 방식으로 신적 근원을 가진 책이라 여기는 것은 사실입니다. 그러나 좀 더 정확하게 탐구해보면, 그들이 성경의 이러한 근원을 당초에 성경, 즉 그 안에 함유되어 있는 교설들과 그들의 내적 법칙이 합치함에서 추론하고 있다는 것을 발견하게 됩니다. 무릇 사람들이 그들에게 예컨대 "왜 그러한가?"라고 물으면, 그들은, "성경은 내 안에서 정당성을 얻는다. 만약 그대들이 그대들의 내적 법칙의 지시나 성경의 교설에 따라 행한다면, 그대들도 그것을 똑같이 발견하게 될 것이다."라고 대답하니 말입니다. 바로 그 때문에 그들은 성경을 법전으로 여기지 않고, 단지 그들이 그들 자신 안에 근원적으로 기초를 가지고 있는 것을 재발견하는 하나의 역사적 증서로 여길 따름입니다. 한마디로 말해, 만약 이 사람들이 철학자라면, 이들은 (저의 표현을 용서해주신다면) 진정한 칸트주의자들일 것입니다. 그러나 그들은 대부분 상인, 수 VII75 공업자 및 농민 계급에 속하는 사람들입니다. 그렇지만 때때로는 상류 계층과 학자들 가운데서도 몇몇을 보았습니다. 그러나 신학자는 한 사람도 보지 못했습니다. 신학자들에게 이 사람들은 정말 눈엣가시입니다. A127 왜냐하면, 신학자들은 그들의 예배의식이 이들에게서 지지를 받지 못하고 있음을 알면서도, 이들의 모범적인 품행과 모든 시민적 질서에 대한 복종 때문에 이들을 건드릴 수 있는 것이 전혀 아무것도 없기 때문입니다. 이 분리주의자들은 그들의 종교**원칙들**에서는 퀘이커교도들과 차이가 없지만, 그 원칙들의 일상생활에의 적용에는 차이가 있습니다. 무릇 그들은 예컨대 풍속대로 옷을 입고, 모든 국세와 교회세를 납부합니다. 그들 가운데 교육받은 이들에게서 저는 결코 아무런 열광도 발견하지 못했고, 오히려 종교적 대상들에 관한 자유롭고 편견 없는 추론과 판단을 보았습니다.

제2절

―――――

철학부의
법학부와의 다툼

새롭게 제기되는 물음:
과연 인간종은 개선을 향해
끊임없이 진보하고 있는가?[1]

―――――――

1.
사람들은 이에서 무엇을 알고자 하는가?

사람들은 인간 역사의 한 대목을 갈망하는데, 그것도 과거 시간의 역사 대목이 아니라, 장래 시간의 역사 한 대목, 그러니까 **예언적**[2]인 역사를 갈망한다. 이 예언적인 역사는, 만약 그것이 (일식과 월식 같은) 알려진 자연법칙들에 따라 인도되는 것이 아니면, **점술[占術]예언적**[3]이고 자연스러

―――――――

1) 유사한 물음이 「이론과 실천」(1793)에서 이미 제기되고 다루어진 바 있다. "인간의 자연본성 안에는, 그로부터 우리가 인류는 언제나 개선을 향해 진보하며, 현재와 과거의 악은 미래의 선 안에서 소멸할 것이라고 추측할 수 있는, 소질들이 있는가?"(TP, BM271=VIII307) 참조.

2) 원어: vorhersagend.

3) 원어: wahrsagend.

운 것이라고 불릴 것이며, 반면에 다른 것이 아닌 초자연적인 통지와 장

A132 래 시간에 대한 전망의 확장을 통해 획득될 수 있는 것이면, **신탁**[神託]**예언적**[4](예언자적)이라고 불릴 수 있다.[※] — 이 밖에도 여기서 문제인 것은 (가령 과연 장래에 인간의 새로운 종족들이 발생할 것인지 하는) 인간의 자연역사가 아니고, 만약 과연 인간종[人間種]이 (대체적으로) 개선을 향해 끊임없이 진보하는지를 묻는다면, 오히려 **윤리역사**이다. 그것도 (個別者들의) **유개념**에 의한 것이 아니라, 지상에서 사회적으로 통합되어, 종족으로 분할되어 있는 인간들의(普遍者들의) **전체**에 의한 윤리역사이다.

2.
사람들은 그것을 어떻게 알 수 있는가?

장래의 시간에 닥쳐올 일들에 대한 [점술]예언적 역사이야기로서, 그러니까 일어날 것이라는 사건들에 대한 하나의 선험적으로 가능한 서술

VII80 로서. — 그러나 어떻게 하나의 역사라는 것이 선험적으로 가능한가? — 대답: 만약 그 점술가가 그가 미리 알려주는 그 사건들을 그 자신이 **만들고** 실연한다면.

유대의 예언자들은 미구에 그들의 국가에 한낱 쇠락이 아니라 전적인 해체가 닥쳐올 것을 훌륭하게 [신탁적으로] 예언하였다. 무릇 그들 자신

A133 이 그러한 그들의 운명의 창시자였으니 말이다. 민족 지도자들로서 그들은 그들의 국가가 독자적으로, 특히 이웃 민족들과 함께 존속하는 것이

[※] 피티아[5])부터 집시여인에 이르기까지, (지식이나 진정성 없이) 서툴게 예언하는 자에 대해, "그는 **점을 친다**"라고 일컫는다.[6]

---

4) 원어: weissagend.
5) Pythia. 델피(Delphi)의 무녀.
6) 여기서 구별하고 있는 '예언'의 세 방식과 용어 사용 사례는 『인간학』의 "예언자 재능(卜術能力)"에 관한 서술(*Anth*, A101이하=B101이하=VII187이하) 참조.

194

부적합하도록, 크나큰 교회적인 짐과 그에서 비롯하는 시민[사회]적인 짐으로써 그들의 국가체제를 힘들게 하였다. 그래서 그들 사제들의 비탄의 노래는 당연하게도 헛되이 허공으로 사라질 수밖에 없었다. 왜냐하면, 이들은 그들 자신이 만든 유지될 수 없는 하나의 체제에 대한 그들의 결의를 완강하게 고수함으로써, 그들 자신에 의해 그 결말이 틀릴 수 없음이 예견될 수 있었기 때문이다.

우리의 정치가들[7]도, 그들의 영향력이 미치는 한, 그렇게 하고 있으며, 똑같이 운 좋게 점술 예언을 하고 있다. — 그들은 말하기를, 사람들은 인간을 있는[인] 바 그대로 생각해야지, 세상 잘 모르는 현학자들이나 사람 좋은 환상가들이 꿈꾸는 것처럼, 인간이 있어야[이어야] 하는 바대로 생각해서는 안 된다고 한다. 그러나 **인간이 있는[인] 바 그대로**라고 함은 우리가 인간을 부당한 강제를 통해, 정부의 수중에 있는 신뢰할 수 없는 계획들을 통해 그렇게, 곧 완강하고 반항적인 성향을 갖게 만들었고, 거기서 두말할 것도 없이, 만약 정부가 고삐를 조금이라도 느슨하게 한다면, 저 이른바−현명한 정치인들의 예언을 입증해줄 비참한 결과들이 일어날 것임을 뜻하는 것이겠다.

성직자들도 기회 있을 때마다 교회의 전적인 쇠락과 가까이 온 반[反]   A134
그리스도의 출현을 [신탁]예언한다. 그러면서 그들은 그들에게 요구되는 것과는 정반대되는 것을 행한다. 곧 그들은 그들의 신도들에게 그들을 곧바로 개선으로 이끌 윤리적 원칙들을 각인시킬 생각을 아니하고, 오히려 그런 것에 간접적으로나 영향을 끼칠 계율과 역사적 신앙을 본질적인 의무로 만들고 있는 것이다. 물론 이로부터 시민적 헌정체제에서와 같은 기계적 일치는 성장될 수 있을 것이나, 도덕적 마음씨에서의 일치는 성장될 수 없다. 그리고 나서 그들은, 그들 자신이 만들었고, 그러므로 특별한 예언의 재능 없이도 그들이 예고할 수 있었던 비종교적 태도[무신앙]

---

7) Friedrich Wilhelm II. 왕과 그와 뜻을 함께한 정치가들을 지칭하는 것으로 보인다.

를 탄식[비난]한다.

3.
사람들이 미래를 위해
미리 알고자 하는 것의 개념의 구분

하나의 예언을 함유할 수 있는 경우는 세 가지이다. 인간종은 더 사악한 쪽으로 계속해서 **퇴보** 중이거나, 도덕적인 규정[사명]에 있어서 더 선한 쪽으로 끊임없이 **진보** 중이거나, 아니면 피조물의 지체[肢體]들 중 그 윤리적 가치의 현재의 단계에 영원히 정지해 ― 이 정지상태는 동일한 점 주위를 영원히 맴도는 것이나 한가지이다 ― 있거나이다.

사람들은 **첫째** 주장을 도덕적 **공포주의**[8]라고, **둘째** 주장을 **행복주의**[9] ― 진보의 목표를 원대한 전망에서 본다면, 천년왕국설이라고도 부를 수 있을 터이다 ― 라고 부를 수 있다. 그러나 **셋째** 주장은 **우민주의**[愚民主義][10]라고 부를 수 있다. 왜냐하면, 도덕적인 것에서 진짜 정지상태는 가능하

---

8) 『이성의 한계 안에서의 종교』의 제1논고는 이 세계가 점점 더 사악한 상태로 추락해가는 모습을 묘사하는 고대 시가의 이야기로 시작한다.(*RGV*, B3이하=VI19 참조)

9) 『이성의 한계 안에서의 종교』는 이를 "세네카로부터 루소에 이르는 도덕주의자들"이 우리 안에 놓여 있는 선의 싹을 꾸준히 가꾸도록 독려하기 위해 세운 "한낱 선량한 가설"(*RGV*, B5=VI20)이라고 설명한다.

10) 원어: Abderitismus. 어원적으로는 Abdera 출신인 Demokritos의 주의주장을 뜻할 것이지만, 통상은 칸트 당대 Christoph Martin Wieland(1733~1813)가 *Teutschen Merkur*(1774~1780)에 연재한 풍자 소설 *Die Abderiten. Eine sehr wahrscheinliche Geschichte von Herrn Hofrath Wieland*에서 순진하고 우직한 인간으로 묘사된 '압데라 사람'의 양태를 지칭한다. 이러한 우민주의의 대표자로 칸트는 Moses Mendelssohn을 꼽는다. Mendelssohn은 그의 저술 *Jerusalem oder über religiöse Macht und Judenthum*(Berlin 1783, S. 46 참조)에서 "인간은 계속해서 나아간다. 그러나 인류는 확정되어 있는 경계 사이를 끊임없이 오르락내리락한다. 그러나 전체적으로 보면 모든 시기에서 대략 동일한 수준의 윤리성을, 같은 정도의 종교와 비종교, 덕과 패악, 행복(?)과 비참을 유지한다."라는 주장을 편 바 있는데, 칸트는 「이론과 실천」에서도 이를 인용하면서 비판하고 있다.(TP, BM272이하=VIII308 참조)

지 않으므로, 끊임없이 뒤바뀌는 상승과 똑같이 잦고 깊은 추락은(이를테면 영원한 동요는), 주체가 똑같은 위치에 정지해 있는 것처럼, 아무런 결과도 맺지 못하기 때문이다.

a.
인간 역사의
공포주의적 표상방식에 대하여

더욱더 사악한 것으로의 타락이 인간종에 있어서 끊임없이 영속할 수는 없다. 무릇 어떤 정도의 타락에서 인간종은 자멸하고 말 터이니 말이다. 그래서 산처럼 높이 쌓여가는 만행들과 그에 따르는 해악들이 증가 A136 할 때에 사람들은, "이제 더 이상은 나빠질 수 없다. 최후의 심판일이 목전에 다가와 있다."라고 말한다. 그리고 이제 경건한 망상가는 벌써 만물의 회복과 이 세상이 불에 타 멸망한 후의 새로워진 세상을 꿈꾼다.

b.
인간 역사의
행복주의적 표상방식에 대하여

소질 안에 천부적으로 있는 우리의 선과 악의 자연본성의 총량이 언제나 동일하며, 같은 개인에 있어서 증가할 수도 감소할 수도 없다는 것은 VII82 언제나 인정할 만하다. — 그리고 선은 주체의 자유에 의해 일어나야만 하는 것인데, 어떻게 소질 안에 있는 선의 이 정량[定量]이 증가할 수 있겠으며, 그런데 무엇을 위해 이 주체가 다시금 이미 가지고 있는 것보다 더 큰 기반을 필요로 하겠는가? — 작용결과들은 작용인의 능력을 넘어설 수 없다. 그래서 인간 안에서 악과 섞여 있는 선의 정량은 인간이 그것을 힘써 향상할 수 있고, 점점 더 선한 것으로 진보해나갈 수 있을, 선 A137

의 일정한 도량[度量]을 넘어설 수 없다. 그러므로 행복주의는 그 낙관적인 희망과 함께 견지될 수 없는 것으로 보이고, 선의 길에서의 끝없는 계속적인 진보와 관련해서 예언적인 인간역사를 위해 거의 아무런 약속을 하지 않는 것으로 보인다.

c.

인간 역사의 예정을 위한
인간종의 우민주의 가설에 대하여

이 의견은 능히 다수표를 얻음 직하다. 부지런한 바보짓[멍청함]은 우리 인류의 성격이다: 선의 길에 신속하게 들어서지만, 그를 고수하지 않고, 선이 단지 바뀌어 생긴다고 해서, 실로 유일한 목적에 묶여 있지 않기 위해, 진보의 계획을 거꾸로 돌리고, 허물어버리기 위해 진보의 계획을 세우며, 시시포스의 바위[11]를 다시 굴러 떨어지도록 하기 위해 산 위로 굴려 올리듯이, 스스로 희망 없는 노고를 짊어진다. — 그러므로 인간종의 자연소질 안에 있는 악의 원리는 이로써 선의 원리와 융합(용해)되는 것이 아니라, 하나가 다른 하나에 의해 중화되는 것처럼 보인다. 이것은 (여기서 정지상태라고 일컬어지는) 무력함을 결과로 가질 터이다. 이것은 곧 선을 악과 더불어 번갈아서 앞으로 갔다 뒤로 갔다 하게 하는 것으로서, 이 지상에서 우리 인류가 저 스스로 하는 이 왕복의 전체 놀이는 한갓된 익살극으로 볼 수밖에 없을 터이다. 이성의 눈으로 볼 때, 이것은 더 적은 비용으로 지성의 소모 없이 이러한 놀이를 하는 다른 동물류들이 갖는 것보다 우리 인류에게 더 큰 가치를 가져다줄 수 없는 것이다.

---

11) Sisyphos의 신화에 관해서는 Homeros, *Odýsseia*, XI, 593 이하; *Iliás*, VI, 154 이하 참조. 이 비유를 통한 우민주의 비판은 「이론과 실천」에서도 하고 있다.(TP, BM272= VIII307 참조)

4.
진보의 과제는 경험을 통해
직접적으로는 해결될 수 없다

설령 인간종이 전체적으로 보아 이미 오랫동안 전진하고 진보 중에 있었다고 간주한다 해도, 바야흐로 지금, 우리 인류의 자연적 소질로 인해, 퇴보의 시기가 등장하지 않는다고 누구도 보증할 수 없다. 또 거꾸로, 인류가 가속도적으로 추락하여 더욱더 사악함으로 퇴행하고 있다 해도, 우리 인간종 안에 있는 도덕적 소질로 인해 인간종의 행보가 다시금 더욱 더 선함으로 전환하는 전향점(逆方向으로의 轉換点)이 바로 거기서 발견될 수 없다고 사람들이 절망할 필요는 없다. 무릇 우리가 논하고 있는 것은 자유롭게 행위하는 존재자들이니 말이다. 그들에게는 그들이 무엇을 행해야만 하는지가 앞서 **지시명령**될 수는 있지만, 그들이 무엇을 행할 것인지가 **예언**될 수는 없으며, 그들은 그들이 자기 자신에게 가하는 해악의 감정으로부터, 그 감정이 정말로 악해질 때는, 그 감정을 저 상태에 있었을 때보다는 더 좋게 만들려고 하는 강화된 동기를 취할 줄 안다. ─ 그러나 (코예[12] 수도원장이 말하는바) "가련한, 언제든 죽을 수밖에 없는 자들이여, 그대들에게는 무상[無常]하지 않음 외에는 모든 것이 무상하도다!"

인간의 일들의 행정[行程]이 우리에게 이토록 부조리하게 보이는 것은 아마도 우리가 그러한 행정을 바라보는 견지를 잘못 선택한 데에도 있을 것이다. 지구에서 보면 행성들은 금방 뒤로 가고, 금방 멈추고, 금방 앞으로 간다. 그러나 이성만이 할 수 있는 태양에서의 견지를 취하면, 행성들은 코페르니쿠스의 가설대로 항속적으로 규칙적인 운행을 한다. 그러

---

12) Gabriel François Coyer(1707~1782). 예수회 수도원장으로, *Dissertations pour être lues: la première, sur le vieux mot de Patrie: la seconde, sur la nature du peuple* (La Haye, Pierre Gosse, 1755) 등 다수의 저술을 냈다.

나 몇몇 사람들에게는, 현상들에 대한 그들의 설명방식과 그들이 한 번
A140 취했던 견지를 완고하게 고수하는 일이 보통은 어리석지 않은 느낌을 준
다. 설령 그들이 티코[브라헤][13]의 원과 주전원[周轉圓]들 안에서 불합리한
결과에 얽혀든다 해도 말이다. — 그러나 정말 불행한 일은, 자유로운 행
위들의 예언과 관련이 되면, 우리가 이러한 견지를 바꾸는 것이 가능하
지 않다는 것이다. 무릇 그러한 것은 인간의 모든 지혜를 넘어서 있으면
서도, 인간의 **자유로운** 행위들에 뻗치는, **섭리**의 견지일 터이니 말이다.
자유로운 행위들이란 인간이 **볼** 수는 있지만 확실하게 **예견할** 수는 없는
VII84 것이다.(신의 눈에는 이러한 차이가 없다.) 왜냐하면, 인간은 예견하기 위해
서 자연법칙들에 따르는 연관을 필요로 하는데, 장래의 **자유로운** 행위들
과 관련해서는 이러한 인도나 지시가 있을 수 없기 때문이다.

만약 사람들이 인간에게 비록 제한적이나마 하나의 선천적이고 불변
적으로-선한 의지를 붙일 수 있다면, 인간은 인류의 개선으로의 이러한
진보를 확실하게 예언할 수 있을 터이다. 왜냐하면, 그것은 그 자신이
이룰 수 있는 사건에 해당할 것이기 때문이다. 그러나 소질 속에 악이
A141 선과 혼합되어 있고, 그 혼합의 정도를 인간이 알지 못하는 경우에는 인
간 자신으로서는 그로부터 어떤 작용결과를 기대할 수 있는지를 알지 못
한다.

---

13) Tycho Brahe(1546~1601). 덴마크 출신의 천문학자로 당대 최고의 천문 관측을
통해 수많은 신성을 발견하고, 혜성이 타원 궤도 운동한다는 사실을 인식하는 한편,
행성들은 태양 주위를 돌고 태양은 행성들을 당기면서 우주의 중심인 지구의 주위를
돈다고 하는 코페르니쿠스적 태양 중심설과 전통적인 지구 중심설을 절충한 천체 운동
체계를 내놓았다. 그의 과업은 그의 조수였던 케플러에 의해 승계 발전되었다.

5.
그러나 인간종의 [점술]예언적 역사는
어떤 한 경험과 연결 지어질 수밖에 없다

인간종의 개선으로의 전진의 **원인**이자, (무릇 이러한 전진은 자유를 품수한 어떤 존재자의 실행이어야 하니) 그 전진의 **창시자**인 인간종의 어떤 소질과 능력을, 사건으로서, 지시하는 어떤 한 경험이 인간종에서 나타날 수밖에 없다. 그러나 만약 이것에 함께 작용하는 상황들이 발생한다면, 하나의 원인에서 작용결과로서의 하나의 사건이 예언될 수 있다. 그러나 이러한 상황들이 언젠가는 발생할 수밖에 없음이 놀이에서의 확률 계산에서처럼 능히 일반적으로 예언될 수는 있지만, 과연 그 예언이 내 생애 중에 일어날 것인지, 그리고 내가, 저 예언을 확인해줄, 그에 대한 경험을 갖게 될 것인지를 확정할 수는 없다. — 그러므로 인간종 안에서 그러한 원인의 현존과 그 원인의 인과성의 작용을 시간 관련해서 무규정적 A142
으로 지시하고, 불가피한 귀결로 개선으로의 진보를 추론하게 하는 하나의 사건을 찾지 않을 수 없다. 그러면 그러한 추론은 (언제나 진보 중에 있었다 하는) 과거의 역사에까지 연장될 수 있을 터이다. 그럼에도 저 사건 자체를 진보의 원인으로 보아서는 안 되고, 단지 암시적인 것으로, **역사의 기호**(回想的, 現示的, 豫知的 記號)로 보아야 한다. 그렇게 해서 인간종의 **추세**가 **전체적**으로, 다시 말해 개인적으로 고찰되지 않고(그렇게 해서는 매거 [枚擧]와 계산을 끝내지 못할 터이니 말이다), 인간종이 어떻게 지상에서 종족들과 국가들로 나누어지게 되었는지를 증명할 수 있겠다.

6.
인간종의 이러한 도덕적 추세를 증명할
우리 시대의 한 사건에 대하여

A143 이 사건은 인간들 가운데서 큰일이었던 것이 작은 일이 되거나, 작은 일이 큰일이 되거나 하며, 마치 마법에 의한 것처럼, 찬란한 옛 국가조직 이 사라지고, 그 대신에 새로운 조직이 땅속 깊은 곳에서 출현하는 것과 같은, 인간들에 의해 행해진 중대한 소행이나 비행[非行]에 있지 않다. 그 런 것이 아니다. 전혀 이런 것들의 어떤 것이 아니다. 그것은 이런 대전 환 극[劇]에서 **공공연하게** 노정되는 한낱 구경꾼의 사유방식일 뿐이다. 다른 편의 배역들에 대항하는, 한편의 배역들에 대한 아주 보편적이면서 도 비이기적인 공감은, 이러한 편파성이 그들에게 매우 불리할 수 있는 위험이 있음에도, 노출될 수 있다. 그러나 그것은 (그 보편성으로 인해) 인 간종의 성격을 전체적으로, 그리고 동시에, (그 비이기적임으로 인해) 적어 도 소질로 있는, 인간종의 도덕적 성격을 증명하고 있다. 이러한 성격은 개선으로의 진보를 희망할 수 있게 할 뿐만 아니라, 인간종의 능력이 현 재로서 충분한 한에서, 그것 자체가 이미 하나의 진보이다.

우리가 오늘날 그 광경을 목도하고 있는, 한 총명한 국민의 혁명은 성 공을 거둘 수도 좌초할 수도 있을 것이다.[14] 이 혁명은, 사려 깊은 사람 A144 이라면, 설령 그가 두 번째로 시도하여 운 좋게도 완수될 것을 기대할 수 있다 해도, 그러한 대가를 치르는 실험을 결코 결심하지 못할 만큼, 참사 와 잔학행위들로 가득 채워질 수도 있을 것이다. ― 그럼에도 말하자면 이 혁명은 (그 자신이 이 극 무대에 얽혀 있지 않은) 모든 구경꾼들의 마음

---

14) 칸트는 이 시기 프랑스 대혁명(1789) 이후 혁명 세력들 간의 반목 와중에 프랑스의 오스트리아와 프로이센과의 전쟁, 프랑스와 프로이센의 화약에 뒤따르는 오스트리아, 러시아, 프로이센 3국의 폴란드 분할 합병(1795), 차츰 부상하는 나폴레옹의 위세를 관찰하면서 기대와 우려를 표현한 것으로 보인다.

에, 그 소망에서 거의 열광에 가까운, 그들의 표현 자체가 위험과 결부되어 있는 **공감**을 얻고 있다. 그러므로 이 공감은 인간종 안에 있는 도덕적 소질 외에 다른 것을 그 원인으로 가질 수 없다.

이런 도덕적으로 영향을 미치는 원인은 두 가지이다. 첫째로 **권리/법**의 원인이다. 즉 국민은 그들 자신에 좋다고 생각하는 대로의 시민적 헌정체제를 세우는 일에 다른 세력들의 방해를 받아서는 안 된다. 둘째로는 (동시에 의무이기도 한) **목적**의 원인이다. 즉 한 국민의 저러한 헌정체제만이 그 자체로 **정당하고/법적이고**, 도덕적으로–선한 것으로서, 이러한 헌정체제는 그 본성상 원칙적으로 침략전쟁을 피하는 성질을 갖고, 적어도 이념상으로는 공화적 헌정체제[15] 외의 다른 것일 수 없으며,※ 그 VII86 A145러니까 (모든 해악과 윤리의 부패의 원천인) 전쟁을 저지하고, 그리하여 인간종이 그의 온갖 나약성에도 불구하고 개선으로의 진보를 소극적으로

※ 그러나 이것이, 군주제적 헌법을 갖고 있는 한 국민[16]이 그 헌법을 변경해내려 A145고, 단지 은밀하게 그런 소망을 흉중에 품고 있는 것이라도, 그 권리를 감행하는 것까지를 뜻하지는 않는다. 무릇 유럽 내에 어쩌면 아주 넓게 퍼져 있는 그 위치가 그 국민에게 인접해 있는 열강들 사이에서 자신을 보존할 수 있는 유일한 체제로서 저 헌정체제를 추천할 수 있을 것이니 말이다. 또한 정부의 내정 때문이 아니라, 외국들에 대한 정부의 태도로 인한 신민들의 불평은, 만약 그 태도가 외국들이 공화정화[共和政化]하는 것을 방해한 것이라면, 그 국민의 자기 자신의 헌정체제에 대한 불만을 증명하는 것이 아니라, 오히려 자기의 헌정체제에 대한 애호를 증명하는 것이다. 왜냐하면, 다른 나라의 국민들이 공화정화하면 할수록, 그 국민은 자신의 위험에 대해 그만큼 더 안전해지는 것이기 때문이다. ─ 그럼에도 불구하고 자신을 중요하게 만들기 위해, 중상모략하는 비방자들은 이 순진한 정치담론을 국가에 위험을 가하는, 혁신열[革新熱]에 불타는 자코뱅의 짓 내지 선동이라고 억지 주장하려 했다. 그러나 이러한 거짓 주장에 대한 최소한의 근거도 없었고, 특히나 혁명의 무대에서 100마일 이상 멀리 떨어져 있던 나라에서는 말할 것도 없다.

---

15) 칸트는 여러 곳에서 공화적 헌정체제가 영원한 평화를 위한 "제1 확정 조항"임을 역설하고 있다.(*ZeF*, AB20이하=VIII349이하 참조)
16) 독일 국민을 지칭하는 것으로 보인다.

보장해주는 조건에 진입하게끔, 진보함에 있어서 적어도 방해받지 않게끔 하는 성질을 가지고 있다.

A146   그러므로 이러한 것 그리고 **격정**[정동]과 함께 좋음[선]에 참여함, 즉 **열광**[17]은, 비록 그것이, 모든 격정[정동]은 그 자체로 비난받을 만한 것[18]이기 때문에, 전적으로 시인될 수는 없다[19] 하더라도, 이러한 역사를 매개로 인간학에서 중요하게 언급할 계기를 제공한다. 즉 참된 열광은 언제나 오직 **이상**[이념]**적인 것**, 그것도 순수 도덕적인 것과 상관하는바,[20] 그와 같은 것은 법/권리개념으로, 사리[私利]에 접목될 수는 없는 것이다. 상금을 가지고서 혁명가들의 적대자들을 순전한 법/권리개념이 그들 안에서 만들어낸 열의와 아량으로 긴장시킬 수 없었고, (열광의 유례[類例]인) 옛 전사[戰士]귀족의 명예개념조차, 자기가 속해 있는 국민의 권리/법을 주시하고,※ 스스로 국민의 보호자라고 생각했던 이들의 무기 앞에서는

※ 인간종을 위한 권리/법 수호의 그러한 열광에 대해 사람들은 다음과 같이 말할 수 있겠다: "볼카누스가 만든 [神的인] 武器와 부딪치자, − 人間의 손으로 만든 칼은 내리치는 瞬間 쉽게 깨지는 얼음처럼 산산조각이 났다."[21] − 왜 아직까지 한 사람의 지배자도, 그는 자기에게 저항하는 국민의 **권리**를 전혀 인정하지 않는다는 사실과, 국민은 순전히 정부가 그들에게 베푸는 **자선** 덕택에 그들의 행복을 누리는 것이고, 정부에 저항하는 권리를 위한 신민들의 모든 월권은 (이러한 권리는 허용된 저항이라는 개념을 자신 안에 포함하는 것이기 때문에)

VII87 A147   이치에 맞지 않으며, 그뿐만 아니라 응당 처벌될 수 있다는 사실을 터놓고 말하려 하지 않았는가? − 그 원인은 이러하겠다. 즉 설령 신민들이 순종하는 양들처럼 한 선량하고 분별 있는 주인에 인도되며, 잘 먹여지고 강력하게 보호되어,

---

17) 숭고의 감정과 관련하여 『판단력비판』에는 열광이 "격정과 함께하는 좋음의 이념"(*KU*, B121=V272)이라고 규정되어 있다.
18) "현재 상태에서의 쾌 또는 불쾌의 감정으로서, 주관 안에서 **숙고**[성찰][…]가 생기지 못하게 하는 감정은 **정동**[격정]이다. […] 정동[격정]들[…]에 굴복해 있음은 실로 언제나 **마음의 병**이다. 왜냐하면 [그것은] 이성의 지배를 배척하기 때문이다."(*Anth*, A203이하=B202이하=VII251)
19) "격정으로서의 열광에서 상상력은 고삐가 없다".(*KU*, B126=V275)
20) 『판단력비판』, B273=V363 참조.

사라졌다. 그때 외부에서 구경하던 대중은 최소한의 협력의 의도 없이도
그러한 흥분에 공감했다.

그들의 복지에 관해서 아무런 것도 불평할 것이 없다 할지라도, 저러한 것을 공
공연하게 선언함은 모든 신민들에게 자신에 대해 저항하라고 부추기는 것일 터
이기 때문이다. — 무릇 자유를 갖춘 존재자는 그에게 타자로부터 (그리고 이
경우 정부로부터) 배분될 수 있는 생활의 쾌적함의 향유에 만족하지 않고, 오히
려 그에게 중요한 것은 그러한 생활의 쾌적함을 마련해주는 **원리**이니 말이다.
그런데 복지는 그것을 받는 이도 그것을 나눠주는 이도 아무런 원리를 갖지 못
한다.(복지를 누구는 여기에 놓고, 다른 누구는 저기에 놓는다.) 왜냐하면, 이
문제에서 관건이 되는 것은 의지의 **질료[내용]적인 것**인데, 이런 것은 경험적이
고, 그래서 규칙의 보편성을 가질 수 없는 것이기 때문이다. 그러므로 자유를
갖춘 존재자는 이성 없는 동물에 대비되는 이러한 우월성을 의식하여 자기 의
사의 **형식적** 원리에 따라 자신이 속하는 국민을 위해, 이 국민이 함께 입법하는
정부 외에 다른 정부를 요구할 수 없고, 요구해서도 안 된다. 다시 말해, 응당
복종해야 할 인간들의 권리[인권]가 평안에 대한 일체의 고려보다 반드시 우선
해야 한다. 이 권리는 (유용성의) 모든 가격을 뛰어넘는 신성한 것으로서, 어떠
한 정부도, 제아무리 늘 자선적이라 할지라도, 이 권리를 침해해서는 안 된다.
— 그러함에도 이 권리는 언제나 단지, 그 실행이 국민이 위반해서는 안 되는
도덕성과 그 수단이 합치한다는 조건에 제한되어 있는, 하나의 이념이다. [그러
니까] 이 권리가 항상 부정의한 혁명을 통해서 생겨서는 안 된다. — 전제적인
지배, 그리고 그러면서도 공화적인, 다시 말해 공화주의 정신에서의 그리고 공
화주의에 유비한, **통치**는 한 국민을 자기의 헌정체제에 만족하게 하는, 그런 것
이다.[22]

---

21) 칸트 원문: postquam ad arma Vulcania ventum est, — mortalis mucro glacies
ceu futilis ictu dissiluit. 이와 대응하는 Vergilius의 원문은 "postquam arma dei ad
Volcania uentum est, / mortalis mucro glacies ceu futtilis ictu / dissiluit,"(*Aeneis*,
XII, 739~741)로 한 낱말("신적인")의 차이가 있다.
22) 칸트로서는 군주제를 폐지할 수 없는 당시 국가 상황에서 '군림하지만 통치하지는 않는
다'는 공화제적 입헌 군주 국가를 최상이라고 제안한 것이겠다.

7.
인류의 [점술]예언적 역사

원칙 안에는 어떤 **도덕적인** 것이 있지 않으면 안 된다. 그것은 이성
이 순수한 것으로 보고, 동시에 그러나 또한, 그것의 크고 획기적인 영향
력으로 인해, 인간 영혼의 인정된 의무를 보여주는 어떤 것으로서, 그것
은 고대한 성공과 그 시도들에 대해 사뭇 보편적이고 이기심 없는 공감
으로 환호한 통일된 전체(個別者들이 아니라 普遍者)로서의 인간종과 상관
하는 어떤 것이다. — 이 사건은 혁명의 현상이 아니라, (에르하르트[23] 씨
A149 가 표현하듯이) **자연법적** 헌정체제의 **진화**의 현상이다. 이 진화는 단지 야
만적인 투쟁들 가운데서 아직 자체로 성공을 거두고 있지는 못하지만 —
VII88 안팎에서의 전쟁이 기존의 모든 **제정법적** 헌정체제를 파괴함으로써 — ,
그러함에도 호전적일 수 없는 하나의 헌정체제, 곧 공화적 헌정체제를
추구하도록 인도한다. 이 헌정체제는 그 자체 **국가형식**의 면에서든 단지
통치방식의 면에서든,[24] 한 원수[元首](군주)를 통해 국민이 스스로 보편
적 법원리들에 따라서 수립할 법칙[법률]에 맞춰 국가를 다스리려는 것
이다.

이제 내가 주장하거니와, 우리 시대의 국면들과 전조에 의해서, 인간

---

23) Johann Benjamin Erhard(1766~1827). 독일의 프랑스 대혁명의 추종자. 그의 책 *Über
das Recht des Volks zu einer Revolution*(Jena · Leipzig 1795), S. 189 참조.

24) 칸트는 『영원한 평화』에서 지배의 형식을 '국가형식'이라고 일컬으면서 "독재정체,
귀족정체, 민주정체, 즉 군주권력, 귀족권력, 국민권력"으로 구분하고, '통치방식'은
"공화적이거나 전제적"이라고 보고 있다. 특기할 것은 "민주정체의 형식은 낱말의 본래적
뜻에서 필연적으로 전제주의"라고 본 점이다. "공화주의는 집행권(통치[정부]의 권력)을
입법권에서 분리하는 국가원리이다. 전제주의는 국가 자신이 수립했던 법칙[법률]들을
국가가 독단적으로 집행하는 국가원리이다." 그런데 "민주정체는 하나의 행정권을
창설하거니와, 여기서는 모든 사람이 (찬동하지 않는) 한 사람 위에서 그리고 경우에
따라서는 한 사람에 반하여, 그러니까 아직 모든 사람이 아닌 모든 사람이 의결을
한다. 이것은 보편 의지의 자기 자신과의 그리고 자유와의 모순"이라는 것이다.(*ZeF*,
AB25이하=VIII352이하 참조)

종에게 이러한 목적의 달성과 함께 동시에 이로부터 인간종이 더 이상 전적으로 퇴보하지 않게 될, 개선으로의 진보를, 선지력[先知力]이 없다 해도, 예언할 수 있다. 무릇 인간종에서의 그러한 현상은 **더 이상 잊혀지지 않을 것**이니 말이다. 왜냐하면, 이 현상은 이제까지의 사물의 행정[行程]으로부터 어떤 정치가도 생각해내지 못했을 인간의 자연본성 안에 있는 개선으로의 소질과 능력을 들추어내 주었기 때문이다. 이 현상만이 자연과 자유를 인간종에 있는 내적 법원리들에 따라 통일하거니와, 단지 시간과 관련해서는 확정적이지 않은, 우연하게 일어나는 사건으로 예고될 수 있을 터이다. A150

그러나 비록 이 사건에서 의도한 목적이 지금 달성되지 못한다 해도, 한 국민의 헌정체제의 혁명 내지 개혁이 결국 실패하거나, 얼마간의 시간이 지난 후에 (지금 정치가들이 [점술]예언하듯이) 모든 것이 다시금 이전의 노선으로 되돌려진다 해도, 저 철학적 예언은 그 힘을 조금도 잃지 않을 것이다. — 무릇 저 사건은, 어떤 알맞은 상황의 계기가 있으면 어느 국민에게든 환기되지 않고, 이러한 방식의 새로운 시도들을 반복할 것이 일깨워질 수 없기에는, 너무나 위대하고, 너무나 많이 인류[인간성]의 관심사와 엮여 있으며, 그 영향이 세계 전역에 너무 넓게 퍼져나가 있으니 말이다. 그리하여 인간종에게 그토록 중요한 사안에서 결국 어느 때든 그 의도된 헌정체제가 빈번한 경험을 통한 가르침이 모두의 마음속에서 작용하기에 부족함이 없는 확고함에 이를 수밖에 없을 것이니 말이다.

그러므로 한낱 선의의 그리고 실천적 관점에서 추천할 만할 뿐 아니라, 모든 불신자[不信者]들에게도 가장 엄밀한 이론으로 여겨질 수 있는 하나의 명제는, 인간종은 언제나 개선으로 진보하고 있으며, 그렇게 계속해서 전진하리라는 것이다.[25] 이것이, 만약 어느 한 국민에게서 일어날 A151 VII89

---

25) 이것이 앞서의 "새롭게 제기되는 물음: 과연 인간종은 개선을 향해 끊임없이 진보하고 있는가?"(A131=VII79)에 대한 칸트의 대답이라 하겠다.

수 있는 것뿐만 아니라, 점차로 이어서 참여할 지상의 모든 국민 너머로의 확산에 주목한다면, 가늠할 수 없는 장래에 대한 전망을 열어준다. 그런 한에서 가령 (캄퍼르[26]와 블루멘바흐[27]에 따르면) 인간이 있기 전에 동물계와 식물계를 매장했던 자연혁명의 제1기에 아직은, 다른 피조물들을 무대에 등장시키기 위해, 인간종에도 똑같은 일이 일어날 제2기가 뒤따르지는 않고 있다. 무릇 자연의, 또는 그보다는 우리로서는 이를 수 없는 그 최상의 원인의 전능에 대하여 인간은 다시금 미미한 것일 따름이다. 그러나 인간을 그 자신의 종[種]의 지배자들도 그렇게 여겨, 인간을 한편으로는 동물로, 그들의 의도들의 순전한 도구로서 고되게 하고, 또 한편으로는 상대방을 살육하도록 그들 상호 간의 분쟁들에 내세움으로써 인간을 미미한 것으로 취급하는 것, — 이것은 미미한 일이 아니라, 창조의 **궁극목적**[28] 자체를 전복하는 것이다.

---

26) Peter Camper(1722~1789). 칸트 당대 네덜란드의 의학자로, 해부학, 골상학 분야에서 활발하게 활동했다. 그는 다방면의 저술을 하였고, 독일어 번역판도 여럿이 나왔다.
『구두의 최상의 형식에 관한 논고(*Abhandlung über die beste Forme der Schuhe*)』 (Berlin 1783)에 대한 칸트의 언급(*KU*, B175=V304)도 있고, 『해부학·병리학 개론 (*Demonstrationes anatomico-pathologicae*)』(전2권, Amsterdam 1760~62)에 대한 언급도 보인다.(*KU*, B386=V428 참조) 오랑우탕에 관한 그의 저술은 독일어 번역판 *Naturgeschichte des Orang-Utang und einiger andern Affenarten, des Africanischen Nashorns und des Rennthiers*(J. F. M. Herbell, Düsseldorf: Dänzer 1791)가 출간되었고, 이에 관한 칸트의 언급도 있다.(*Anth*, A317=B314=VII322 참조)
27) Johann Friedrich Blumenbach(1752~1840). 해부학자이자 비교 동물학자로 *Handbuch der Naturgeschichte*(Göttingen 1779), *Handbuch der vergleichenden Anatomie*(Göttingen 1805) 등 다수의 저술을 펴냈다.
28) 도덕적인 존재자인 한에서 "인간이야말로 창조의 궁극목적이다."(*KU*, B398=V435; 참조 *KU*, B412=V443)

8.
세계최선으로의 진보를 겨냥한 준칙들의
공표와 관련한
난점에 대하여

국민계몽은 국민이 귀속하는 국가에 대한 국민의 의무와 권리들에 대하여 국민을 공개적으로 가르치는 일이다. 여기서의 관심사는 오직 자연적이고 보통의 인간지성[상식]에서 기인하는 권리들이기 때문에, 국민에게 있는 이러한 권리들에 대한 자연적인 공포자[公布者] 및 해석자들은 국가에 의해 임용된, 관직의 법학자들이 아니라, 자유로운 법학자, 다시 말해 제멋대로 하는 바로 이 자유 때문에 언제나 지배하려고만 하는 국가에게는 불쾌감을 주는 철학자들로, 이들은 **계몽가**라는 이름으로 국가에 위험한 자들이라고 매도된다.[29] 그들의 목소리는 **친근하게** (그것에 그리고 그들의 저술에는 거의 또는 전혀 주목하지 않는) 국민을 향해 있지 않고, 오히려 정중하게 국가를 향해 있으며, 국가가 국민의 저러한 정당한 요구를 명심할 것을 간청받고 있음에도 불구하고 말이다. 만약 전체 국민이 그 고충(苦衷)을 토로하고자 할 때, 이러한 요구는 공표 외에 다른 방도로 일어날 수는 없다. 그래서 공표의 **금지**는 한 국민의 개선으로의 진보를, A153 국민의 요구의 최소한의 것, 곧 순전히 그 국민의 자연권에 관한 것조차, 저지한다.

쉽게 간파할 수 있는 것이지만, 합법적으로 국민에게 명령될 수 있는 VII90 또 다른 하나의 은폐는 그 국민의 헌법의 진짜 성질을 숨기는 것이다. 영

---

29) 뵐너의 종교칙령(Religionsedikt vom 9. Juli 1788) §7: "가련한, 이미 오래전에 반박된, 소치니주의자(Socinianer), 이신론자, 자연주의자 및 여타 종파들의 착오들을 또 다시금 꺼내 이야기하고, 그러한 착오들을 매우 대담하고도 몰염치하게 극히 오용된 계몽의 이름으로 국민들 사이에 확산시키는 일을 세인들이 감히 하고 있다."라는 대목 참조.

국 국민에게, 그들이 **무제한적 군주제**를 가지고 있다고 말하는 것은 그 국민의 위엄을 손상하는 일일 것이다. 오히려 사람들은 영국 국민이 국민의 대표자들인 양원[兩院]을 통해 군주의 의지를 **제한하는** 헌정체제를 가지고 있는 것이기를 바란다. 그러면서도 누구나 잘 아는바, 이 대표자들에 대한 군주의 영향력이 너무나 크고 무오류적이어서, 군주가 원하고 그의 각료를 통해 제안되는 것과 다른 것이 의회에서 의결되지 않는다. 이때 군주는 능히 한 번은, 의회에 자유가 있다는 겉보기의 증명을 하기 위해, 알면서도, 그에게 모순이 될 것을 만드는 (예컨대 흑인[노예]무역에 관한) 의결을 하도록 제안한다.[30] — 이 사안의 성질에 대한 이러한 그림은 참된, 법적으로 정당한 헌정체제가 더 이상 전혀 추구되지 않는다는

A154   기만적인 것을 자체로 가지고 있다. 왜냐하면, 사람들은 그러한 헌정체제를 이미 현존하는 사례에서 보고 있다고 잘못 생각하고, 허위의 공표는 매수를 통해 얻은 국민의 대표자들이 국민을 암암리에 **절대 군주**에게 예속시키면서도, 국민으로부터 나오는 법칙[법률]에 의한 **제한적 군주제**[※]라는 허깨비를 가지고서 국민을 기만하기 때문이다.

※ 사람들이 그 성질을 직접적으로 들여다보지 못하는 원인은 그것에 불가피하게 부수하는 결과를 통해 발견된다. — **절대** 군주란 무엇인가? 만약 그가 마땅히 전쟁을 해야 한다고 말하면, 그의 명령대로 곧장 전쟁이 일어나는 그러한 군주이다. — 이에 반해 **제한적** 군주란 무엇인가? 반드시 먼저 국민에게 마땅히 전쟁을 해야 하는지 말아야 하는지를 묻고, 국민이 전쟁을 하지 말아야 한다고 말

A155   하면, 전쟁이 일어나지 않게 하는 그러한 군주이다. — 무릇 전쟁은 국가의 **모든** 힘을 국가원수가 마음대로 운용할 수밖에 없는 상태이다. 그런데 영국의 군주는 그에 대해 저러한 동의를 구하지 않은 채로 실로 많은 전쟁을 이끌었다. 그러므로 이러한 왕은, 헌법상으로 그래서는 안 되지만, 언제나 그것을 지나쳐 갈수 있는 하나의 절대 군주이다. 왜냐하면, 그는 바로 저러한 국가의 힘들을 통해, 곧 그가 모든 관직과 지위를 수여하는 권력을 가짐으로써 국민 대표자들의

---

30) 영국 왕 George III(1738~1820, 재위: 1760~1820) 시절 미국 독립전쟁(1776) 직전 상황을 염두에 둔 것으로 보인다.

인간의 자연권과 합치하는 헌법의 이념인즉, 법칙[법]에 복종하는 자
들이 또한 동시에, 합일하여, 법칙을 수립[입법]해야 함은 모든 국가형식　　VII91
들의 근거에 놓여 있는 바이며, 그 이념에 맞게, 순수한 이성개념들에 의
해 생각된, 플라톤적 이상이라고 일컬어지는 공동체(叡智體 共和國)는 하나　　A155
의 공허한 환영[幻影]이 아니라, 모든 시민적 헌정체제 일반을 위한 영원
한 규범이자, 모든 전쟁을 멀리 떼어놓는 것이다. 이러한 헌정체제에 맞
게 조직된 시민사회는 경험 중에 한 사례를 통해 자유법칙들에 따르는
헌정체제를 현시한 것(現象體 共和國)으로, 그것은 다만 잡다한 반목과 전
쟁을 겪은 후에야 수고롭게 얻어질 수 있다. 그러나 일단 전반적으로 이
룩되고 나면, 그 헌정체제는 모든 선의 파괴자인 전쟁을 멀리 떼어놓기
위한 모든 것 중에서 최선이라는 자격을 얻는다. 그러니까 그러한 헌정
체제에 들어서는 것은 의무이다. 그러나 (저러한 것이 곧바로 성취되지는 않　　A156
을 것이기 때문에) 잠정적으로 군주들의 의무는, 비록 군주들이 **전제적으로**
지배하고 있지만, **공화적으로**(민주적으로가 아니라) 통치하는 것이다. 다
시 말해, 비록 문자대로 국민에게 국민의 동의를 묻지는 않겠지만, (성숙
한 이성을 갖춘 국민이 자기 자신에게 지시규정하는 것인 양) 자유법칙들의 정
신에 맞는 원리들에 따라 국민을 대하는 것이다.

찬성을 확보할 수 있기 때문이다. 그러나 물론 이러한 매수체제가 성공하기 위해
서는 공표[공개]되어서는 안 된다. 그래서 그 체제는 잘 투시되는 비밀의 면사포로
싸여 있다.

9.
개선으로의 진보는
인간종에게 어떤 수확을 가져다줄 것인가?

마음씨 안에 점점 커가는 **도덕성**의 분량이 아니라, 어떤 동기에 의해 유발되든지 의무에 맞는 행위들에서의 그 **적법성**의 산물의 증가가, 다시 말해 점점 수가 많아지고 개선되어가는 사람들의 선한 **행실**들에, 그러므로 인간종의 윤리적 성질의 현상들에만 인간종의 개선을 향한 노고의 수확 (성과)이 자리할 수 있다. — 무릇 우리는 이러한 예언이 근거 삼고 있는

A157 것으로 단지 **경험적** 자료들(경험들)만을 가지고 있으니 말이다. 곧 이러한 예언의 근거는 발생한 한에서의, 그러므로 그 자신 현상들인 우리 행위들의 자연적[물리적] 원인이지, 마땅히 발생해야 할 것의, 오로지 순수하게 선험적으로 제시될 수 있는, 의무 개념을 함유하는 도덕적[정신적] 원인이 아니니 말이다.

점차로 강자들 편에서의 폭력은 줄어들 것이고, 법칙들에 대한 순종은 늘어날 것이다. 가령 더 많은 자선, 쟁송들에서의 더 적은 반목, 약속

VII92 에서의 더 많은 신뢰성 등등이 한편으로는 명예심에서, 또 다른 편에서는 공동체 안에서의 잘 이해된 자신의 이익으로 인해 생겨날 것이고, 결국은 이러한 일이 서로 대외적 관계를 맺고 있는 제[諸] 민족에게도 미치고 세계시민사회[31]에까지 뻗어 나가게 할 것이다. 그때에 인간종의 도덕적 기반을 조금도 더 확대할 필요가 없고, 그러한 일을 위해 어떤 종류의 새로운 창조(초자연적인 영향력)가 필요하지도 않을 것이니 말이다. — 무릇 우리는, 개선으로의 진보의 희망을 터무니없는 인사의 몽상으로 기꺼

A158 이 간주하려 하는 정치가의 조롱에 빠질 구실을 만들지 않기 위해, 개선

---

31) 칸트는 『영원한 평화』에서도 "세계시민적 [헌정]체제"(*ZeF*, AB42)를 말하고, 또한 『영원한 평화』와 『법이론』에서 '세계시민법'의 체제에 관해서도 여러 차례 언급하고 있다. (*ZeF*, AB40~46 · 65 · 75 · 88 · 106; *MS*, *RL*, §62 참조)

으로 진보해가는 인간들에 대해 너무 많은 것을 약속해서는 안 되니 말이다.※

10.
개선으로의 진보는
어떤 질서에서만 기대할 수 있는가?

대답인즉, '사물들의 **아래로부터 위로**의 진행이 아니라, **위로부터 아래로**의 진행을 통해서'이다. — 가정 교습에서의 그리고 더 나아가 하급에서 최상급에 이르는 학교에서의, 즉 정신적인 그리고 도덕적인, 종교교설을 통해 강화된 교화에서의 청소년 교육을 통해 마침내, 단지 선한

※ 이성의 요구들에 (특히 법[권리]적 관점에서) 상응하는 국가헌정체제를 생각해
  보는 것은 역시 **달콤한** 일이다. 그러나 그것을 제안하는 것은 **주제넘은** 일이고,
  현존의 헌정체제를 폐지하도록 국민을 선동하는 것은 **처벌받을** 일이다.
    플라톤의 아틀란티스, 모어의 유토피아,[32] 해링턴의 오시아나,[33] 그리고 달레
  의 세바람비[34]가 차례로 등장했지만, (크롬웰의 전제적 공화국이라는 유산된
  실패작을 제외하고는) 시도된 적조차 없다. — 이러한 국가창조들은 세계창조   A159
  처럼 진행되었다. 거기에 인간은 없었고, 그러한 창조의 자리에 현재할 수도
  없었다. 왜냐하면, 그렇지 않으면 인간이 자기 자신의 창조자여야만 했을 것
  이기 때문이다. 여기서 사람들이 생각하는 것처럼, 설령 늦을지는 몰라도 언
  젠가는 완성될 것으로 희망하는 바인 하나의 국가 생산은 하나의 달콤한 꿈이
  다. 그러나 그러한 국가 생산에 점점 다가가는 것은 **생각할 수 있는** 일일 뿐만
  아니라, 도덕법칙과 양립할 수 있는 한에서, 국가시민들이 아니라 국가원수의
  의무이다.

---

32) St. Thomas More[=Sanctus Thomas Morus](1478~1535). *Utopia*(1516).
33) James Harrington(1611~1677). 영국의 철학자로 *The Commonwealth of Oceana*
    (1656)를 청교도혁명 정부의 호국경(Protectorate) Oliver Cromwell(1599~1658,
    재위: 1653~1658)에게 헌정하였다.
34) Denis Vairasse d'Allais(1635~1700). 프랑스 태생의 영어 작가로 유토피아 소설 *The
    history of the Sevarites or Sevarambi*(London 1675)를 썼다.

국가시민들을 교육할 뿐만 아니라, 계속해서 진보하고 유지해나갈 수 있
는 선을 위해 교육하는 데에 이르게 될 것을 기대함이 바람직한 성과를
어렵게나마 희망할 수 있는 하나의 계획이다. 무릇 국민은 자기 아이들
의 교육 비용을 자기들이 아니라 국가가 부담해야 한다고 생각하지만, 반
면에 국가는 그편에서, 모든 것을 전쟁을 위해 사용하기 때문에, (뷔싱[35])
이 탄식하듯이) 유능하고 자기의 직분에 유쾌하게 전심을 쏟을 교사들의
급여를 위해서는 한 푼의 돈도 남겨놓지 않을 뿐만 아니라, 만약 이 교육
의 전체적인 기구체제가 최상위 국가권력의 숙고된 계획과 그 의도에 따

---

35) Anton Friedrich Büsching(1724~1793). 칸트 당대 지리학자이자 교육자로, 베를린의
프란체스코 수도원 부속 김나지움 교장이었다. 그는 1773~1781년에 《지도, 지리,
통계, 역사의 신논저 주간 소식(*Wöchentliche Nachrichten von neuen Landcharten,
geographischen, statistischen und historischen Büchern und Schriften*)》을
발간했는데, 제4권 16호(1776. 4. 15), 131면에서 "유럽 국가들의 정부들이 학교를
위해 한 푼의 돈도 남겨놓지 않아" 학교 운영이 "사인[私人]들"의 자선에 의존되고 있음을
탄식하고 있다. 이와 관련해서 칸트는 일찍이 "박애주의 학교에 관한 논고"(게재:
Königsbergische Gelehrte und politische Zeitungen, 1777. 3. 27)에서도 인용
언급하고 있다.(Aufsätze, das Philanthropin betreffend: AA II451 참조)
그러나 칸트는 교육학 강의에서는 학교 교육이 국가의 재정 지원에 의지하게 되면,
교육 내용도 간섭받게 될 것이므로, 오히려 바람직스럽지 못하다고 경계심을 고취하고
있다: "군주들이 이를[교육을] 위한 금전을 제공한다면, 그를 위한 계획의 입안도
정말이지 그들에게 일임될 수밖에 없을 것이다. 그리되면 인간 정신을 배양하는 일,
인간 인식을 확장하는 일에 관한 모든 것에 있어서도 그렇게 된다. [그러나] 권력과
금전이 이를 이룩할 수는 없는 일이고, 기껏해야 수월하게 해줄 따름이다. […]
따라서 학교들의 설치도 순전히 가장 계몽된 전문가의 판단에 의거해야 할 일이다.
모든 문화는 사인[私人]에서 시작해서 그로부터 퍼져나간다. 순전히 세계최선에
적극적으로 참여하고 미래의 어떤 개선된 상태에 대한 이념을 가질 수 있는, 넓혀진
경향성의 인사들의 노력을 통해서만 인간 자연본성이 그 목적으로 점차 접근하는
일이 가능하다. 곳곳에서 많은 권력자들이 자기 국민을 흡사 단지 자연계의 일부로
간주하고, 그리하여 단지 국민들이 번식하는 데에만 주목하는 것을 보라. 그때 그들은
숙련성 또한 최고로 갈망하는데, 그러나 그것은 순전히 그들의 의도를 위해 신민들을
더욱더 좋은 도구로 사용할 수 있기 위해서이다. 물론 사인[私人]들은 우선 자연목적을
염두에 두어야만 하지만, 그러나 그다음에는 또한 특히 인간성의 발전에 주목하여,
인간성이 단지 숙련될 뿐만 아니라 개명[윤리화]되도록 해야 한다. 이때 가장
어려운 일은 사인들이 그 후손을 자신들이 이르렀던 것보다 더 전진하도록 노력하는
일이다."(*Päd*, A20이하=IX449)

라 기획되어 역할이 정해지지 않고, 그 체제 안에서 언제나 같은 형식으로 유지된다면, 이 체제는 아무런 연관성을 갖지 못한다. 이를 위해 필요한 것은 국가가 그때그때 스스로 개혁하여, 혁명 대신에 진화를 시도하면서, 개선을 향해 꾸준히 진보하는 것이겠다. 그렇지만 **인간**이야말로 교육을 일으켜야 할 이들이고, 그러니까 이를 위해 자신이 교육받아야만 했던 이들이므로, 인간의 이러한 자연본성의 취약성과 그러한 효과를 조성하는 상황의 우연성에서는 그 진보의 희망을 적극적인 조건으로서 오직 위로부터 내려오는 하나의 지혜 ― 이것을 우리로서는 볼 수 없을 때 섭리라고 일컫는바 ― 에서만 기대할 수 있으되, 여기서 **인간**으로부터 기대되고 요구될 수 있는 것에 대해서는 이 목적을 촉진하기 위한 한낱 소극적인 지혜만을 기대할 수 있다. 곧 그 본성상, 약화되지 않고, 진정한 법원리들에 근거해 있어, 끊임없이 개선으로 진보할 수 있는 헌정체제의 길에 들어서기 위해서는, 도덕적 진보의 최대 장애물로서, 이 진보를 언제나 후퇴시키는 것, 곧 **전쟁**을 처음에는 차츰차츰 더 인간적으로, 그다음에는 더 드물게 하고, 마침내 침략전쟁으로서는 완전히 사라지게 할 필요가 있음을 인간이 알게 되는 일이다.

맺음말

  주치의가 날마다, 하루는 맥박이 더 좋게 뛴다 하고, 다음 날에는 가래가, 셋째 날에는 땀나는 것이 더 좋이질 것이라 해서, 빠른 회복[개선]의 기대로 위로받았던 어떤 환자가 한 친구의 방문을 받았다. 첫 물음인즉 "이보게, 병증은 좀 어떠한가?"였다. "어떨 것 같은가? **난 순전히 더 좋아지다가**[개선되다가] **죽겠네.**" ― 만약에 그가 국가의 병폐에 관해 인간종의 치유와 인간종의 개선으로의 진보에 낙담하기 시작한 것이라면, 나

는 아무도 탓하지 않는다. 그러나 나는 흄이 처방했고, 빠른 치료를 가능

하게 할 수도 있는 특효약을 믿는다: "내가 지금 (그가 말한바) 서로 전쟁

VII94 중에 있는 민족[국가]들을 보자면, 마치 한 도자기 상점에서 서로 몽둥이

를 휘두르고 있는 술 취한 두 사내를 보고 있는 것 같다. 무릇 그들은 그

들이 서로에게 붙인 혹들을 오랫동안 치유해야만 하는 것으로는 충분하

A162 지가 않아, 그 나중에도 그들이 입힌 모든 손해를 변상하지 않으면 안 될

것이다."[36] 뒤늦게야 프리기아人들은 賢明해질 것이다.[37] 그러나 현금

[現今]의 전쟁의 후유증은 정치적 예언가들에게 이미 지금 전망되는, 인

간종의 개선으로의 임박한 전환을 고백하게 강요할 수 있다.

---

36) Hume, 'Of Public Credit', in: *Essays, Moral and Political*(1741~1742); *Essays, Moral, Political, and Literary*(1777). 논고 'Of Public Credit'는 독일어 역서 『선집 (Vermischte Schriften)』(Hamburg 1755)에 'Von öffentlichem Credit'로 번역 수록되었는데, 칸트의 인용문은 대강의 내용만을 담고 있다.
37) Cicero, *Epistulae ad familiares*, VII, 16 참조.

제3절

철학부의
의학부와의 다툼

순전한 결단을 통해 병적인 감정들을
제어하는
마음의 힘에 대하여

궁정고문 후페란트[1] 교수께 드리는 답서

1796년 12월 12일[2]에 나에게 보내준 선물인 귀하의 배울 것 많고 유
쾌한 책 『인간의 생명을 연장하는 기술에 대하여』/『장생술[長生術]』에 대
한 나의 감사의 말이 그 자체로 오래 살 것을 계산에 넣고 있었나 보다

---

[1] Christoph Wilhelm Hufeland(1762~1836). 대중요법 보급에 활발하게 활동했던
   칸트 당대의 프로이센 의사로서, 프로이센 학술원 회원(1800)이자 프로이센 궁정
   수지의(1801)였다. 『장생술[長生術](Die Kunst das menschliche Leben zu verlängern)』
   (2 Bde., Jena 1796: 최신간: Makrobiotik, oder die Kunst, das menschliche Leben
   zu verlängern, hrsg. v. Frank Löhrer, Aachen 2000), 『건강한 수면법(Der Schlaf
   und das Schlafzimmer in Beziehung auf die Gesundheit)』(Weimar 1802) 등의
   저술을 냈다. 그의 장생술에 관해 칸트는 교육학 강의에서도 언급하고 있다.(Päd,
   A57=IX464 참조)
[2] Hufeland가 칸트에게 보낸 동일 자 편지(XII136~137) 참조.

하고 귀하는 아마도 금년 1월의 나의 답서[3]의 날짜에서 추정할 이유를 가질 수도 있겠습니다. 그러나 노령[老齡]이라는 것이 이미 중요한 결정들의 잦은 **연기**(延期)를 수반하지는 않는다 할지라도, 죽음의 결정은 능히 그러한 것입니다. 죽음은 언제나 우리에게 너무도 일찍 예고되어 있고, 사람들은 그것이 기다리도록 하려고 끝없이 핑계를 생각해냅니다.

A166

귀하는 "인간 안에 있는 자연적[물리적]인 것을 도덕적[정신적]으로 다루고, 자연적[물리적]이기도 한 전체 인간을 도덕성을 헤아리는 존재자로서 서술하며, 소질로는 전반적으로 현전하는 인간본성의 자연적[물리적] 완성을 위해 도덕적 교화가 불가결함을 제시하려는 귀하의 노력에 대한 판단"을 나에게 구하고 있습니다. 그리고 "적어도 나는, 그것이 미리 취한 의견이 아니라, 내가 작업과 연구를 하는 과정에서 스스로 저항할 수 없이 이러한 취급방식으로 끌려 들어가게 됐다는 것을 보증할 수 있다."[4] 라고 덧붙여 말하고 있습니다. — 사태에 대한 그러한 견식은 순전한 이성기술자가 아닌, 철학자[5]임을 드러내주고 있습니다. 즉 프랑스 수도원 회의의 원장들 중 어떤 사람처럼, 이성이 처방하는 (기술적인) 실행 **수단**들을, 경험이 제공하는 대로, 자기 의술에 노련하게 적용할 뿐만 아니라,

---

3) 칸트가 1798년 1월에 보낸 답서는 I. Kant, Von der Macht des Gemüths durch den blossen Vorsatz seiner krankhaften Gefühle Meister zu sein. Ein Antwortschreiben an Herrn Hofrath und Professor Hufeland. in: *Journal der practischen Arzneykunde und Wundarzneykunst*, hrsg. von C. W. Hufeland. V. Bd. 4. Stück. (Jena: Akademische Buchhandlung, 1798). S. 701~751에서 볼 수 있다.(XII230 참조)

4) Hufeland가 Jena에서 칸트에게 보낸 1796. 12. 12 자 편지, XII137.

5) 칸트에 따르면 "철학은 모든 인식의 인간 이성의 본질적인 목적과의 관계에 대한 학문(人間 理性의 目的論)이다. 그리고 철학자는 이성의 기술자가 아니라, 인간 이성의 법칙 수립자[입법가]이다. 이런 의미에서는 […] 수학자, 자연과학자, 논리학자 중에서 앞의 두 인사들은 일반적으로는 이성인식에서, 마지막 인사는 특히 철학적 인식에서 훌륭한 진보를 이룩했다 해도, 이들은 단지 이성기술자일 따름이다. 여기에 또한 이것들을 모두를 조정하고, 인간 이성의 본질적인 목적들을 촉진하기 위해서 그것들을 도구로 이용하는, 이상 속의 교사가 있다. 이런 이만을 우리는 철학자[철인]라고 불러야 할 것이다."(*KrV*, A839=B867)

의사협회의 입법 위원으로서 순수 이성으로부터 치료에 **도움이 되는** 것을 노련하게 취하고, 또한 동시에 그 자체로 **의무인** 것을 지혜롭게 처방할 줄 아는 그러한 인사 말입니다. 이렇게 해서 도덕적–실천 철학은 동시에 하나의 보편 의학을 제공하거니와, 이 보편 의학은 모든 이들에게 모든 것에 대해 도움이 되지는 않지만, 어떤 처방전에도 빠질 수가 없는 것입니다.

그러나 이 보편 수단은 단지 **섭생법**에 관한 것입니다. 다시 말해 그것은 단지 **소극적으로만**, 즉 질병을 **저지하는** 기술로만 효력이 있습니다. 그런데 이와 같은 기술은 사람들이 단적으로 전제할 수밖에 없는 철학만이, 또는 철학의 정신만이 줄 수 있는 하나의 능력을 전제합니다. 이러한 정신과 관련한 섭생법의 최상의 과제는 다음의 주제에 함유되어 있습니다:

병적인 감정들을 순전한 결단을 통해

제어하는

마음의 힘에 대하여.

이러한 발언이 가능함을 입증하는 사례들을 나는 **타인들의** 경험에서가 아니라, 우선은 나 자신이 한 경험에서만 가져올 수 있다. 왜냐하면, 이런 경험이 자기의식에서 생기고, 그다음에야 비로소, 과연 타인들도 그러한 것을 똑같이 그들 자신 안에서 지각하지는 않는지를 물어볼 수 있기 때문이다. — 그러므로 나는 나의 **자아가 공공연하게** 될 수 있도록 하지 않을 수 없다. 교조적 강론[※]에서는 불손함을 드러내는 것이, 보통의 경험에 관한 것이 아니라, 누구라도 저절로, 거기에 이르지 않고서는, 찬성하지 못하는 무엇인가를 그의 판정을 위해 제시하기 위해서는, 우선 내가 나 자신에서 해야만 했던 내적 실험 내지 관찰에 관한 것이라면, 양

※ 교조적–실천적 진술에서, 예컨대 누구에게나 문제가 되는 의무들을 주제로 한, 자기 자신의 관찰에 대한 진술에서 화자는 '나'가 아니라 '우리'라는 지칭으로 말한다. 그러나 서사적인, 사적 감각의(환자가 자기 의사에게 털어놓는 고백의), 또는 자기의 경험 그 자체에 대한 진술에서 화자는 '나'라는 지칭으로 이야기한다.

해될 수 있다. ― (나에게) 주관적 중요성이야 있겠지만, (누구에게나 타당한) 객관적 중요성을 갖지 않는 나의 사념의 유희의 내적 이야기를 가지고서 남들과 말을 나누는 일은 비난받을 만한 주제넘은 짓이겠다. 그러나 만약 자기 자신에 대한 이러한 주의[注意]와 이로부터 생기는 지각이 평범한 것이 아니고, 오히려 누구에게나 그러한 일이 촉구되고, 그것이 필요하면서 가치 있는 일이라면, 자기의 사적 감각들을 가지고서 남들과 말을 나누는 이러한 고약한 짓이 적어도 양해될 수는 있다.

내가 이제 섭생법의 관점에서 행한 나의 자기관찰의 성과를 가지고서 감히 나서기 전에, 나로서는 후페란트씨가 질병을 **치유하는 치료법**과는 달리 **섭생법**의, 다시 말해 질병을 **예방하는** 기술의 과제를 어떻게 설정하는지에 대해 약간 언급하지 않을 수 없다.

그는 섭생법을 "인간의 생명을 연장하는 기술"이라고 일컫는다.

그는 이러한 명칭을 인간이 가장 간절하게 소망하는 것에서 취하고 있다. 그것이 어쩌면 그렇게 소망할 만한 것이 아닐지도 모르는데도 말이다. 인간은 기꺼이 두 가지, 곧 **오래 살고**[長壽], **그간에 건강할 것**[無病]을 동시에 소망하지만, 전자의 소망은 후자의 소망을 필연적인 조건으로 갖지 않는다. 오히려 전자의 소망은 무조건적이다. 병원환자가 수년 동안 병상에서 고통받고 궁핍하게 되면, 죽음이 차라리 그를 이 고난에서 빨리 구원해주면 좋겠다고 소망하는 말을 듣게 된다. 그러나 그의 말을 믿지 마시라. 그것은 그의 진심이 아니다. 그의 이성은 그에게 그렇게 말하라 시키지만, 자연본능은 다른 것을 바란다. 해방자(救出者 유피테르[6])로서의 죽음이 눈짓하면, 그는 언제나 잠깐의 기한을 청하고, 언제나 그의 최종 판결을 **연기**(延期)할 어떤 하나의 핑계를 갖는다. 격렬한 분노에 사로잡혀 자기 생명에 끝을 내는 자살의 결심도 이의 예외가 아니다. 무릇 그러한 결심은 광기에까지 이른 격분한 정동의 작용결과이니 말이다. ―

---

6) Tacitus, *Annales*, XV, 64 참조.

("너희가 행복하게 살고 잘 될 것이며, 너희가 [차지할] 땅에서 오래 살 것"[7]이라는) 자녀의 의무[8]를 준수하는 데 대한 두 가지 약속 가운데 후자는 이성의 판단에서조차 곧 그 준수가 동시에 **공적[功績]이 되는** 의무[9]로서의 더 강력한 동기를 함유한다.

경로[敬老]의 의무는 곧 본래 사람들이 연소자의 연로자의 쇠약함에 대한 당연한 배려에 기초해 있지 않다. 무릇 쇠약함이 연로자가 마땅히 받아야 할 **존경**의 근거이지는 않으니 말이다. 그러므로 연로[年老]는 무엇인가 **공적 있는** 것으로 여겨질 필요가 있다. 그는 **공경**받을 만하기 때문이다. 왜냐하면, 가령 원로들이 동시에 많은 오랜 경험을 통해 얻은 **지혜**를, 연소한 세대의 지도를 위해, 지니고 있기 때문이 아니라, 순전히, 만약 어떤 부끄러운 일이 그러한 노령을 더럽히지만 않았다면, 그토록 오래 살아온 인사는, 다시 말해, ("너는 흙이니 흙으로 될지니라."[10]라는) 이성적인 존재자에게만 전달될 수 있는, 굴욕적인 판결인 사멸성을 그만큼 오래 피했고, 이를테면 불사성을 얻을 수 있었기 때문이다. 말하자 A171 면 그러한 인사는 오랫동안 삶을 유지하면서 본보기를 보여주었으니 말이다.

그에 반해 둘째의 자연적[자연스러운] 소망인 건강에 관련해서는 사정 VII100 이 불확실하기만 하다. 사람들은 자기가 건강하다고 **느낄**(자기 생의 유쾌한 감정으로 인해 판단할) 수 있지만, 건강하다는 것을 결코 **알지**는 못한다. — 자연적 죽음의 원인은 모두 질병이다. 사람들이 그 질병을 느끼든

---

7) 『구약성서』, 「신명기」 5, 33.
8) 『이성의 한계 안에서의 종교』, B282=VI182 참조.
9) "법칙에 의해 강제된 것보다 더 많이 의무에 맞게 행한 것은 **공적**(功德)이고, 법칙에 부합하는 꼭 그만큼 행한 것은 **책임**(責任)이며, 끝으로 법칙이 요구하는 것보다 더 적게 행하는 것은 도덕적인 **부채**(負債)이다. 부채의 법적 효과가 **벌**(刑罰)이고, 공적 있는 행실의 법적 효과가 **상**(賞給)이다."(*MS*, *RL*, AB29=VI227) 참조.
10) 『구약성서』, 「창세기」 3, 19. *Die Bibel oder Die Ganze Heilige Schrift des Alten und Neuen Testaments nach der Übersetzung Martin Luthers*, Revidierter Text 1975, Deutsche Bibelgesellschaft(Stuttgart 1978) 참조.

지 말든지 말이다. ─ 사람들이 그런 사람들을 조소하려고 하는 말이 아니라, 사람 중에는 항상 **병약**하면서도, 결코 **병들** 수 없는 사람들이 많이 있다. 이들의 섭생은 생활방식을 늘 바꾸면서 벗어났다가 다시금 되돌아오는 식이고, 이들은 그러한 일을 비록 왕성하게는 아닐지라도 오래도록 계속한다. 그러나 나는 일단 자리잡은 생활방식에 온전한 건강을 자랑했던 얼마나 많은 친구와 지인들을 넘겨 살지 않았던가. 서서히 다가온 죽음의 싹(질병)이 알아차리지 못한 채로 그들 안에 있었던 사이에도, 자신이 건강하다고 **느꼈던** 이는 자신이 병들었다는 것을 **알지** 못했던 것이다. 무릇 자연적인 죽음의 원인을 그렇다고 질병 말고 다른 것이라고 부를 수는 없으니 말이다. 그러나 사람들이 **인과성**을 느낄 수는 없고, 그런 것을 위해서는 지성이 필요한데, 지성의 판단은 틀릴 수가 있다. 반면에 감정은 기만적일 수가 없다. 그러나 사람들은 자기가 병든 것을 **느낄** 때라야 병자라는 명칭을 갖는다. 그러나 사람들이 병든 것을 **느끼지** 못할지라도, 인간 안에는 [질병이] 숨겨져 금방 발병할 태세로 있을 수 있다. 그래서 이러한 느낌이 없다면, 그가 **외관상으로** 건강하다는 것 외에 그의 안녕에 대한 인간의 다른 표현은 허용되지 않는다. 그러므로 이 점까지를 살핀다면, 장수는 **향유된** 건강을 증거할 뿐이다. 섭생법은 무엇보다도 (생을 **향유하는** 것이 아니고) 생을 **연장하는** 기술에서 그 숙련성 내지 학문성을 증명해야 할 것이다. 후페란트 씨 역시 그러한 것을 표현하고자 했던 것처럼 말이다.

A172

섭생법의 원칙

섭생법은 **안락함**을 감안해서는 안 된다. 자기의 능력과 감정들을 아끼고 애지중지함은 그것을 연약하게 만드는 일이다. 다시 말해, 그렇게 하는 것은 허약함과 무력의 결과를 초래하고, 단련 부족으로 인해 생명력의 점차적인 소멸을 가져온다. 그것은 빈번하고 격한 사용으로 인한 생

224

명력의 소진과 마찬가지이다. 그러므로 섭생법의 원리로서 **스토아주의** A173
(忍耐하라 그리고 節制하라[삼가라][11])는 한낱 **덕이론**으로서의 실천**철학**에만
속하는 것이 아니라, **의술로서의 실천철학**에도 속한다. ― 만약 순전히,
자기의 감성적 감정들을 스스로 수립한[자율적인] 원칙을 통해 제어하 VII101
는, 인간 안에 있는 이성의 위력[힘]이 생활방식을 규정한다면, 그 경우
이 의술은 **철학적**이다. 그에 반해, 만약 의술이 이러한 감각들을 불러일
으키거나 방지하기 위해 (약물이나 외과 시술 등) **자기 외부의 물체[신체]**
적 수단 중에서 도움을 구한다면, 그것은 순전히 경험적이고 기계적인
것이다.

　보온, 수면, 무병한 자에 대한 세심한 **돌봄** 등은 그러한 안락함을 잘못
길들이는 것이다.

　1) 나 자신의 경험에 따르면, 나는 "머리와 발을 잘 보온해야 한다."라
는 지시규정에 찬동할 수 없다.[12] 나는 그와 반대로 머리와 발을 시원하
게 하는 것이 더 권장할 만하다고 본다.(러시아인들은 이에 가슴도 더한다.)
바로 세심하게 살펴 **감기 들지 않기 위해서** 말이다. ― 미지근한 물로 발
을 씻는 것이 겨울철에 얼음처럼 차가운 물로 씻는 것보다 물론 더 편안
하다. 그러나 그 대신에 사람들은 심장에서 멀리 떨어져 있는 부위의 혈 A174
관들이 이완되는 폐단을 면한다. 이런 폐단은 노년에 더 이상 치유할 수
없는 발의 질병을 초래한다. ― 배를, 특히 차가운 날씨에는, 잘 보온하
는 것은 안락함보다는 오히려 섭생법의 처방에 속하겠다. 왜냐하면, 배
는 긴 통로를 통해 비액상[非液狀] 물질을 내려보내야 하는 장부[臟腑]를

---

11) 원문: sustine et abstine. 스토아학파의 Epictetus(ca.50~ca.125)의 말 "ἀνέχου
　καὶ ἀπέχου"에서 유래하는 것으로 보이는 이 의무 명령을 칸트는 『윤리형이상학
　- 덕이론』에서는 "부작위의 의무"로 예시하고 있으며(MS, TL, A67=VI419 참조),
　『교육학』에서는 기본적인 인성 교육의 지침으로 사용하고 있다.(Päd, A114=IX486 ·
　A144=IX499 참조)
12) 칸트는 『교육학』에서도 사람이 "너무 덥게 옷을 입고, 덥게 이불을 덮거나, 너무 뜨거운
　음료에 습관이 드는 것은 좋지 않다."(Päd, A43=IX458)라고 말한다.

싸고 있기 때문이다. 본래 보온 그 자체를 위해서는 아니지만, 노령에는 이른바 복대[腹帶](하복부를 지탱하면서 하복부의 근육을 지지하는 관대[寬帶])도 이렇게 해야 한다.

2) 오래 또는 (반복적으로, 낮잠으로) 많이 자는 것은 물론, 일반적으로 깨어 있는 삶이 불가피하게 수반하는, 불편한 것들을 그만큼 절감시키기는 하지만, 대부분을 잠자기 위해서 장수를 소망하는 것은 충분히 놀랄 만한 일이다. 그러나 여기서 본래 중요한 짐은, 장수의 수단으로 생각[억측]된 이것, 즉 안락함이 장수의 의도 자체와 모순된다는 사실이다. 무릇 긴 겨울밤에 번갈아 깨어나고 다시 잠드는 것은 전체 신경조직을 마비시키고 분쇄하고, 기만적인 휴식으로 힘이 소진되니 말이다. 그러니까 이 경우 안락함이 생명 단축의 원인이다. — 침대가 수많은 질병의 둥지이다.

3) 노령에, 불편한 일(예컨대 나쁜 날씨에 외출함)을 피하거나 일반적으로 스스로 함 직한 일을 남에게 떠넘김으로써 순전히 자기 힘을 **아끼기** 위해, 그리하여 생명을 연장하기 위해, 스스로 자신을 보살피거나 보살핌을 받는 것, 이러한 마음 씀은 역효과, 곧 조로[早老]와 생명 단축을 가져온다. — 아주 고령에 이른 자들은 **대부분 기혼**자들이었다는 것[13]도 증명하기 어려울 터이다. — 약간의 가문에서는 장수가 유전적이고, 그러한 가문에서의 혼사[婚事]가 이러한 유의 가문의 특징의 근거일 수 있다. 비록 경험이 나란히 특별나게 고령이 된 그러한 이들의 사례를 언제나 상대적으로 단지 적게 보여준다고 해도, 짝을 이룬 삶을 장수하는 삶이라고 선전하는 것이 혼인을 촉진하기 위한 나쁜 정치적 원리이지도 않다. 그러나 여기서의 문제는 장수의 생리학적 근거 — 자연이 어떻게 장수를 조치하는지에 관한 것이지, 국가의 편의가 어떻게 공론이 국가의

13) Hufelend는 행복한 결혼 생활을 하나의 중요한 장수의 조건으로 꼽았다. "경험이 우리에게 말해주거니와, 아주 고령에 이른 사람들 모두가 결혼한 이들이었다."(Hufeland, *Die Kunst das menschliche Leben zu verlängern*, Jena ²1798, Bd. 2, S. 137)

의도에 맞게 정해지도록 요구하는지와 같은 정치적 근거에 관한 것이 아니다. — 그 밖에 **철학함**은, 그렇다고 철학자이지 않고서도, 많은 불편한 감정들의 방지 수단이기도 하고, 동시에 외부의 우연적인 것들에서 독립적이며, 바로 그렇기 때문에 비록 단지 유희로서이기는 하지만, 힘차고 내면 깊숙하며, 생명력을 중단시키지 않는 하나의 관심사를 자기 업무로 받아들이는 마음의 **자극제**이기도 하다. 그에 반해 이성의 궁극목적(즉 하나의 절대적 통일성) 전체가 자기의 관심사인 **철학**은 생명의 가치에 대한 이성적 평가를 통해 노년의 신체적 허약성을 어느 정도 족히 보상할 수 있는 힘의 감정을 지니고 있다. — 그러나 자기의 인식들의 확장을 위한 새로 열리는 전망들은, 비록 곧바로 철학에 속하지는 않는다 할지라도, 철학과 동일하거나 그 비슷한 어떤 것을 해낸다. 수학자가 이러한 일에 (다른 의도를 위한 도구에 대한 흥미가 아닌) **직접적인** 흥미를 가지면, 그 또한 그런 한에서는 철학자이고, 젊어진 그리고 쇠잔 없이 연장된 생에서 자기 힘들의 그러한 자극된 양식의 유익함을 향유한다. A177

그러나 걱정거리 없는 상태에서의 한갓된 시시덕거림은 대용품으로서 편벽된 인사들에게는 거의 똑같은 일을 해내며, 언제나 내내 할 일이 없는 이들도 보통은 역시 장수한다. — 한 아주 나이 많은 남자가 자기 방에 있는 여럿의 탁상시계들이 서로 동시에가 아니라 연달아 종을 치게 하는 것에 큰 흥미를 느꼈다. 그 일은 그와 시계 제작자에게 종일 충분한 일거리를 주었고, 시계 제작자에게는 돈을 벌게 해주었다. 또 다른 어떤 남자는 자기의 우는 새를 먹이고 보살피는 데서, 자기 자신의 식사와 잠자는 사이의 시간을 메우기에 충분한 일거리를 찾았다. 어떤 한 부유한 부인은 별로 중요하지 않은 대화를 나누며 물레 잣기 하는 데에서 이런 시간 메울 방법을 찾았는데, 그래서 고령이 되어서는, 그 좋은 사교 모임을 상실한 것에 대해서와 마찬가지로, 더 이상 손가락들 사이의 실올을 느낄 수가 없어, 지루해서 죽을 것 같은 위험에 처해 있음을 한탄하였다. VII103

그렇지만, 장수에 대한 나의 담론이 당신을 지루하게 하고, 그리하여 A178

위험하게 하지 않도록 하기 위해서, 나는 사람들이 욕하지는 않는다
해도, 노년의 흠이라고 비웃고는 하는 수다스러운 말을 이로써 마치려
한다.

1.
심기증[心氣症][14]에 대하여

특정한 객관 없이, 병이 든 느낌[감정]들 일반에 무기력하게 자신을 방기
하는 (그러니까 이성을 통해 그 느낌[감정]들을 제어해보려는 시도를 하지 않은 채
로) 약함은 ─ 신체에 어떤 특정한 자리를 갖지 않은, 상상력의 산물로서,
그래서 지어낸 병이라고 일컬을 수도 있는 **우울증**(所在不定 心氣症[15])※은 ─
환자가 책에서 읽는 모든 질병들이 자기 자신에서 보인다고 믿는 경우에
그의 병이 든 느낌[감정]을 제어하는 마음의 저 능력의 정반대는 곧 인간
에게 발발할 수 있는 질환이 들면 저항하지 못한 채 그에 휩싸이는 겁
A179   먹음이다. 그것은 일종의 광기이다. 물론 그 근저에는 어떤 질병의 소재
(팽만[膨滿]이라든지 변비라든지)가 있을 수 있지만, 그것은 그런 소재가 감
관을 촉발하는 대로 직접으로 느낀 것이 아니라, 지어내는 상상력에
의해 임박한 질환으로 잘못 비춰진 것이다. 그렇게 되면 자학자(自虐者

※ **국소적** 심기증(小腸 心氣症[16])과는 다름.

---

14) 원어: Hypochondrie. 여기서는 '우울증'보다는 '심기증'으로 옮긴다. 『인간학』에서는
　　우울증(Grillenkrankheit/hypochondria)을 마음의 병 중 하나로 꼽고 있는데, 이
　　병의 "환자는, 자기의 사고의 진행을 바르게 하거나, 그것을 억제하거나 촉진하는
　　데 자기 이성이 자기 자신에 대한 충분한 통제력을 가지고 있지 못하기 때문에, 자기
　　사고의 흐름이 올바르지 않다는 것을 능히 자각하고 있다. 때에 맞지 않은 환희와
　　때에 맞지 않은 번민들이, 그러니까 기분들이 있는 그대로 받아들이지 않으면 안 되는
　　날씨처럼 그 안에서 개변한다."(*Anth*, AB124=VII202)라고 설명하고 있다.
15) 원어: hypochondria vaga.
16) 원어: hypochondria intestinalis.

228

/自己膺懲者[17])는 용기를 내 분발하는 대신에 헛되이 의사의 도움을 호소한다. 왜냐하면, 그 자신만이 그의 사념 유희의 섭생법을 통해 부지불식간에 떠오르는 괴롭히는 표상[상념]들, 더구나 실제로 나타난다 해도 그것에 맞서 아무것도 할 수 없을 터인 질환들에 대한 표상[상념]들을 제거할 수 있기 때문이다. — 이러한 질병에 걸린 이한테, 그가 그런 상태인한에서는, 그는 마땅히 자기의 병이 든 느낌[감정]을 순전한 결단을 통해 제어해야 한다고 요구할 수 없다. 무릇, 만약 그가 이렇게 할 수 있다면, VII104
그는 심기증 환자가 아닐 터이니 말이다. 이성적인 사람은 그러한 심기증을 **허용하지** 않는다. 오히려 만약 망상에서, 다시 말해 스스로 생각해 낸 질환으로 인해 차오르려 하는 불안이 그를 엄습한다면, 과연 그러한 질환의 객관이 현존하는지 어떤지를 스스로 묻는다. 만약 그가 이러한 불안에 대한 근거 있는 이유를 댈 수 있는 아무런 것도 발견하지 못하거나, 설령 그러한 것이 실제로 있다고 해도, 그 작용결과를 방지하기 위 A180
해 할 수 있는 일이 아무것도 없음을 간취하게 되면, 그는 그의 내적 감정의 이러한 요구를 간직한 채로 일과를 수행한다. 다시 말해 그는 그의 (이런 경우 한낱 국소적인 것인) 불안함을 (마치 그것이 그와는 아무런 상관이 없는 것처럼) 그 자리에 두고서, 자기가 해야 할 과업들에 주의를 기울인다.

나는 심장과 폐의 운동을 위한 활동 공간을 거의 허락하지 않는 나의 평평하고 좁은 가슴 때문에, 어린 시절 사는 것에 염증을 느끼게 했던 심기증의 자연적 소질이 있었다. 그러나 이 심장 협착의 원인은 어쩌면 순전히 기계적이며 제거할 수 없을 것이라는 숙고가 이내 나로 하여금 그

---

17) 원어: heautontimorumenos. 로마의 노예 출신 희극시인 Publius Terentius Afer(ca. BC 195~158)의 희곡 작품 *Heautontimoroumenos* / Ἑαυτὸν τιμωρούμενος(ca. BC 163)의 등장인물 Chremes의 말: "나는 인간이다. 그러므로 인간적인 일로 나와 상관없는 것은 아무것도 없다고 생각한다.(Homo sum, humani nihil a me alienum puto.)"(I, 1, 25)를 응용하여 칸트는 여러 곳에서 활용하고 있다.(*MS, TL,* A136= VI460 참조)

것에 대해 전혀 마음 쓰지 않게 하였고, 나는 가슴에서는 압박감을 느끼면서도, 머릿속은 안정과 명랑함이 지배했고, 사회생활에서는 (심기증 환자들이 흔히 보이는 것 같은) 변덕스러운 기분에 따라서가 아니라 의도에 맞고 자연스럽게 소통하는 데에 부족함이 없었다. 그리고 사람들은 **향유하는** 것을 통해서보다 생의 자유로운 사용에서 **행하는** 것을 통해서 더

A181 많이 생의 기쁨을 느끼므로, 정신적 작업들은 다른 방식의 촉진된 생명감을 한낱 신체와 상관이 있는 장애들에 맞세울 수 있다. 불안감은 나에게 여전히 남아 있다. 무릇 그 원인이 나의 신체적 구조에 있으니 말이다. 그러나 나는 그것이 나와는 전혀 상관이 없는 것처럼 이러한 감정에 대한 주의를 돌림으로써, 이러한 감정들이 나의 사유와 행위들에 영향을 끼치는 것을 제어하고 있다.

2.
수면에 대하여

터키인들은 그들의 예정의 원칙들에 따라 절제에 관해 말하는바, 곧 세계의 시초에 각각의 사람에게는 그가 살면서 먹어야 할 분량이 배분되어 있으며, 만약 그가 많은 분량의 할당된 부분을 먹어치운다면, 그는 **먹을**,

VII105 그러니까 **존재할** 시간이 그만큼 더 짧다는 것을 헤아릴 수 있다는 것이다. 이것은 **아동교설**[육아이론]로서의 — 무릇 음식물 향유에서는 성인들도 의사들에게 흔히 아동처럼 취급받지 않을 수 없다 — 섭생법에서 규칙으로 쓰일 수도 있다. 곧 각각의 사람에게는 애초부터 숙명적으로 **수면**

A182 의 분량이 분배되어 있고, 성년이 된 자기의 생애에서 너무 많이(3분의 1 이상) 수면에 할애한 이는 잠 잘, 다시 말해 살아서 늙어갈 긴 시간을 기약할 수 없게 될 것이다. — 선잠의(스페인인들의 **낮잠**의) 달콤한 향유로서의 또는 (긴 겨울밤에) 시간 보내기로서의 수면에 자기 생애의 3분의 1보다 훨씬 많은 시간을 할애한 이나, 매일 한꺼번에가 아니라 부분부분

230

(사이를 두고) 수면을 취한 이도 자기의 **생명의 정량**에 관해 한편으로는 정도의 면에서, 또 한편으로는 길이의 면에서 자못 오산한다. — 그런데 인간은 수면이 도대체가 그의 필요욕구가 아니기를 바란다는 것이 어려울 것이므로, (또한 이로부터, 그는 긴 생을 긴 고생으로 느끼며, 그 가운데 그가 잠잔 그만큼은 수고를 짊어질 것을 면했다는 것이 밝혀지는바) 더 바람직한 일은, 감정을 위해서도 이성을 위해서도 이 향유의 그리고 아무것도 하지 않는 3분의 1을 한편으로 제쳐놓고, 이를 없어서는 안 되는 자연회복에 양도하는 것이다. 물론 이 자연회복이 언제부터 얼마 동안 지속되어야 할 것인지 그 시간을 정확히 재면서 말이다.

습관적으로 일정한 시간에 잠 잘 수 없거나 깨어 있을 수 없는 것, 특 A183
히 전자는, 즉 이러한 의도로 침대에 눕는데 잠이 들지 않고 누워 있게 되는 것은 병적인 감정들에 해당한다. — 의사가 하는 통상적인 조언은 머릿속의 모든 **상념들**을 떨쳐내라는 것이지만, 그 상념들은, 또는 그 대신에 또 다른 상념들이 다시 나타나서 깨어 있게 만든다. 일어나는 어떤 상념을 지각하거나 의식하게 될 때 (마치 감은 눈을 이쪽에서 저쪽으로 돌리는 것처럼) 그 상념에서 주의를 곧장 돌리는 것 외에 다른 섭생법적 조언은 없다.[18] 그러면 그때 의식하게 되는 모든 상념들의 중단으로 인해 점점 표상들의 혼효[混淆]가 생기고, 그에 의해 자기의 신체적인 (외적) 상태에 대한 의식이 정지되어, 전혀 상이한 질서, 곧 상상력의 비수의적[非隨意的]/비자의적인 유희(건강한 상태에서 이것은 **꿈**이다)가 등장하며, 그 유 희 중에서 동물의 유기조직의 경탄할 만한 기교에 의해 신체가 동물적인 VII106
운동을 위해 **이완**되고, 반면에 생명 운동을 위해서는 사뭇 **격발**[激發]/

---

18) 칸트는 초기(1772/1773)의 인간학 강의에서부터 이와 관련한 사례들을 들어 이야기 했다.(V-Anth/Collins, XXV39 참조)

A184 **선동**된다. 그것도 우리가 깨어나서는 상기하지 못할지라도 생겨날 수밖에는 없는 꿈들을 통해서 격발/선동된다. 왜냐하면, 그렇지 않고 생명 운동이 전적으로 결여하는 경우에, 만약 표상들이 자리하고 있는 뇌에서 발단하는 신경력이 내장의 근력과 합일하여 작용하지 않는다면, 생명은 한순간도 유지될 수 없을 터이기 때문이다.[19] 그래서 모든 동물들은 잠잘 때, 추측건대 꿈을 꾼다.

그러나 때로는, 침상에 들어 잠잘 준비를 한 사람 누구나가 앞서 말한 바대로 자기의 상념에서 눈을 돌린다 해도 잠들 수 있는 것은 아니다. 이런 경우 그 사람은 두뇌에서 무엇인가 경련하는(경련성의) 것을 느낄 것인데, 그것은 사람이 침상에 누워 있으면서 깨어만 있을 때보다 깨어난 직후에 대략 $\frac{1}{2}$ 인치 더 길다는 관찰과도 사뭇 연관이 있다. — 불면증은 허약한 노인의 결함이고, 일반적으로 말해 좌측이 더 약하기 때문에,※

A185 ※ 자기의 외부 사지/수족을 사용하는 데서의 강함과 관련하여, 신체의 양쪽 중 어느 쪽이 더 강하고 더 약한지는, 즉 펜싱시합에서 사브르를 오른팔로 휘둘러야 할지 왼팔로 휘둘러야 할지, 기사가 등자에 발을 딛고 오른쪽에서 왼쪽으로 말 위로 올라타야 할지 아니면 반대로 올라타야 할지 등등이 순전히 훈련과 얼마나 일찍 습관이 들었는지에 달려 있다라고 하는 것은 전혀 옳지 않은 주장이다. 경험이 우리에게 가르쳐주는 바는, 왼발 크기에 자기의 구두를 맞춘 이[의 경우], 그 구두가 왼발에 딱 맞는다면, 오른발에는 너무 낀다는 것인데, 사람들은 이 일을 자식들을 더 잘 가르치지 못한 부모의 탓으로 돌릴 수 없다. 또한 오른쪽이 왼쪽보다 우위에 있다는 것은, 다소 깊은 구덩이를 넘어가고자 하는 이는 왼발을 딛고 오른발로 건너는데, 반대로 할 경우 그는 구덩이에 추락할 위험에 빠진다는 사실에서도 볼 수 있다. 프로이센의 보병이 왼발로 **첫발을 내딛도록** 훈련받는다는 사실은 저 명제를 반증하는 것이 아니라, 오히려 입증한다. 무릇 그는 우측에서 좌측을 향해 하는 공격의 도약을 우측에서 하기 위해, 하나의 지지대 같은 것으로서 왼발을 앞으로 내딛는 것이니 말이다.

---

19) "꿈꾸는 것은 의사에 의거한 신체의 운동들, 곧 근육 운동들이 정지해 있는 동안 의사 없이 지어내지는 사건들에 관계하는 정동들을 통해서 생명력을 활기 있게 하기 위한 자연의 현명한 장치이다."(*Anth*, A81=B81이하=VII175) 참조.

나는 대략 일 년 전부터 이러한 경련성의 엄습과 (비록 경련들처럼 자극들
에 촉발된 사지[四肢]의 실제적인 눈에 보이는 움직임은 아니지만) 이러한 유의
매우 예민한 자극들을 느꼈는데, 이것들을 나는 다른 이들이 기술해놓은
것을 보고서 **통풍**[痛風]**성** 발작으로 여기고, 그에 관한 의사를 찾아야만
했다. 그러나 이제 나는 수면에 방해된다고 느끼는 것을 참지 않고 곧장,
나의 상념들을 그것이 무엇이 되었든 내가 선택한 아무것이라도 좋은 하
나의 객관(예컨대 수많은 부수적 표상들을 함유하는 키케로라는 이름)에 대한
노력에 고정시키는 스토아적 수단을 사용했다. 그러니까 저 느낌에 대한
주의를 돌리는 수단 말이다. 그러면 그로 인해 그 느낌이 신속하게 둔해
져서, 졸음이 그 느낌을 압도했다. 나는 이런 유의 발작이 반복되어 밤잠
이 잠시 중단될 때는 항상 이렇게 반복해서 똑같이 훌륭한 성공을 거두
었다. 그러나 이것이 가령 한낱 상상된 통증이 아니었다는 사실을 나는
다음 날 아침 일찍 왼발의 발가락들에서 달아오른 홍조를 보고 확신할
수 있었다. ― 나는 확신하거니와, 많은 **통풍성** 발작들은, 만약 음식 섭
취의 섭생이 너무 심하게 그에 반하지만 않는다면, (저와 같은 결단의 힘을
갖지 못한 여자들과 아이들의 경우는 아니지만) 저런 경련들과 심지어 **간질**
성 발작들뿐만 아니라 불치라고 악명 높은 **발가락 통풍**까지도 그것이 새
롭게 엄습할 때마다 (그러한 고통에 대한 자기의 주의를 돌리는) 확고한 결단
을 통해 억제되고, 점차로는 아예 제거될 수 있다.

A185

A186

VII107

A187

3.
식음[食飮]에 대하여

건강한 상태의 젊은 시절에 음식 섭취와 관련하여 가장 권고할 만한
것은, 시간과 양을 순전히 **식욕**(허기와 갈증)에 맞추는 것이다. 그러나 노
령과 함께 나타나는 쇠약한 상태에서는 검증되고 건강에 좋다고 알려진
생활양식의 일정한 **습관**, 곧 하루를 지킨 것처럼 그것을 매일 지키는 일이 장수에 가장 유익한 섭생법적 원칙이다. 단, 식욕이 거부할 때에는 이러한 식이법[食餌法]에 적당히 예외를 둔다는 조건에서 말이다. — 곧 이러한 식욕은 노령에는 특히 남성의 경우 많은 양의 유동식(수프나 많은 물 마시기)을 거부한다. 그 반면에 더 단단한 음식과 더 자극적인 음료(예컨대 포도주)를 원한다. 그것은 장[腸]의 **꿈틀**운동[蠕動運動] — 장은 모든 내장 가운데서 固有한 生命[20]을 가장 많이 가지고 있는 것으로 보인다. 왜냐하면, 장은 아직 따뜻한 채로 동물에서 뜯겨 잘리게 되면, 지렁이같이 꿈틀거리는데, 사람들은 장의 그러한 일을 느낄 수 있을 뿐만 아니라 소리로 들을 수도 있기 때문이다 — 을 촉진하기 위해서, 그리고 동시에 장을 자극함으로써 혈액 순환운동을 위한 장치를 유지하도록 촉진하는 성분들을 혈액 순환 속에 넣기 위해서 그러하다.

그러나 노인들한테서 물은, 만약 그것이 이동하기 위해 혈관을 자극하는, 혈액에 동화된 성분(그와 같은 것이 포도주이다)을 자신 안에 함유하고 있지 않다면, 혈액에 수용되어, 혈액 덩이로부터 신장을 지나 방광에 이르는 긴 분리의 과정을 거치기 위해 더 긴 시간이 필요하다. 그러나 이런 경우에 포도주는 약으로 사용되는 것으로서, 이러한 인위적인 사용은 바로 그 때문에 본래 섭생법에 속하지 않는다. 대부분은 단지 습관일 뿐인, 물 마시고 싶은 욕구의 엄습(갈증)에 곧바로 굴복하지 않는, 이에 대해 취한 하나의 **확고한 결단**은 이러한 자극을 단단한 음식에 액체류를 곁들이는 자연스러운 필요욕구 정도로 낮춘다. 노년에는 많은 양의 액체류 섭취가 자연본능에 의해 거부된다. 물을 많이 마시는 경우에는 잠을 잘 자지도 못하고, 적어도 깊이 자지 못한다. 왜냐하면, 그로 인해 혈액의 온도가 낮아지기 때문이다.

자주 제기되는 물음은, 과연 24시간 동안 한 번 잠을 자는 것처럼, 또 그만큼의 시간 동안 한 번만 식사하는 것이 섭생법의 규칙상 허용될 수

---

20) 원어: vita propria.

234

있는지, 또는 과연 야식도 할 수 있도록 낮 식사에서 식욕을 다소 절제하는 것이 더 **좋은**(건강한) 일이 아닌지 하는 것이다. 물론 후자가[야식하는 것이] 시간 보내기에는 더 좋다. ─ 나도 이른바 한창나이 때(중년기)는 이것[21]이 더 몸에 좋다고 생각하지만, 노년기에는 한 번의 낮 식사[22]가 더 몸에 좋다고 생각한다. 무릇, 소화를 위한 장의 작용 단계가 노령에는 젊을 때보다 의심할 여지없이 더 천천히 진행되므로, 사람들은 믿을 수 있는바, 앞의 소화 단계가 아직 완료되지 않은 사이에, (저녁 식사에서) 하나의 새로운 작업 과제를 자연에 부과하는 것은 건강에 해로울 수밖에 없으니 말이다. ─ 그렇게 사람들은 점심 식사를 충분히 배불리 하고 나서 생기는 저녁 식사에 대해 충동을 하나의 **병적인** 감정이라 볼 수 있는바, 그런 감정을 확고한 결단을 통해 점차로 그러한 감정의 엄습조차도 더 이상 느끼지 않을 정도로 제어할 수 있다.

4.
사유하기에 **부적절한 시간**으로 인한
병적 감정에 대하여

학자에게 **사고**는 양식[糧食]이다. 그가 말똥말똥 깨어 홀로 있다면, 그는 사고 없이는 살 수가 없다. 무릇 그 사고가 **학습**(독서)에 있든 **숙고**(심사[深思]와 고안)에 있든 말이다. 그러나 음식을 먹거나 걸으면서 동시에 특정한 생각에 몰두하는 것, 두뇌와 위 또는 두뇌와 발을 두 가지 일로 동시에 부담을 지우는 것, 그로부터 한편으로는 심기증이, 다른 편으로는 현기증이 생긴다. 그러므로 섭생법을 통해 이러한 병적인 상태를

---

21) 칸트 원문은 "전자"로 '1일 1식'을 지시하는 것처럼 보이지만, 내용을 살펴 이렇게 옮겨 읽는다.
22) 칸트 원문은 "후자"로 '야식하는 것'을 지시하는 것처럼 보이지만, 내용을 살펴 이렇게 옮겨 읽는다.

제어하기 위해서 필요한 것은, 위나 발의 용무와 사고의 정신적 용무를 번갈아 하게 하고, 이 (원기 회복에 쓰이는) 시간 동안에는 의도적인 사고를 억제하며, 상상력의 (기계적인 것과 유사한) 자유로운 유희를 풀어주는 것 외에 다른 것이 없다. 그러나 이를 위해 공부하는 자에게는 사고에서의 **섭생**의 일반적으로 확고한 결의가 요구된다.

A191   만약 사람들이 동석자 없이 하는 식사에서 동시에 독서나 사색에 몰두한다면, 병적인 감정들이 나타난다. 왜냐하면, 생명력은 사람들이 부담을 주고 있는 위장에서 두뇌작업을 통해 파생되기 때문이다. 만약 이러한 사색이 (산보할 때의)※ 발의 힘을 소모하는 작업과 결합한다면, 그 역시 마찬가지이다. (만약 **야간의 공부**[燈火勉學]가 이례적인 것이 아니라면, 그것도 이런 것으로 추가할 수 있다.) 그렇지만 이러한 적절하지 못한 시간에 (미네르바의 意圖를 거슬러/自然의 順理에 拒逆하여[23]) 기도된 정신작업들로 인한 병적인 감정들은, 그 감정들이 직접적으로 순전한 결단에 의해 순식간에 제거될 수 있는 그러한 유의 것이 아니라, 오로지 반대되는 원리에 힘입어, 습관을 버림으로써, 점차로 제거될 수 있는 것이며, 여기서는 A192   단지 전자의 것만이 얘깃거리가 되겠다.

※ 공부하는 이들이 고적한 산책길에서 사색 중에 자기 자신과 나누는 대화를 그만두기란 어려운 일이다. 그러나 **걸으면서** 하는 진지한 사고는 **빠르게 지치게** 만든다는 사실을 나는 나 자신한테서도 발견하였고, 그에 관해 내가 물어본 다른 이들한테서도 들었다. 반면에 사람들이 상상력의 자유로운 유희에 자신을 맡겨두면, 운동이 생기를 되찾게 해준다. 만약 이렇게 사색과 더불어 움직이면서 동시에 타인과 이야기를 주고받으면, 이런 일은 더 많이 일어난다. 그래서 이내 사람들은 앉아서 자기의 사유의 유희가 계속되게 할 필요가 있음을 알게 된다. ― 야외에서 산책하는 의도는, 대상들의 바뀜을 통해 각각의 개별적인 대상에 대한 자기의 주의의 **긴장을 풀려는** 것이다.

---

23) 원문: invita Minerva. Horatius, *Ars poetica*, 385: "Tu nihil invita dices faciesve Minerva(그대는 언행에서 아무것도 미네르바의 의도를 거역하지 않으리라 …)" 참조.

5.

호흡할 때 결단에 의한
병적 발작들의 극복과 예방에 대하여

나는 몇 년 전부터 때때로 비염[알레르기성 비염]과 기침으로 괴로움을 겪었는데, 이 두 발작들이 종종 잠자리에 들 때 일어나면 나로서는 한층 더 불편했다. 밤잠을 이렇게 방해하는 것에 대해 말하자면 화가 나서 나는, 전자의 비염과 관련해서는, 입술을 굳게 다문 채 철저히 코를 통해 공기를 들이마시기로 결심하였다. 그것이 처음에는 약한 피리소리와 함께, 그리고 내가 이를 중단하거나 누그러뜨리지 않았으므로, 점점 더 강한 피리소리와 함께 결국에는 온전히 자유로운 공기 유통이 이루어졌고, 이것이 코를 통해 성취되고 나서 나는 곧바로 잠이 들었다. ─ 후자의 말하자면 경련성의, 중간에 갑작스레 일어나는 들숨과 더불어 (웃을 때와 같이 계속되는 날숨이 아니라) 간헐적으로 울려 퍼지는 날숨, 즉 **기침**과 관련해서, 특히 영국의 서민이 (침대에 누워서 하는) 노인 기침이라 부르는 기침과 관련해서 말하자면, 나에게 그것은 더더욱 불편했다. 그 기침은 종종 침상에서 몸이 따뜻해지자마자 발생해서, 잠드는 것을 지연시켰으니 말이다. 그런데 열린 입으로 들이쉰 공기가 후두를 자극함으로써 일어나는※

A193

※ 만약 주변 공기가 유스타키오[24]관[耳管]을 통해 (그러므로 입술을 다물고 있을 때) 순환하고 있다면, 그 공기가 대뇌 가까이에 있는 이 돌아가는 길로 산소를 공급하고, 그때 공기가 아무런 냄새도 가지고 있지 않음에도, 후각신경들과 그 신경들 가까이에 있는 흡입 맥관[脈管]들을 강화하여, 마치 사람들이 공기를 **들이마시는** 것과 비슷하게, 강화된 생명기관들을 상쾌하게 하는 느낌을 불러일으키지 않겠는가? 많은 경우의 날씨에는 공기를 향유하는 이러한 상쾌함이 없다. 또 다른 날씨에는 걷기 중에 공기를 길게 들이마시는 것이 진짜로 쾌적한 일이다. 벌어진 입으로 하는 흡입은 이런 것을 허락하지 않는다. ─ ─ 그러나 섭생법상 가장 중요한 것은, 입술을 다문 채 코로 호흡하는 것을 **습관**화하여, 그 자신이 깊이 잠잘 때도 다르게 하지 않도록 하고, 그런 일이 벌어진 입으로 일어

VII111
A194 이러한 기침을 저지하기 위해서는 어떤 기계적인(약학적인) 조작이 아니라, 단지 직접적인 마음의 조작이 필요했다. 곧 (앞서 말한 경련적 발작에서처럼) 애써서 어느 객관으로 주의를 돌리고, 그렇게 해서 공기를 내뿜는 것을 저지함으로써 자극에 대한 **주의**를 완전히 돌리는 것이 필요했다.

A194

VII111

A195

나는 즉시 깨어나도록, 그래서 말하자면 깜짝 놀라 깨어나도록 — 이런 일을 그런 식으로 호흡하는 것이 습관화되기 전에는 나도 종종 경험했던바 — 습관화하는 일이다. — 만약 힘차게 걷거나 또는 오르막길을 걸어야만 한다면, 저 규칙을 벗어나지 않고, 저 규칙의 예외를 만들기보다는 자신의 보행을 적정하게 하기 위해서 더 강력한 결단이 필요하다. 또 마찬가지로 가령 교육자가 생도에게 시키고자 하는 강한 운동이 현안일 때, 교육자는 생도들이 입으로 자주 숨을 들이마시는 것보다는 입을 다물고 운동하도록 시킨다. 나의 젊은 친구들(옛 수강자들)은 이 섭생법의 준칙을 효능이 입증된 효험 있는 것으로 상찬하면서 사소하게 여기지 않았다. 왜냐하면, 그것은 의사를 찾지 않아도 되는, 순전한 자가처방이기 때문이다. — 또 하나 특기할 것은, 오래 계속되는 **말하기**에서 벌려진 입으로 **숨 들이마시기**가 또한 빈번하게 일어나며, 그러니까 저 규칙을 훼손하지 않고서도 위반하는 것처럼 보이지만, 그것이 실제로는 그렇지 않다는 점이다. 그것 역시 실제로는 코를 통해 일어나니 말이다. 무릇 코가 때로 막힌다면, 사람들은 화자에 대해, 그가 실제로 코를 통해 말하지 않는 동안에는, 그가 코로 말한다(매우 거슬리는 소리로 말한다)고 이야기할 것이고, 거꾸로, 그가 실제로 코를 통해 말하는 동안에는, 그는 코로 말하지 않는다고 이야기할 것이다. 궁정 고문 리히텐베르크[25] 씨가 익살스럽고도 정확하게 언급한 바처럼 말이다. — 그러나 이것이 장시간 큰소리로 말하는 이(강의자나 설교자)가 목쉬지 않고서 시간 내내 말하기를 해나갈 수 있는 이유이기도 하다. 즉 호흡은 본래 입을 통해서가 아니라, 코를 통해 일어나며, 입을 통해서는 단지 **숨 내쉬기**만이 이루어지기 때문이다. — 늘 입술을 다물고 호흡하는 이러한 습관의 부수적 장점은, 사람들이 홀로 있거나 적어도 담화 중에 있지 않을 때, 늘 분비되어 목구멍을 적셔주는 **타액**이 이때 동시에 (胃의) 소화제로서, 아마도 또한 (삼켜져서는) 완하제[緩下劑]로서 작용한다는 점이다. 사람들이 나쁜 습관에 의해 타액을 허비하지 않으려고 확고하게 결심하고 있다면 말이다.

---

24) Bartolomeo Eustachio(ca. 1500/1520~1574). 이탈리아의 의사이자 해부학자. 그는 해부학 교과서 *Tabulae anatomicae*(1552)를 남겼으나, 출판은 1714년(Roma)에야 되었다.

그때 나는 분명하게 느꼈는바, 이것이 피를 얼굴로 몰았다. 그러나 동일한 자극으로 인해 생긴 흐르는 침(唾液)이 이 자극의 작용결과, 곧 공기의 내뿜음을 방해하였고, 이 액체를 삼키게 하였다. ─ ─ 하나의 마음 조작은 정말 대단히 확고한 결단을 필요로 하지만, 그만큼 더 많이 유익하다. A195

6.

입술을 다물고
호흡하는 이러한 **습관**의 결과에 대하여

이 습관의 **직접적**인 결과는, 이 습관이 수면 중에도 계속되고, 만약 우연히 입술이 벌어져 호흡이 입을 통해 일어나면 내가 금방 놀라서 잠에 A196
서 깨게 된다는 것이다. 이로부터 알 수 있는 것은, 수면은, 그리고 수면과 함께하는 꿈은, 깨어 있는 상태의 완전한 부재가 아니며, 저러한 상 VII112
태에 있는 자기의 정황에 대한 주의 또한 그러한 상태와 섞여 있지 않다는 사실이다. 무릇 이런 사실을 사람들은 또한, (가령 산책을 나가기 위해) 보통 때보다 일찍 일어나야겠다고 저녁에 미리 작정한 이들이, 짐작하건대, 수면 중에도 그 소리를 듣거나 주의를 기울였을 것이 틀림없는 시내의 타종시계에 깨워져서, 좀 더 일찍 잠이 깬다는 데서도 추정할 수 있다. ─ 이 칭찬할 만한 습관의 **간접적**인 결과는, (의도된 내뱉기로서 가래를 **뱉어내는 기침**이 아니라) 비자의적으로 강요된 기침이 두 가지 상태에서

---

25) Georg Christoph Lichtenberg(1742~1799). 계몽주의 시대의 대표적인 수학자이자 물리학자이며 천문학자. 1780년에 Göttingen 대학의 물리학 정교수로 취임했는데, 이미 1778년부터 실험물리학 강의를 시작했으며, 1784년부터 편찬해낸 『자연학의 기초원리(*Anfangsgründe der Naturlebre*)』는 당대의 물리학 교과서가 되었다. 칸트와 많은 문통을 하였으며(XIII652 참조), 서로 많은 영향을 주고받았다. 칸트는 공간 시간 관계의 규정을 바탕에 두고 "세계를 인식하고자 하는 자는 먼저 그것을 짜 맞추어내야 한다. 그것도 자기 자신 안에"(OP, XXI41)라는 취지의 리히텐베르크의 사상을 두고 '미래의 초월철학의 체계'(OP, XXI87 참조)라고 까지 말하고 있다.

다 방지되고, 그렇게 해서 결단의 순전한 힘에 의해 질병이 방지된다는 점이다. ─ 심지어 나는, 소등하고 난 후에 (방금 잠자리에 들었는데) 갑자기 심한 갈증이 엄습하여, 물을 마셔서 그 갈증을 해소하려고 어둠 속에서 다른 방으로 가서 이리저리 더듬거려 물그릇을 찾아야만 했을 때, 여러 가지로 심호흡하여 가슴을 들어 올리자는, 말하자면 공기를 코를 통해 **마시자**는 생각이 떠올랐고, 그렇게 함으로써 그 갈증이 몇 초 후에 해소된 경험도 했다. 그것은 하나의 반대 지극을 통해 제거된 하나의 병적인 자극이었다.

A197

맺음말

　병적인 발작들, 즉 마음이 이성적 동물의 최고 권력인 인간의 순전한 단호한 의지를 통해 그것들에 대한 감정을 제어할 수 있는 능력을 가지고 있는, 병적인 발작들은 모두 경련성의(경련을 일으키는) 것이다. 그러나 거꾸로 사람들이, 이런 종류의 모든 발작들을 순전히 확고한 결단에 의해 저지하거나 제거할 수 있다고 말할 수는 없다. ─ 무릇 그러한 발작의 몇몇은 결단의 힘으로써 그것들을 복속시키려는 시도들이 오히려 그 경련을 일으키는 고통을 강화하는 그런 성질의 것이니 말이다. 그것은 나 자신에게 일어난 경우와 같은 것으로, 대략 일 년 전에 코페하겐 신문에 **"두부 압박감** 수반 유행성 점막염[頭部 壓迫感 隨伴 流行性 粘膜炎]"으로 기술된 (나한테는 족히 그보다 일 년 전에, 그러나 비슷한 느낌인) 질병※은 고유한 두뇌작업을 함에서 이를테면 나를 와해시켰고, 적어도 약화시켜 둔하게 만들었으며, 그때 그 압박이 노령의 자연적인 쇠약에 가해짐으로

A198

VII113

※ 나는 이 질병을 부분적으로 두뇌에 덮친 일종의 통풍이라 본다.

써 생을 곧 마치는 것 외에 다른 길이 없게 만들었다.

사고가 한 개념(즉 결합된 표상들에 대한 의식의 통일)의 견지[堅持]인 한에서, 그에 수반하여 사고를 어렵게 하는 환자의 병적 성질은, 사고와 숙고 자체, 또 예전에 사고했던 것에 대한 기억을 본래 약화시키지는 않지만, (입으로 하거나 문서로 하는) 진술에서 표상들이 흩어지지 않도록 시간 계열에 따른 그것들의 확고한 결속을 보장해야 하는 사고 기관(즉 두뇌)의 발작적 상태의 느낌을 낳는다. 짓누르는 느낌으로서의 이 감정은 그 A199
자체로, 서로 잇따른 표상들이 바뀔 때 그것들에 대한 의식의 통일성을 유지할 능력이 없게, 두뇌의 비자의적인 발작적 상태를 야기한다. 그래서 나에게 다음과 같은 일이 일어난다. 즉 모든 강화[講話]에서 항상 있는 일이거니와, 나는 제일 먼저 내가 말하고자 하는 것에 대해 (청자나 독자를) 준비시키고, 그에게 내가 **어디로** 가고자 하는가 하는 대상을 전망하게 하며, 그러고 나서는 또한 내가 **어디에서** 출발했는지를 환기시켰다. (이 두 가지 지시하는 바가 없으면 강화의 맥락이 없다.) 그런데 내가 후자를 전자와 연결시켜야 한다면, 나는 돌연 나의 청자에게 (또 암묵적으로 나 자신에게) 물어야만 한다: 그런데 대체 내가 어디 있었지? 내가 어디서 출발했지? 이러한 결함은 정신의 결함 및 기억의 결함만이 아니라, (연결함에서의) **침착성**의 결함, 다시 말해 비자의적인 **산만**이며 아주 성가시게 하는 결함이다. 사람들은 이러한 결함을 저술에서 (특히 그 출발점을 쉽게 되돌아 볼 수 없기 때문에, 철학적 저술에서는) 무진 애를 써야 예방할 수 있지만, 제아무리 애를 써도 결코 온전히 방지할 수는 없는 것이다.

자기의 개념들 또는 그것들의 대체물(즉 양과 수의 기호)들을 직관 중 A200
에서 제시할 수 있고, 자기가 행보한 범위 내에서는 모든 것이 정확하다고 보장할 수 있는 수학자와 특히 순수한 철학(논리학과 형이상학) 분과 작업자의 사정은 다르다. 이 작업자는 자기의 대상을 허공에서 눈앞에 떠다니는 채로 간직해야만 하고, 그것을 한낱 부분적으로뿐만 아니라 항상 동시에 (순수 이성의) 체계 전체 안에서 현시되도록 해야 하며 검사해야만 한다. 그래서 어떤 형이상학자가 다른 분과의 학생 연구자보다도, 또 실무철학자보다도 오히려 **근로불능**[26]이 되는 것이 놀랄 일은 아니다. 그럼에도 저 분과에 전적으로 헌신하는 약간의 사람은 있어야 한다. 왜냐하면, 형이상학 없이는 도대체가 철학이라는 것이 있을 수 없을 터이기 때문이다.

이로부터 또한, 누군가가 그의 직책상의 업무와 관련해서는 환자명부에 등재되었어야 함에도 불구하고, 어떻게 **그의 연치에 비해** 건강함을 자랑할 수 있는지를 설명할 수 있다. 무릇 그 **무능력**은 생명력의 사용과 그 사용에 따르는 소비와 소진을 막고, 그는 말하자면 단지 낮은 단계에서 (식물적 존재자로서) 살고 있다는 것을, 곧 먹고 걷고 잠잔다는 것을 시인하는바, 그것은 그가 동물적 생존에서는 건강하지만, 시민적 (책무 있는 공적 업무를 위한) 실존에서는 병든, 다시 말해 근로불능임을 일컫는 것이기 때문에, 이 죽음의 후보자는 이에서 전혀 모순되지 않는다.

인간의 생명을 연장하는 기술이 도달하는바, 사람들이 결국은 살아 있는 것들 중에서 오로지 그토록 견뎌내는데, 그것이 그렇게 아주 기쁘기만 한 상황은 아니다.

그러나 이 점에 대해서는 나 자신이 책임이 있다. 왜 나 또한 애쓰고 있는 젊은 세대에게 자리를 내주려 하지 않고, 살기 위해서 나에게 익숙한 삶의 향유를 축소하려 하는가? 왜 나는 쇠약한 삶을 단념들을 통해 이례적인 길로 늘리고, 태생적으로 허약 체질인 이들의 양상과 그들의 추정 수명이 함께 계산되어 있는 생사명부[生死名簿]를 나의 사례를 통해 혼란시키려 하며, 사람들이 보통 (겸허히 그리고 경건하게 복속하는) 운명이라 불렸던 모든 것을 자신의 확고한 결단에 복속시키고자 하는가? 이러한 결단이 이성이 직접적으로 치유력을 발휘하는 보편적 섭생 규칙으로 채택되어, 약국의 치료방식을 대체하기는 어려운 일인데 말이다.

---

26) 원어: invalid.

후기

그러므로 나는 인간의 (특히 문학적인) 생을 연장하는 기술[技術]의 저자에게, 그가 독자(누구보다도 안경의 곤경을 더 심하게 느낄 수도 있을 지금 다수의 여성 독자)들의 눈을 보호하는 데 유념할 것을 요구할 수 있겠다. 우리의 눈은 지금 출판업자들의 (도대체가 문자들이란 그림 같지만 그 자체로는 단적으로 아무런 아름다움도 가지고 있지 않다는) 끔찍하게 그럴듯한 말로 모든 면에서 괴롭힘을 당하고 있다. 모로코에서 모든 집들을 흰색으로 칠함으로써 도시 주민 대부분의 눈이 먼 것처럼, 비슷한 원인에 의한 VII115 이러한 해악이 우리에게 퍼지지 않도록, 오히려 그런 경우 출판업자들이 경찰법률의 규제를 받아야 한다. ― 그러나 지금의 **유행**은 이와는 다른 A203 것을 향하고 있다. 곧:

1) 검정 잉크가 아니라 **회색** 잉크로 인쇄하기(그것이 깨끗한 흰 종이에 더 부드럽고 기분 좋게 찍히기 때문이라고 한다.).

2) [넓은 머리라는] 그 이름대로 **문자들**에(말하자면 고정시키기 위한 식자판에) 더 잘 맞는 브라이트코프[27]식 활자체가 아니라, 밑부분이 좁은 디도[28]식 활자체로 인쇄하기.

---

27) Johann Gottlob Immanuel Breitkopf(1719~1794). 그는 옛 독일식 문자의 과도한 장식들을 제거하여 작고 간결하게 개량하였는데, 그 활자체의 사용이 당시에 세계적으로 확산되었다.
28) François Ambroise Didot(1750~1804). 라틴어 서체('Antiqua')를 보급한 프랑스 도서 인쇄 가문의 일원.

3) 독일어 내용의 저작을 **라틴어** 서체(심지어 이탤릭체)로 인쇄하기. 이 서체에 대해 브라이트코프는 누구도 독일어 서체로 읽는 것보다 이런 서체로 읽는 것을 자기 눈을 위해 그다지 오래 해내지 못할 것이라 말했는데, 그것은 근거가 있는 말이다.

4) 가능한 한 작은 서체로 인쇄하기. 대략 하단에 덧붙이는 각주는 더 작은 서체로 읽을 수 있을 성도로 (눈에 겨우 맞게) 둔다.

A204 이러한 행패를 조정하기 위해 나는 (본문과 각주를)《베를린 월보》[29]의 인쇄를 견본으로 삼을 것을 제안한다. 무릇 사람들이 어떤 호[號]를 집어 들든지, 그는 위와 같은 읽을거리에 의해 혹사당한 눈이 이것을 봄으로써 확연히 강해짐을 느낄 것이니 말이다.[※]

— 임마누엘 칸트

[※] (본래적인 눈병이 아닌) **눈의 병적인 발작들**은 맨 처음에 나의 40대에 한 번, 그 후에는 몇 해 사이에 때때로 일어났지만, 지금은 한 해에도 여러 번 일어난 경험이 있다. 그 현상은 이렇다: 내가 읽고 있는 책장[冊張] 위의 모든 문자들이 갑자기 엉클어지고, 책장 위를 덮치는 모종의 밝음에 의해 뒤섞여서 전혀 읽을 수 없게 된다. 6분 이상을 지속하지 않는 이런 상태는 낱장에 쓴 자기의 설교문을 읽는 것에 익숙한 설교자에게는 매우 위험할 수도 있다. 그러나 나에게는 필요한 준비 후에 (머릿속에서 나오는) 자유로운 강론에서 이야기될 수 있는 나의 논리학 또는 형이상학 강의실에서의 이러한 발작이 혹시 실명의 전조가 아닐까 하는 염려 외에 아무런 것도 생기지 않았다. 그러나 지금 나는 그러한 염려에 대해서도 안심하고 있다. 나는 나의 건강한 한쪽 눈에 (나는 왼쪽 눈의 시력을

29) *Berlinische Monatsschrift*. Johann Erich Biester(1749~1816)와 Friedrich Gedike (1754~1803)에 의해 1783~1796년간에 (1791년부터는 Biester 단독으로) Berlin에서 발간된 계몽지. 모두 58권이 간행되었는데, 칸트는 다수의 논문을 이를 통해 발표하였다.

대략 5년 전쯤 잃어버렸다) 보통보다 빈번하게 일어나는 발작에도 명료함에서는 조금의 쇠퇴를 느끼지 않고 있으니 말이다. — 저런 현상이 일어났을 때 우연히 나는 눈을 감게 되었고, 외부의 빛을 더욱 잘 차단하기 위해 나의 손을 눈 위에 얹어놓게 되었으며, 그러자 나는 한 낱장 종이 위에 암흑 속의 인광물질로 그려진 것 같은 투명한 흰색의 형상을 보았는데, 하현[下弦]달의 형상과 비슷하지만 볼록면이 톱니 모양의 가장자리를 가지는 그 형상은 점점 그 밝기를 잃어버려 앞서 말한 시간 동안에 사라졌다. — 과연 이러한 관찰을 다른 이들도 했는지, 그리고 본래는 눈이 아니라 — 눈을 움직여도 이 상이 동시에 함께 움직이지 않고, 언제나 동일한 위치에 있는 것으로 보아 — 共通 感官에 자기 자리를 가질 수도 있는 이러한 현상을 어떻게 설명할 수 있는지를 나는 좀 알고 싶다. 동시에 사람들이 그것을 **눈치채지** 못한 채 한쪽 눈의 시력을 (내가 헤아리기로는 대략 3년의 시간 동안에) **상실**할 수 있다는 것이 기이한 일이다.

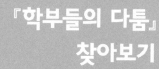

『학부들의 다툼』
찾아보기

일러두기

1. 편찬 체제

☞ 이 찾아보기의 편찬 체제는 다음의 방식에 따른다

> **표제어[대체어] 원어**
> ¶ 용례 면수

☞ 『학부들의 다툼』의 면수는 베를린 학술원판 칸트전집 VII권(1917)의 본문 면수이다.

☞ '주'는 원서의 각주를 지시한다.

2. 약호 목록

■   = 개념의 정의나 풀이

¶   용례

▶   용례가 많은 경우 의미에 따른 구분

→   다음 표제어나 면수를 참조하라

↔   반대말이나 대조되는 말

인물 찾아보기

개념 찾아보기

광명주의 Illuminatism

¶ 광명주의 46

국가 Staat

¶ 국가 11 51 52 60주 68 69 80 84 86주 88 89 90주 93 102 ¶ 국가형식 88 91

국가시민 Staatsbürger

¶ 국가시민 92 92주 → 시민

국교 Landesreligion

¶ 국교 8 9

국민〔민중/민족〕Volk

¶ 국민 18 19 22 26 51 52 59 60 66 67 68 85 86주 88 89 90 90주 92 ¶ 민중/
국민 30 31 ¶ 국민/민족 57주

군주 Monarch

¶ 군주 19주 88 90 90주 91 ¶ 군주제 90 ¶ 군주제적 86주

그리스도 Christus

¶ 그리스도 40 48주 58 62주

기독교 Christentum

¶ 기독교 6 7 9 36 44 48 74 ¶ 기독교는 순전히 하나의 자연적 종교(→)이기는
하지만, 자연주의적 종교는 아니다 44 이하 ¶ 하나의 구세주 신앙으로서의 기독교
52 53 ¶ 기독교도/기독교인 48주 74 ¶ 유대기독교도 44

꿈 Traum

¶ 꿈 105 106 111 ■ =상상력의 비수의적[非隨意的]/비자의적인 유희 105

다툼 Streit

¶ 다툼 11 15 29 31 32 33 34 34주 36 38 52 53 61 76 95 ¶ 이러한 적대관계,
다툼(不和的 和合, 和合的 不和)은 전쟁(→)이 아니다 35 ▶¶ 공적인 다툼 29 ¶
학술적 다툼 29 ¶ 위법적 다툼 29 34주 ¶ 합법적 다툼 32

덕 Tugend

¶ 덕 56 ■ =도덕적 능력 24 ¶ 덕자[德者] 51 ¶ 덕이론 100

도덕/도덕학 Moral

¶ 도덕 36 41 44 69 ¶ 도덕학 8 74 ▶¶ 도덕적 24 37 38 39 42 46 47 49 52
53 55 64 87 91 92 93 97 ¶ 순수-도덕적 48 ¶ 도덕적-실천적 8 33 42 ¶
도덕적-실천 철학 98 ▶¶ 도덕성 47 49 57주 91 97 ▶¶ 도덕법칙 56 58 63 74

92주 ¶ 도덕의 나라 74

마음 Gemüt

¶ 마음 36 57주 58 59 85 88 97 98 102 103 111 112

마음씨 Gesinnung

¶ 마음씨 43 44 47 49 50 52 53 54 55 60주 69 91 ¶ 도덕적 마음씨 47 52 67 74

모라비아주의 Moravianism

¶ 모라비아주의 55

몽상 Träumerei

¶ 몽상 52 57 92

물리학(자연학) Physik

¶ 물리학[자연학] 23

미신 Aberglaube(n)

¶ 미신 41 49 50주 65 66주 ■ =미신은 자연법칙들에 따라 설명되는 것보다 자연적이지 않은 방식으로 생긴다고 (잘못) 생각된 것에 더 큰 신뢰를 주는 성벽[性癖]이다 65주 ¶ 미신적 64

발작 Zufälle/Anfälle

¶ 발작 106 107 110 111 112 113 115주

법/권리 Recht

¶ 법/권리 53 86 86주 92주 ¶ 보편적 법원리 88 ¶ 내적 법원리 88 ¶ 진정한 법원리 93 ▶¶ 자연법 23 ¶ 국법 23

법규 Statut

→ [제정] 법규

법칙(법률) Gesetz

¶ 법칙[법률] 24 31 32 33 36 50 58 61 73 88 90 91 ¶ 보편적 법칙 33 ¶ 신성한 법칙 43 ¶ 도덕법칙 → 도덕 ¶ 자유법칙 → 자유 ¶ 자연법칙 → 자연 ▶¶ 법칙수립[입법] 23 91 ¶ 법칙수립[입법]의 원리 32 ¶ 법칙수립자[입법자] 22 27 31 49

법학부 juristische Fakultät

→ 학부 ¶ 법학자 23 89 ¶ 법률가 24 25

비판주의 Kritizism

¶ 비판주의 58

사람 Mann

¶ 사람 없는 옷(종교 없는 교회) 53   ¶ 옷 없는 사람(교회 없는 종교) 53

생명 Leben

¶ 생명 22 40 47 99 101 102 105 106 114   ▶¶ 영원한 생명 37   ¶ 영원한 생명의 조건은 인간의 도덕적 개선 37   ▶¶ 생명력 100 102 109 114   ¶ 생명감 104 ¶ 생명기관 110주

선 Gute

¶ 선 9 43 47 55 56 82 84 91 92   ¶ 도덕적으로−선한 55 60 85   ¶ 선으로의 추동 43   ¶ 선으로의 근원적 소질 43   ¶ 선의 장애 48   ¶ 선한 의지 52주   ¶ 선천적이고 불변적으로−선한 의지 84   ¶ 선한 원리 55   ¶ 선의 원리 82   ¶ 선은 주체의 자유에 의해 일어나야만 하는 것 82   ¶ 선과 악의 자연본성 81   ¶ 악에서 선을 분리하는 일 55

선험적 a priori

¶ 선험적 21 47 49 54 61 62주 67 79 91

섭리 Vorsehung

¶ 섭리 64 83   ■ =오직 위로부터 내려오는 하나의 지혜 93

섭생법 Diätetik

¶ 섭생법 98~101 105 107~109 110주   ■ =단지 소극적으로 질병을 저지하는 기술 98   ■ =인간의 생명을 연장하는 기술 99   ¶ 섭생법의 원칙 100   ▶¶ 섭생 100 107 109 114

성경 Bibel

¶ 성경 23   ¶ 성경책 46 68   ■ =인간 이성에서 도출되지는 않았지만, 궁극목적의 면에서 도덕적−실천적 이성으로서의 이성과 완전히 일치하는 제정 법규적인 (그러니까 하나의 계시로부터 생겨나온) 신적 의지의 법전 63   ¶ 종교를 인간들 사이로 끌고 들어오는 수단[매체]으로서의 성경 44

성서 Schrift/heilige Schrift

¶ 성서 6 7 37 41 58 68   ▶¶ 구약성서 37 45 68   ▶¶ 신약성서 38 45 64 68

성서 신학자 biblischer Theolog

¶ 성서 신학자 23 24 25 36 37 41 45   ▶¶ 철학적 신학자 45   ¶ 이성 신학자 36

신앙 Glaube(n)

¶ 신앙 10 16 32 36 50 53 66주 67 ¶ 도덕적 신앙 40 ▶¶ 종교신앙 8 36 37 42 45 47 49 50 51 53 ¶ 이성신앙 9 65주 ▶¶ 교회신앙 24 36 37 38 42 44 45 49 50 67 ¶ 역사신앙 37 67 ¶ 계시신앙 49 ¶ 성서신앙 65주 67 ¶ 경험적 신앙 65주 ▶¶ 신앙명제[교의] 49 ▶¶ 신앙조항 9 ▶¶ 신앙교설 8 9 38 42 44 49 50 51 59 60주 64 ▶¶ 신앙인 9

신인(神人) Gottmensch

¶ 신인[神人] 39 ¶ 신의 아들 43

신자 Gläubige

¶ 신자 48주 49 ↔ 불신자[不信者] 49 50주 88

신체(물체) Köper

¶ 신체[물체] 23 40 71~73 100 103 104 106 106주

신학 Theologie

¶ 신학 11 25 ■ =신의 계시들로서의 특정한 교설들의 총괄 36 ▶¶ 신학자 41 75 ¶ 성서 신학자 23 24 25 36 37 38 41 44 45 ¶ 이성 신학자 36 ¶ 철학적 신학자 45

심기증(心氣症) Hypochondrie

¶ 심기증[心氣症] 103 104 109 ¶ 우울증(所在不定 心氣症) 103 ¶ 국소적 심기증 (小腸 心氣症) 103주

심정 Herz

¶ 심정 55 61 64 69

악 Böse

¶ 악 9 55 56 57 82 84 ¶ 악의 지배 55 ¶ 악의 원리 82 ¶ 선과 악의 자연본성 81 ▶¶ 악령 56 57

안녕 Wohl/Wohlbefinden

¶ 안녕 21 100

안전(구원) Heil

¶ 안전[구원] 30 31

양심 Gewissen

¶ 양심 8 43 51 60주

영혼 Seele

¶ 영혼 9 25 40 42 51 57 59 73 87 ¶ 영혼의 물질성 73

우민주의〔愚民主義〕Abderitismus

¶ 우민주의 81 82

유대교 Judentum

¶ 유대교 48 52 53

유대주의 Judaism

¶ 유대주의 38

윤리 Sitten

¶ 윤리[적] 49 67 69 91 ¶ 윤리적 원칙 41 80 ¶ 윤리적 가치 81 ¶ 윤리의 나라 70 ¶ 윤리역사 79 ¶ 윤리의 부패의 원천 86 ▶¶ 윤리성의 원리 43 48 ¶ 윤리성의 자연적인 원칙 60

은총 Gnade

¶ 은총 24 43 47 56 60주 ■ =초자연적인, 그러면서도 동시에 도덕적인 작용 24 ■ =우리 안의 선으로의 근원적 소질에 대한 신앙을 통해, 그리고 신에게 흡족한 인간성의 실례를 통해 신의 아들에서 각성된, 이 선의 발전에 대한 희망 43 ¶ 은총 선택 교설 41 66

의사〔意思〕¹ Willkür

¶ 의사 22 32 36 87주

의사〔醫師〕² Arzt

¶ 의사 18 22 26 27 28 31 103 105

의술 Heilkunde

¶ 의술 97 100 101

의지 Wille

¶ 의지 11 19주 24 25 27 36 67 72 87 90 112 ¶ 의지규정 57 72 ¶ 의지의 질료 87 ▶¶ 인간의 의지 36 ¶ 신의 의지 36 40 46 63 ¶ 선한 의지 → 선 ¶ 자유 의지 → 자유

의학 Medizin/Arzneiwissenschaft

¶ 의학 69 ¶ 보편 의학 98 ¶ 의약학자 23

의학부 medizinische Fakultät

→ 학부

이교〔異敎〕 Heidentum

¶ 이교[異敎] 49 ■ =이교는 인간의 도덕성에 본질적인 것을 두지 않는 신앙이다 49 ¶ 粗雜한 異敎 49 ¶ 洗練된 異敎 49 ¶ 이교는 종교의 외적인(본질 외적인) 것을 본질적이라 칭하는 데서 성립 50 ¶ 이교(異敎/邪敎/迷信崇拜)란 숲(황야)에 사는 족속의 종교적 미신 50주

이념〔관념〕 Idee

¶ 이념 36 38 39주 44 54 58 59 72 74 87주 90 91 ¶ 이념[관념] 69 ¶ 이념[착상] 73 ¶ 이념[생각] 73 74 ¶ 이성이념 → 이성

이성 Vernunft

¶ 이성 8 19 21 22 23 29 30 32 38 39 43 45 49 54 56 67 69 87 92주 99 114 ¶ 이성은 본성상 자유롭다 20 ■ =자율적으로, 다시 말해 자유롭게(사고 일반의 원리들에 따라서) 판단하는 능력 27 ¶ 순전히, 자기의 감성적 감정들을 스스로 수립한[자율적인] 원칙을 통해 제어하는, 인간 안에 있는 이성의 위력[힘] 100이하 ¶ 순전한 이성 6주 37 ¶ 이성적 교설 8 49 ¶ 이성명제 8 ¶ 이성이념 21 39주 ¶ 이성개념 38 41 46 48 91 ¶ 이성의 입법 27 36 ¶ 이성 근거 33 47 ¶ 이성 준칙 41 ¶ 이성원리 69 ¶ 이성의 비판 67 ¶ 이성학자 36 ¶ 이성기술자 97 ¶ 이성적 존재자 99 ¶ 이성적인 사람 104 ¶ 이성적 동물 112 ▶¶ 순수 이성 58 61 67 97 113 ¶ 이론적 사변적 능력으로서의 이성 72 ▶¶ 실천이성 38 59 61 ¶ 도덕적−실천적 이성 63 ¶ 윤리적으로−능동적인 이성 69 ▶¶ 자연적인 이성 61 66주 ¶ 성숙한 이성 91 ▶¶ 이성주의 50 ↔ 경험주의

인간/사람 Mensch

¶ 인간 5 9 10 22 23 24 33 36 39주 40 43 51 53 56 58 61 63 72 73 80 83 89 90 93 99 112 ¶ 지성이 아니라, 이 도덕성이 인간을 비로소 인간으로 만드는 것이다 72 ¶ 인간 안에 있는 이성의 위력[힘] 101 ¶ 인간의 자연[본성] 20 43 55 88 ¶ 인간본성 97 ¶ 인간의 지혜 32 83 ¶ 인간들의 권리[인권] 87주 ¶ 인간의 탈바꿈[變身] 55 ▶¶ 신에게 흡족한 인간 43 ¶ 개선된/더 선한 인간 53 66 ¶ 다른 인간 54 ¶ 새로운 인간 59 ¶ 새사람 56 ¶ 초감성적 인간과 감성적 인간 58 ▶¶ 인간성[인간임/인간적임] 39 58 65 72 ▶¶ 인간화[육화] 39

인간종〔人間種〕 menschliches Geschlecht/Menschengeschlecht

¶ 인간종 79 82 83 84 85 88 91 92 93 94

인식 Erkenntnis

¶ 인식 38 57 74 102 ¶ 인식원천 46 ▶¶ 역사적 인식 27 33 ¶ 경험[적] 인식

정신/영〔靈〕 Geist

¶ 정신 5 33 53 63 87주 91 113 ¶ 정신[靈] 59 ¶ 진리로 이끄는 영[靈] 24 ▶
¶ 신의 정신 68 ▶¶ 그리스도의 정신 59 ▶¶ 철학의 정신 98

정통주의 Orthodoxism

¶ 정통주의 59 60 ¶ 정통신앙 58 60 ¶ 정통교도 54

〔제정〕 법규 Statut

¶ [제정] 법규 22 23 32 35 36 37 46 49 50 64 ■ =타자의 의사에서 흘러나온
법칙 36 ¶ 신적 법규 49

존엄(성)/존엄함 Würde

¶ 존엄[성] 19 19주 58 73 ¶ 존엄함 52

종교 Religion

¶ 종교 8 10 36 37 38 41 44 48 49 52 66 67 69 74 ↔ 미신, 이교[異敎] ¶ 종교
의 이념 44 ¶ 참종교 40 45 53 59 ¶ 도덕 종교 53 ■ =신의 지시명령[誡命]들
(과 주관적으로 이것들을 그 자체로 준수하는 준칙들)로서의 우리의 모든 의무 일
반의 총괄 36 ¶ 종교의 도덕과의 구별은 순전히 형식적인 것 36 ¶ 종교란 유일
한 것이고, 여러 가지 종교라는 것은 없다 36 ¶ 종교란 유일하고, 보편적이고 필
연적인, 그러니까 불변적인 것 48 ¶ 순전한 이성에 의한 종교 6주 ¶ 이성종교
61 63 64 ■ =종교는 신에 대한 모든 숭배의 본질적인 것을 인간의 도덕성에 두는
신앙이다 49 ¶ 종교의 궁극의도는 인간을 도덕적으로 개선하는 일 52 ¶ 종교의
규준[規準]/전범[典範]과 기관[機關] 내지 수레[매체] 37 52 ▶¶ 계시종교 10 ▶
¶ 자연종교 8 10 44 ¶ 자연주의적 종교 44 45

종교칙령 Religionsedikt

¶ 종교칙령 5 67

죄 Sünde

¶ 죄 47 54 ■ =인간의 자연[본성] 안의 사악성 43

죄과 Schuld/Verschuldung

¶ 죄과 6 7 8 10 41 46

지성 Verstand

¶ 지성 48 57 70~74 100 ¶ 인간지성[상식] 89

지식(知識) Wissen/Kenntnis(scientia)

¶ 지식 8 68 73 79 ¶ 경험적 지식 18 ¶ 知識 65주

백종현(白琮鉉)

서울대학교 명예교수. 한국포스트휴먼연구소 소장.

서울대학교 철학과에서 학사·석사 과정 후 독일 프라이부르크 대학에서 철학박사 학위를 받았다. 인하대·서울대 철학과 교수, 서울대 철학사상연구소 소장, 서울대 인문학연구원 원장, 한국칸트학회 회장, 한국철학회 『철학』 편집인·철학용어정비위원장·회장 겸 이사장, 한국포스트휴먼학회 회장을 역임하였다.

주요 논문으로는 "Universality and Relativity of Culture"(*Humanitas Asiatica*, 1, Seoul 2000), "Kant's Theory of Transcendental Truth as Ontology"(*Kant-Studien*, 96, Berlin & New York 2005), "Reality and Knowledge"(*Philosophy and Culture*, 3, Seoul 2008) 등이 있고, 주요 저서로는 *Phänomenologische Untersuchung zum Gegenstandsbegriff in Kants "Kritik der reinen Vernunft"*(Frankfurt/M. & New York 1985), 『독일철학과 20세기 한국의 철학』(1998/증보판2000), 『존재와 진리─칸트 〈순수이성비판〉의 근본 문제』(2000/2003/전정판2008), 『서양근대철학』(2001/증보판2003), 『현대한국사회의 철학적 문제: 윤리 개념의 형성』(2003), 『현대한국사회의 철학적 문제: 사회 운영 원리』(2004), 『철학의 개념과 주요 문제』(2007), 『시대와의 대화: 칸트와 헤겔의 철학』(2010/개정판2017), 『칸트 이성철학 9서5제』(2012), 『동아시아의 칸트철학』(편저, 2014), 『한국 칸트철학 소사전』(2015), 『이성의 역사』(2017), 『인간이란 무엇인가─칸트 3대 비판서 특강』(2018), 『한국 칸트사전』(2019), 『인간은 무엇이어야 하는가─포스트휴먼 시대, 인간을 다시 묻다』(2021) 등이 있으며, 역서로는 『칸트 비판철학의 형성과정과 체계』(F. 카울바흐, 1992)//『임마누엘 칸트─생애와 철학 체계』(2019), 『실천이성비판』(칸트, 2002/개정2판2019), 『윤리형이상학 정초』(칸트, 2005/개정2판2018), 『순수이성비판 1·2』(칸트, 2006), 『판단력비판』(칸트, 2009), 『이성의 한계 안에서의 종교』(칸트, 2011/개정판2015), 『윤리형이상학』(칸트, 2012), 『형이상학 서설』(칸트, 2012), 『영원한 평화』(칸트, 2013), 『실용적 관점에서의 인간학』(칸트, 2014), 『교육학』(칸트, 2018), 『유작 I.1·I.2』(칸트, 2020), 『학부들의 다툼』(칸트, 2021) 등이 있다.

한국어 칸트전집 제13권

학부들의 다툼

．．．．．．．．．．．．．．．．．．．．．．．．．．．．．

1판 1쇄 찍음 | 2021년 6월 21일
1판 1쇄 펴냄 | 2021년 7월 5일

지은이 | 임마누엘 칸트
옮긴이 | 백종현
펴낸이 | 김정호
펴낸곳 | 아카넷

책임편집 | 김일수

출판등록 2000년 1월 24일(제406-2000-000012호)
10881 경기도 파주시 회동길 445-3
전화 031-955-9510(편집) · 031-955-9514(주문) | 팩시밀리 031-955-9519

www.acanet.co.kr

ⓒ 백종현, 2021
철학, 서양철학, 독일철학, 칸트 KDC 165.2

Printed in Paju, Korea.

ISBN 978-89-5733-737-0 93110